智库丛书
Think Tank Series

国家发展与战略丛书
人大国发院智库丛书

# 2023年中国小微企业运行状况年度报告

Annual Report on the Development
of Small and Micro Enterprises
in China in 2023

孙文凯　蔡禹　张展　编著

中国社会科学出版社

# 图书在版编目（CIP）数据

2023年中国小微企业运行状况年度报告 / 孙文凯，蔡禹，张展编著. -- 北京：中国社会科学出版社，2024.12. -- （国家发展与战略丛书 / 刘元春主编）.
ISBN 978-7-5227-3993-9

Ⅰ. F279.243

中国国家版本馆CIP数据核字第2024MX9930号

| 出 版 人 | 赵剑英 |
|---|---|
| 责任编辑 | 郭曼曼 |
| 责任校对 | 韩天炜 |
| 责任印制 | 李寡寡 |

| 出　　版 | 中国社会科学出版社 |
|---|---|
| 社　　址 | 北京鼓楼西大街甲158号 |
| 邮　　编 | 100720 |
| 网　　址 | http://www.csspw.cn |
| 发 行 部 | 010-84083685 |
| 门 市 部 | 010-84029450 |
| 经　　销 | 新华书店及其他书店 |

| 印　　刷 | 北京明恒达印务有限公司 |
|---|---|
| 装　　订 | 廊坊市广阳区广增装订厂 |
| 版　　次 | 2024年12月第1版 |
| 印　　次 | 2024年12月第1次印刷 |

| 开　　本 | 710×1000　1/16 |
|---|---|
| 印　　张 | 18.5 |
| 插　　页 | 2 |
| 字　　数 | 251千字 |
| 定　　价 | 98.00元 |

凡购买中国社会科学出版社图书，如有质量问题请与本社营销中心联系调换
电话：010-84083683
版权所有　侵权必究

# 序　　言

2023年是新冠疫情后经济恢复发展的一年，但全球经济面临增长乏力且地缘政治冲突不断的局面，中国经济也需要在外部环境不确定性增大条件下继续完成保增长、调结构和促转型的多重任务，攻坚克难到了一个新阶段。

在此背景下，中小微企业（以下简称小微企业）的重要性全面凸显。小微企业对保就业起到保底作用，中国整体新动能转换也需要占市场主体最大比例的小微企业转型发展。

党和国家领导人高度重视小微企业在保就业稳增长中的作用。党的十八大以来，以习近平同志为核心的党中央多次就小微经济发展、小微企业创新和小微企业减负等作出重要指示，为小微经济的发展繁荣奠定了坚实基础。党的二十大报告强调要"支持中小微企业发展"，特别强调"支持专精特新企业发展""营造有利于科技型中小微企业成长的良好环境"。

一方面，小微企业发展能起到"保"底的作用，是就业蓄水池，因此需要大量的纾困政策；另一方面，小微企业中的创新型企业发展对于发展新动能引领增长有重要作用，因此需要各类支持创新和高质量发展的政策。目前，各级政府出台了各种支持小微企业纾困和创新的政策。这些政策起到了较好的支持经济稳中有进的作用。

虽然小微企业在近年来快速成长，对就业、新动能、经济增长起到支撑作用，但其发展依然存在着一定问题。第一，小微企业数量过多而质量不高。当前中国市场主体已达1.8亿户，九成以上是小微企业，千人拥有市场主体数量超过美国20%。市场主体过多的一个原因可能是统计问题，有相当一部分市场主体处于"僵尸状态"。另一个原因是在"放管服"过程中，一些技术标准、环境标准等限制条件在部分区域有所放开。第二，政策套利带来的虚假注册问题。过高的注册数量带来的直接影响是小微企业之间竞争激烈，大部分处于完全竞争状态，或者超饱和竞争状态。根据一些调查数据，有30.85%的小微企业与竞争对手在50米之内，有72.43%的小微企业与竞争对手的距离在1000米之内。低门槛、高竞争导致中国小微企业平均寿命为3年，而美国小微企业平均寿命是8年，日本是12年。第三，小微企业整体盈利能力不高，应对要素成本上升能力和议价能力弱，经常受到上下游大企业倾轧，形成大量应收账款。第四，小微企业平均创新能力比较弱，根据阿里巴巴中小企业商学院2017年的调查，有超过1/3的企业认为自己的企业创新能力不足。根据中国家庭金融调查2015年数据，90%以上小微企业无创新活动。截至2023年年底，中国国内拥有有效发明专利的企业仅有42.7万家，占比不到1%。绝大多数小微企业产品附加值低。第五，中小企业融资难、融资贵等老问题依然存在，特别是直接融资不足。近年来国际风险投资资本退出和中国股市低迷，进一步加大了直接融资短缺局面。在政策支持方面，小微企业发展还存在政策落实不足、信息收集困难等问题。

鉴于小微企业的重要性和当前研究不足，中国邮政储蓄银行（以下简称"邮储银行"）利用自身网点和客户优势，收集信息编制了小微企业运行指数，并定期通过《经济日报》发布。笔者参与了指数从数据收集、计算到发布的全流程，认为此指数能较好反映小微企业运营全貌。利用邮储银行网络优势，笔者联合邮储银行团队进一步编制了专精特新企业指数。以这两个指数多年数据积累为基础，从 2024 年开始，笔者依托中国人民大学国家中小企业研究院这一平台，每年以监测报告形式总结小微企业运行态势并进行分析，期望有助于社会各界对小微经济进行了解和研究。

2023 年数据显示，疫情防控放开带来了小微企业普遍复苏，但各行业各地区差异较大；虽然国家和各地政府出台了很多支持政策，但仍有不少问题有待解决。这些现象都值得进一步深入研究。

本书是小微企业运行指数课题组的共同成果。在本书编写过程中，王文靖、唐思远、张文凯、刘宏彦、刘玉涛、杨雨萱、杨妍都参与了各章写作，一并感谢。本书编写中难免存在各种问题，读者如有各种意见提出，编者都无比感谢。

**中国人民大学国家中小企业研究院副院长　孙文凯**
2024 年 4 月 2 日

# 目　　录

## 第一篇　小微企业年度运行情况

### 第一章　小微企业存在和发展的理论基础……………………（3）
- 第一节　小微企业存在和发挥作用的基础逻辑……………（3）
- 第二节　小微企业对高质量发展作用的现实表现…………（6）
- 第三节　小微企业发展的生命周期理论 ……………………（10）
- 第四节　小微企业发展的产业组织理论 ……………………（14）
- 第五节　小微企业发展的区域经济学理论 …………………（16）
- 第六节　政策支持小微企业发展的理论逻辑 ………………（18）

### 第二章　小微企业运行概况与指标相关性评估……………（24）
- 第一节　小微企业景气度运行态势 …………………………（24）
- 第二节　小微企业景气度与宏观经济指标的相关性
  分析……………………………………………………（27）
- 第三节　小微企业运行指数与其他中小企业指数…………（34）
- 第四节　小微企业运行指数的应用…………………………（45）

### 第三章　小微企业发展态势和特点……………………………（48）
- 第一节　2023 年小微企业运行态势…………………………（48）
- 第二节　2023 年小微企业面临的问题………………………（63）

目　录

## 第四章　小微企业分行业发展态势及特点 ……………………（70）
### 第一节　农林牧渔业小微企业运行特点 …………………（70）
### 第二节　制造业小微企业运行特点 ………………………（77）
### 第三节　建筑业小微企业运行特点 ………………………（83）
### 第四节　交通运输业小微企业运行特点 …………………（90）
### 第五节　住宿餐饮业小微企业运行特点 …………………（96）
### 第六节　批发零售业小微企业运行特点 …………………（103）
### 第七节　其他服务业小微企业运行特点 …………………（110）

## 第五章　各地区小微企业发展态势和特点 ……………………（117）
### 第一节　六大地区整体小微企业发展走势简述 …………（117）
### 第二节　华东地区小微企业运行态势和特点 ……………（118）
### 第三节　中南地区小微企业运行态势和特点 ……………（122）
### 第四节　华北地区小微企业运行态势和特点 ……………（125）
### 第五节　西北地区小微企业运行态势和特点 ……………（129）
### 第六节　西南地区小微企业运行态势和特点 ……………（133）
### 第七节　东北地区小微企业运行态势和特点 ……………（136）

# 第二篇　专精特新企业年度运行情况

## 第六章　专精特新企业存在和发展的理论基础 ………………（143）
### 第一节　专精特新概念内涵及核心特征 …………………（143）
### 第二节　专精特新企业发展的经济学解释 ………………（151）
### 第三节　专精特新中小企业发展的影响因素 ……………（166）

## 第七章　专精特新中小企业发展态势和特点 …………………（171）
### 第一节　专精特新企业整体发展态势 ……………………（171）
### 第二节　专精特新分项表现分析 …………………………（173）
### 第三节　专精特新企业区域发展趋势与比较 ……………（182）

第四节 专精特新企业运行水平与制造业对比…………… (188)

## 第三篇 宏观政策研究

**第八章 国家支持中小微企业发展的政策及影响**…………(203)
 第一节 中小微企业面临的困难和问题………………(203)
 第二节 政策支持目标………………………………(208)
 第三节 促进中小微企业发展相关政策简评…………(214)
 第四节 政策建议……………………………………(232)

**第九章 小微企业发展典型模式和案例**……………………(236)
 第一节 典型模式……………………………………(236)
 第二节 典型案例……………………………………(241)

**第十章 促进中小企业高质量发展的国际经验**……………(255)
 第一节 美国的经验与启示…………………………(255)
 第二节 德国的经验与启示…………………………(259)
 第三节 以色列的经验与启示………………………(262)
 第四节 日本的经验与启示…………………………(265)
 第五节 韩国的经验与启示…………………………(267)

**第十一章 专家观点**…………………………………………(270)
 第一节 单立坡：持续优化环境，助力中小企业
    高质量发展………………………………(270)
 第二节 鲁春丛：2023 年中小企业数字化转型发展
    情况回顾…………………………………(277)
 第三节 李学林：关于中小企业人才工作的思考……(281)

**后 记**…………………………………………………………(285)

# 第一篇

# 小微企业年度运行情况

# 第一章

# 小微企业存在和发展的理论基础

## 第一节 小微企业存在和发挥
## 作用的基础逻辑

在世界范围内,小微企业都是市场主体的主要组成部分,成为国民经济和社会发展的主力军,在扩大就业、繁荣经济、推动创新、改善民生等方面发挥着举足轻重的作用。小微企业自身发展和对经济社会作用的发挥符合经济规律。尤其是在信息技术推动下,分工越发细化,给了小微企业更多机会。[①] 本章从经济学理论视角总结小微经济发展的动因和作用。

### 一 小微企业存在和发展的必然规律

小微企业之所以存在,而且能推动效率提升与经济发展,根源于其内在的发展规律和市场适应性。尽管英国经济学家阿尔弗雷德·马歇尔在其经典著作《经济学原理》中曾提出小微企业可能因规模不经济而难以生存的观点,但现实经济中,全球范围内小微企业数量的稳步增长和它们所展现的旺盛生命力,促使学者对小微企业的存在与发展逻辑进行了深入的反思和研究。这一过程中,新的理

---

① 美国学者赫曼特·塔内佳和凯文·梅尼的著作《去规模化:小经济的大机会》详尽描述了在数字技术推动下,分工细化和外包是近年来小微企业在世界范围内井喷的主要原因。

论观点相继产生。首先是"企业进化思想",马歇尔将企业发展的"生成—发展—衰亡"生命周期与规模报酬递增和竞争之间并存的"马歇尔冲突"现象用"进化论"解释,认为小微企业形态只是发展过程中的一个阶段。其次是詹姆斯·罗宾逊和末松玄六等学者提出的"最优规模论",该理论认为大企业在人际关系、管理层次、协调成本以及决策灵活性等方面存在明显劣势,因此,只要小微企业能发挥自身优势,它们就能调整至最适规模,并与大企业共存,实现持续发展。最后,杰斯汀·G.隆内克提出"大小微企业协同"理论,指出小企业能通过其在分销、供应、服务等职能上的作用,提升大企业的效率,从而在大企业成功的同时,也确立了小微企业的重要地位。这些理论从不承认小微企业可持续存在,到通过比较优势认可其存在,再到发现大中小企业存在的协同效应,逐步增加了对小微企业存在合理性的认识。

小微企业现已成为中国国民经济的重要组成部分,是推动国民经济持续发展的重要力量。小微企业以其资本结构的多元化、技术结构的简单性以及进出市场的高流动性等特点,成为市场竞争机制的活跃参与者。它们能够灵活地应对市场的各种挑战,提高企业的竞争意识,成为激发市场活力的关键源泉。作为社会分工和生产专业化的体现者,小微企业可以更加高效地利用资源,快速研发新产品以抢占市场先机,满足多层次的社会需求,从而提升市场资源配置的效率。在强烈的成长欲望下,小微企业是市场经济公平的最积极的维护者。通过市场竞争,小微企业能对垄断型大企业形成分散制衡,并进一步构建大企业与小微企业融合协作发展的新生态,提升产业链和供应链的稳定性及竞争力。

## 二 小微企业对就业和收入分配至关重要

小微企业在增进居民收入水平方面起到了重要的作用。英国经济学家 E. F. 舒马赫在其著作《小的是美好的》中赞扬了小微企业对于贫困群体就业的重要意义，并指出分布于农村和小城镇的小型企业有助于减缓大城市的就业压力，缩小城乡间的差距。林毅夫和吴敬琏从比较优势的角度出发，强调以劳动密集型为特征的小微企业能够有效利用中国劳动力禀赋优势，在促进就业和提升人民生活水平方面发挥更为显著的作用。

从现实情况来看，罗伯森和加拉格尔发现，在英国，自1971年以来，约有35%的就业岗位来源于员工少于20人的企业。波池在美国的研究中发现了"二八定律"，即在1969年后的十年中，员工不超过20人的小企业贡献了80%的新增就业岗位。在中国，近1.5亿家中小微企业提供了超过85%的就业岗位，这些企业在"稳就业"方面扮演着主导角色。一方面，小微企业主要集中在制造业和服务业等劳动密集型行业，具有强大的劳动力吸纳能力；另一方面，小微企业提供了大量对技能要求不高的岗位，为低收入人群和其他弱势群体提供了进入劳动力市场的机会，尤其是乡镇企业在解决农村剩余劳动力的转移和就业问题上发挥了显著作用，推动了城市化进程。小微企业的发展不仅实现了地方人才和资源的有效利用，还促进了地方居民收入的增长，改善了收入分配状况，推动了社会保障事业的可持续发展。

### 三 小微企业是科技创新的主力军

小微企业是科技创新的重要力量。面对激烈的市场竞争，小微企业具有更强的创新动机。虽然它们在科研和资金实力上可能相对薄弱，但是小微企业的创新速度快，成果转化率高。熊彼特认为，小微企业的创新优势主要来自四个方面：第一，大企业的官僚体系和保守决策不利于创新的风险投入，而小微企业则能够更快速地根据市场变化做出创新决策；第二，大企业的行政等级制度可能会抑制研究人员的创新热情，而小微企业相对宽松的管理环境则更有利于创新活动的开展；第三，小微企业常将创新视为其竞争战略的核心；第四，大企业对于规模较小、影响力较低的创新可能不太感兴趣，但小微企业往往对此类创新充满热情。小微企业的技术创新不仅能提升自身的生产效率，还能通过技术的溢出效应促进整个社会经济的发展。在信息时代的背景下，知识经济对创新速度提出了更高的要求，小微企业的灵活性优势更能充分展现。

在政策引导下，传统的劳动密集型小微企业向"专精特新"的模式转型，成为推动产业升级的关键力量。

## 第二节　小微企业对高质量发展作用的现实表现

习近平总书记高度重视小微企业的发展。总书记坚定地强调小微企业的巨大潜力，将其定位为"能办大事"的关键实体，多次亲自主持企业家座谈会并发表重要讲话，深入小微企业一线进行视察调研，勉励他们攻坚克难。党的十八大以来，习近平总书记对促进小微企业发展的系列重要论述，深刻融入了"创新、协调、绿色、开放、共享"的新发展理念，为小微企业的发展奠定了理论基础并指明了实践路径。

### 一　推动小微企业创新和转型升级是深化供给侧结构性改革的重要举措

技术创新是企业的命根子，核心技术要取得突破，就要有决心、恒心、重心，要制定路线图、时间表、任务书。要致力于发挥创新驱动的原动力作用，更多支持创新型企业、充满活力的小微企业。党的二十大报告强调将扩大内需战略与供给侧结构性改革相结合，提出了加快建设现代化经济体系的战略任务。在这一宏观背景下，大量处于传统产业之中的小微企业面临转型升级的紧迫需求。

事实上，小微企业已经成为创新的主力军，贡献着全国70%的发明专利和75%的新产品开发。在全球科技革命和产业变革的新浪潮中，小微企业不断涌现出大量的新技术和新模式，成为中国"四新经济"的重要组成部分。2021年，中国以新技术、新产业、新业态、新模式为内容的"四新"经济新设企业383.8万户，占新设企业总量的42.5%。2023年前三季度，全国新设"四新"经济企业300.4万户，再创新高。同时，中国小微企业创新投入和产出占比不断提高，作用日益凸显。2020年规模以上工业企业中，有研发活动的小微企业占全部有研发活动企业的比重达到了81.1%。科技部高新技术企业专利数据显示，中国小微企业专利授权数量占全部高新技术企业的比重已经从2017年的67.53%提升到2019年的72.44%。

在新一轮科技革命和产业变革中，小微企业以其灵活性和创新性，不断推出新技术和新模式，促进了传统产业的升级和新兴产业的发展。它们在提升全要素生产率、优化产业结构等方面发挥着积极作用，对地区产业发展的质量、水平有显著的提升效果。天眼查数据显示，以中小型为主的民营企业是地方新增新兴行业[①]的主体，是推动新兴行业发展的主力军。2021年在东、中、西、东北四大区域的12个代表性城市中，新增的新兴行业中以小微企业为主的民营企业数量占比平均高达98.6%，其中天津、青岛、广州等7个城市占比超过99%。

## 二 培育优质小微企业是构建双循环新发展格局的关键抓手

2020年3月29日，习近平总书记在浙江考察时强调，中国中小企业有灵气、有活力，善于迎难而上、自强不息，要发挥企业家精神和工匠精神，培育一批"专精特新"小微企业，希望专精特新中小企业聚焦主业，精耕细作，在提升产业链供应

---

① 天眼查将新兴行业界定为随着新的科研成果和新兴技术的发明而出现的新的行业，包括VR、AR、人工智能、无人机、机器人、医疗健康等。

链稳定性、推动经济社会发展中发挥更加重要的作用。党的二十大报告进一步强调，要增强国内大循环的内生动力和可靠性，提升国际循环的质量和水平。小微企业在这一新发展格局中扮演着双重角色，既是国内大循环的坚实基础，也是推动国际循环的重要力量。

积极促进专精特新型的高品质小微企业的发展，对促进国内关键零部件自主生产、提高中国产品的价值以及加强产业链各环节的协同合作具有至关重要的意义。这一策略不仅增强了产业链和供应链的稳固性，还提高了市场的整体竞争力。截至2023年7月，中国已成功孵化了近10万家省级专精特新企业，以及超过1.2万家被誉为"小巨人"的国家级专精特新企业。这些"小巨人"企业六成以上服务于工业基础领域，七成以上在其所在行业深耕超过十年，八成以上已经跻身战略性新兴产业链，九成以上成为国内外知名大企业不可或缺的配套专家。它们在挑战国外技术垄断、补充产业链短板、填补市场空白方面起到了关键作用。在第三批国家级专精特新"小巨人"中，有将近1/5的企业已在一定程度上替代了同类国外领先企业。

小微企业已经成为推动地方经济稳定增长和拓展国际市场的关键动力，发挥着连接国内外市场的桥梁作用。根据海关总署的统计数据，2021年，小微企业主导的民营企业在中国外贸经营中占据首位，进出口总额达到19万亿元人民币，同比增长26.7%，在中国外贸总额中占比达到48.6%，对外贸增长贡献度高达58.2%。从2014年到2021年，中国民营企业的出口额在企业总出口中的份额持续攀升，从40.76%增长到59.1%，尤其在2020年，该比例首次超过了一半，显示出其在企业出口领域的重要性和影响力。

**三 推动小微企业高质量发展是实现共同富裕的重要基础**

习近平总书记指出，"中小企业主和个体工商户是创业致富的重要群体,要改善营商环境,减轻税费负担,提供更多市场化的金融服务,帮助他们稳定经营、持续增收"。[①] 党的二十大报告指出,"中国式现代化是实现全体人民共同富裕的现代化","共同富裕是中国特色社会主义的本质要求"。小微企业的发展不仅有助于区域间协调发展,还能提高居民收入,扩大中等收入群体,为实现共同富裕提供坚实的基础。

小微企业贡献了80%以上的城镇就业岗位,小微企业发展活跃地区也是择业热点地区。发展好小微企业,对解决就业问题、办好民生工程具有十分重要的作用。国家统计局数据显示,2021年中国私营个体就业总数达到4亿,较2012年增加了2亿多。从过去30年的发展历程来看,以小微企业为主的民营企业和个体工商户,其吸纳就业人员占国有、集体、私营、外资和个体五种类型就业总量的比例,从1990年的4.6%上升到2019年的79%,小微企业吸纳和调节就业的"蓄水池"作用突出。小微企业也带动了人均收入的提升,以小微企业为主的私营单位就业人员年均工资由2008年的17071元上升到2021年的62884元。

## 四 引领小微企业数字化转型和绿色发展可激发小微企业新的发展活力

习近平总书记强调,发展数字经济意义重大,是把握新一轮科技革命和产业变革新机遇的战略选择,[②] 面向未来,绿色发展是高质量发展中的重要一环。党的二十大报告指出,建设现代化产业体系,加快发展数字经济,促进数字经济和实体经济深度融合,打造具有国际竞争力的数字产业集群。我们要加快发展方式绿色转型,发展绿色低碳产业,倡导绿色消费,推动形成绿色低碳的生产方式和生活方式。数字化转型和绿色发展不仅是企业自身发展的需要,

---

[①] 《习近平谈治国理政》第四卷,外文出版社2022年版,第144页。
[②] 《习近平谈治国理政》第四卷,外文出版社2022年版,第205页。

也是适应经济时代大势的必然选择。

小微企业的数字化转型是发展数字经济的主战场,这一变革对激发新的经济增长点和构筑现代产业结构发挥着至关重要的作用。在当前的经济环境中,数字化不仅是缓解企业困境的有效手段,而且是提高企业市场竞争力的决定性策略。小微企业的数字化程度直接关系到其高质量成长的可能性,通过利用云计算、大数据、人工智能等前沿技术,不仅能够实现质量提升、效率增加、成本降低、库存减少、绿色发展和安全生产等多项目标,还能使其在数字经济的浪潮中占据更为有利的竞争位置。近年来,中国小微企业在数字化进程中取得了显著进展,有力地推动了数字经济与传统实体经济的深度融合。中国中型企业和小型企业两化融合水平分别从2017年的49.2%和38.1%,提升到2021年的55.7%和51.9%。

在推动绿色低碳产业发展的过程中,小微企业也扮演着重要角色。统计显示,地区工业小微企业占总工业企业比例越高,整体排放越高。这意味着当前小微企业节能减排空间巨大。积极促进小微企业朝着绿色低碳方向转型,是实现经济发展模式绿色转型和全面节能战略的必然选择。在追求"双碳"目标和绿色转型的大趋势下,小微企业专注于新一轮的科技和产业变革,推动所在行业实现绿色和智能化的转型升级,不断增加产业发展的绿色和价值含量。

## 第三节　小微企业发展的生命周期理论

### 一　各阶段小微企业的特点

小微企业的发展一般经历初创、成长、成熟等阶段。

第一阶段是初创期,也可以进一步分为创意期和孵化期。在创意期,企业的技术创新活动主要集中在概念的构思与研究分析上,这一时期是技术创新过程的准备阶段。在资金需求方面,企业主要依赖自有资金,因为此时对资本的需求并不显著。随着企业向孵化期过渡,开始对具有潜在商业价值的项目进行筛选和产业化尝试,资金需求急剧上升。此时,企业主要进行技术研发、产品设计与试制,科研开发和技术转让成为主要的财务支出。由于尚未产生销售收入,企业的自有资金往往不足以支撑研发活动,因此必须寻求外部资金。鉴于此阶段企业的不稳定性、缺乏经营性现金流以及高风险性,传统信贷资金通常不会介入,而是依赖于创业投资,如种子基金和风险投资者的支持。

第二阶段是成长期。随着产品研发的成功和产业化测试的通过,企业步入成长期。这一时期,企业面临的主要任务是批量生产,这需要大规模的资金投入用于设备采购、原材料购置、技术人才引进、员工招聘以及市场渠道的拓宽。尽管产品销售开始带来收入,但与巨大的资金投入相比,企业仍面临资金缺口。成长期的企业相对于初创期的风险有所下降,但经营风险、市场开拓风险和同业竞争风险仍然存在。此时,企业逐步从亏损走向盈利,尽管收入尚不稳定,信贷资金的投放仍需保持一定的谨慎性。

第三阶段是成熟期。进入成熟期后,企业的产品市场销售渠道已经建立,供需关系和销售收入稳定,现金流比较健康,利润积累显著,经营风险相应降低。此时,企业已经拥有了价值较高的无形资产和有形资产,增强了债务融资的能力。成熟期的企业可以通过内部积累的利润和外部融资来满足其资金需求,这标志着企业已经达到了一个稳定发展的阶段。

在企业发展的不同阶段,其所面临的风险和收益不同。小微企业的阶段性特征和资金需求如图1-1和表1-1所示。

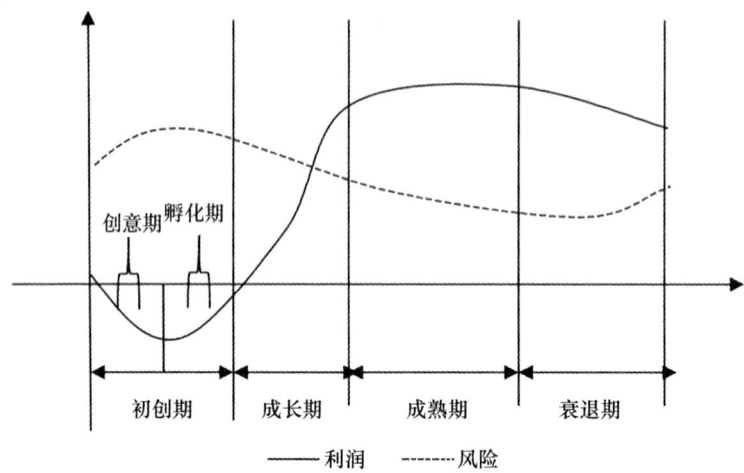

**图 1-1　小微企业技术创新在生命周期不同阶段的风险与收益**

**表 1-1　小微企业技术产品创新的生命周期阶段性特征与融资特征**

| 生命周期阶段 | | 技术创新特点 | 风险性 | 融资需求 |
|---|---|---|---|---|
| 初创期 | 创意期 | 侧重于构思与讨论，较少行动 | 较低 | 基本无外部融资需求 |
| | 孵化期 | 对创意技术产品做研发甄选试制，尝试产业化，有大量研发投入 | 很高 存在较大的研制失败风险 | 有较大的研发投入和资金需求，但没有销售收入和自生性资金来源，依赖外部融资。因缺少可抵押物和稳定现金流，以及存在试制失败的可能，外部融资主要依赖权益性投资 |
| 成长期 | | 产品投入市场，有大量设备、原材料采购投入和员工工资支出 | 较高 存在较大的市场营销风险、技术竞争风险和经营管理风险 | 有较大的投资支出和日常营运支出。企业形成销售收入和利润，具备较多无形资产和有形资产，具备债务融资能力 |
| 成熟期 | | 产品性能稳定，具有市场地位，收入支出稳定，有稳定的现金流 | 较低 企业处于稳定发展期 | 资金需求基本稳定，具有很好的外部融资能力，包括债务融资和权益融资能力 |

续表

| 生命周期阶段 | 技术创新特点 | 风险性 | 融资需求 |
| --- | --- | --- | --- |
| 衰退期 | 产品需求减少，产出减少，收入萎缩 | 较高 | 经营性现金流减少，但现金储备充裕，投资需求下降，外部融资需求下降 |

## 二　各阶段小微企业的政策需求

根据小微企业在各阶段的发展特点，小微企业在不同阶段也有不同的政策需求。

在初创期，小微企业的薄弱环节主要集中在技术研发、营销渠道、客户价值链和利润上。政府的支持应当聚焦于确保这些企业能够存活并持续发展。在技术创新政策上，应提供便捷的研发条件和资金支持，从而提升企业诞生的成功率，并注重技术成果的市场转化。鉴于企业在初始阶段技术的原始性和与市场的距离，政府需要促进这些研究与市场的对接。科技金融政策上，政府应当扶持天使资金，提供创业投资引导基金和创业补贴，积极推动政府采购，以缓解初创期企业在市场认可和研发投入中的资金压力。人才支持政策上，政府应当建立商业技能培训机制和平台，激励科研人员的创新活动，并为其提供物质奖励。创新环境政策上，政府需要构建创业基础设施，优化创业准入机制，搭建创业综合服务平台，营造一个鼓励创新和宽容失败的文化环境。

进入成长期，小微企业的短板转为市场销售和管理。政府的支持应当聚焦于降低企业的经营风险。技术创新政策上，加强知识产权的能力建设至关重要，以保护企业的创新成果并促进技术转移和转化。同时，政府应当促进产学研协同创新，为技术领先的企业提供知识网络和合作平台。科技金融政策方面，政府可以通过贷款贴息、信用担保、信贷风险补偿和科技保险等方式加强对成长期企业的融资支持。人才政策上，政府应当制定留才和激励人才的政策，以保持和吸引高层次人才。创新环境政策上，加强信用担保、金融监管体系建设，并重视品牌和市场推广，营造一个重视契约精神和企业家精神的文化环境。

在成熟期，小微企业面临的主要挑战是技术研发和市场渠道客户价值链的拓展。政府的支持应当聚焦于强化企业核心竞争力。技术创新政策方面，政府应当加大对基础研究项目的资助，鼓励技术引进与出口、应用研发与集成创新。同时，政府应当引导建立国际化技术转移平台，加速国际技术交流与转移。科技金融政策方面，政府应当培育多层次市场，支持资本市场融资，协助企业上市和进行兼并重组。创新环境政策上，促进产业集聚与升级，建立高新技术产业园区，推动市场国际化发展，提供信息公开、收集与处理等服务，营造一个创新、平等、开放的市场和文化环境。

## 第四节　小微企业发展的产业组织理论

### 一　小微企业在产业结构中的地位与作用

小微企业在调整和优化产业结构中扮演着关键角色。小微企业的普遍存在降低了产业集中度，这种资源的分散虽然减少了规模经济效率，但是在一定程度上提高了竞争效率。

小微企业的存在限制了大企业的市场势力。大企业在定价时必须考虑小微企业的反应，这在一定程度上促进了市场的竞争性。小微企业的价格和产量决策会影响大企业的市场策略，甚至可能迫使大企业降低价格或改进产品。此外，小微企业的潜在进入威胁也是大企业必须考虑的因素，促使大企业保持发展和创新压力。

小微企业同时也是大企业发展的重要支撑。从合作的角度来说，现代市场经济中产业竞争已经不再是单一的企业之间的竞争，而是大企业与小微企业之间的协作和分工。艾尔弗雷德·D. 钱德勒认为，现代工商企业之所以能够在某些产业中获得成功，是因为它们能够结合大规模生产和分销,并在产品流程中实现有效的协调。小微企业不仅在供应链中作为零部件供应商与大企业合作,而且通过提供专业化的服务和产品,帮助大企业提高效率和创新能力。这种合作关系有利于促进产业升级和技术进步,但也要求大企业和小微企业之间建立更加紧密和稳定的合作机制。

在很多方面大中小企业能够实现优势互补。大型企业创新效率不高、创新活力较弱,但有专业的创新平台以及丰富的资源;而中小企业对市场需求反应灵敏,在发展"专精特新"方面有很大潜力,却存在过于重视市场效果、对核心技术的关注度不够高而导致创新产出有限的问题。因此,融通创新能有效实现大中小企业的优势互补。大中小企业融通发展作为一种全新的创新范式,基于"融通平台"的新思维,能够为产业发展催生全新的创新生态,也为进一步突破"卡脖子"技术的组织模式落地以及组织载体支撑提供全新的实现机制。

## 二 产业政策和小微企业发展

在市场化改革尚未成熟的背景下,产业政策对小微企业的成长起到了不可或缺的作用,具体措施包括税收优惠、财政补贴和针对性的金融支持等。从产业政策的作用来看,产业政策的制定和实施用于纠正市场失灵,在产业结构调整、提升产业竞争力和培育新兴产业方面都发挥着重要的作用。第一,优惠政策为企业生存、发展提供了更多资源,并通过资源的调控来调整产业布局,优化产业结构,纠正产业或地区间的不平衡。第二,产业政策能够通过产业集聚效应来提升产业竞争力。第三,产业政策在培育新兴产业方面发挥着重要的作用。在新兴领域的产业激励政策有助于降低风险,激励更多企业进入以获得先动优势,这在整体上促进了新兴产业的发展。

这种政策模式为小微企业提供了特定的优惠,促进了小微企业的大量产生和发展。同时，其实施过程中也存在寻租、资源诅咒和政策间冲突等挑战。寻租问题表现在企业和地方政府出于获取政策优惠的动机而进行非生产性的竞争。企业可能为了获得政府补贴、信贷支持或税收优惠而采取策略性行为，而地方政府可能因为绩效考核和政治晋升的需要而滥用产业政策权力。资源诅咒则是由于产业政策导向的资源过度集中，造成某些行业的资源过剩和其他生产要素的挤出，这对行业内企业的成长产生负面影响。政策间冲突是指产业政策与其他政策（如竞争政策）之间的相互制约。产业政策旨在引导资源优化配置，而竞争政策强调恢复市场在资源配置中的功能。中国的选择性产业政策与竞争政策之间互相掣肘的问题较为明显。

一般来讲，产业政策选择应至少遵循三个原则。第一，市场导向原则。小微企业产业政策应紧紧围绕市场需求和市场规律来制定，避免政府过度干预导致资源配置的效率低下。第二，由选择性向功能性产业政策过渡。产业政策应从支持特定产业或企业向提供公共服务和营造良好发展环境转变。第三，由追赶型向引领型产业政策过渡。随着中国经济整体发展进入新阶段，产业政策应由追赶型转向引领型，鼓励小微企业进行技术创新和模式创新，引导产业向高端化、绿色化、智能化转型。政策应支持小微企业在新技术、新产品、新业态中发挥先锋作用，为经济发展注入新动力。

## 第五节　小微企业发展的区域经济学理论

### 一　小微企业能够实现区域要素整合

区域经济学理论为理解小微企业在地方经济发展中的角色提供了坚实的理论基础。特别是胡佛理论的"三个基石"——生产要素的不完全流动性、经济活动的不完全可分性和产品与服务的不完全流动性——为小微企业在区域经济中的存在和发展创造了必要的空间和条件。小微企业在区域经济中的角色可以通过其在要素吸附、要素开发和要素运营三个方面的能力来体现。

在要素吸附方面,小微企业能够利用其地理和文化优势,吸引和集聚人才、资本和技术等关键资源。这种能力在很大程度上得益于小微企业对本地市场的深刻理解和快速反应能力,使它们能够在区域内形成有效的资源配置模式,促进区域内要素资源的流动和再分配,从而提高整个区域的生产效率和经济活力。小微企业的灵活性和对本地市场的敏感性还使它们能够在区域内形成社会资本网络,通过这些网络,它们能够更有效地获取市场信息,发现新的商机,促进技术创新和产品开发。

在要素开发方面,小微企业通常具备较强的创新能力和适应性,使它们能够快速响应市场变化,开发新产品和服务。这种能力不仅促进了区域内的技术进步和创新活动,而且推动了区域经济结构的转型和升级。小微企业在新兴产业和特色产业中的活跃表现,有助于区域经济发展的多样性,提升了区域的经济稳定性和抗风险能力。

在要素运营方面,小微企业的组织结构和决策机制往往更为灵活,这使它们能够快速适应市场变化,优化资源配置,提高生产流程的效率。小微企业的这种运营能力对提升区域经济的综合效益至关重要,小微企业能够通过高效的供应链管理和生产流程优化,实现成本控制和生产效率的双重提升。此外,小微企业在区域内形成的网络合作,还有助于降低交易成本,促进了区域内企业的共同发展和整体竞争力的提升。

**二 小微企业通过集群效应提升竞争力**

小微企业集群的形成和发展是提升竞争力的重要途径。根据增长极理论,创新性产业活动能够对其他经济单元产生强大的"支配效应",吸引并形成一系列的"追随者",即小微企业集群。这些集群内的企业之间通过垂直和水平的联系，能够实现资源共享和知识传播，从而在区域经济中产生显著的乘数效应，形成极化和扩散效应。塞拉菲内利认为产业集聚地区通过企业间的学习效应，能够提升整体的成功率。迈克尔·波特的理论强调了产业集群在提升企业获取供应商、雇员、公共品和专业化信息方面的优势，产生了超越单个企业能力的"1+1>2"的经济效应。鲍德维尔认为当政府将某种推动性产业植入一地区后，将产生围绕推动性产业的聚集，再通过乘数效应推动地区经济的增长，并倡导通过政府干预形成集群、带动创新促进地区经济发展的机制。

小微企业集群的合作和竞争环境促进了资源的优化配置和整体效能的提升。在集群环境中，每个企业都面临必须不断创新以维持竞争力的压力。这种持续的创新和改进是企业在市场中获得成功的关键。同时，这种集群效应还能够降低成本，通过共享信息和资源，企业能够更有效地进行生产和管理，提高整体的经济效率。这种合作关系不仅深化了分工，还降低了交易成本。技术溢出效应也是集群的一个重要外部经济效应，个别企业的技术水平提高带动了整个集群技术水平的提升，从而为区域经济的持续发展提供动力。

## 第六节　政策支持小微企业发展的理论逻辑

在市场交易中，小微企业面临市场势力较弱、信息不对称更严重、更强的创新外部性、更弱的风险承受力和对公共品依赖性更高的典型问题，导致了市场失灵和经济扭曲。这使小微企业发展不能单纯依靠市场调节，必须要发挥政府在公共品供给、知识产权保护、市场势力规制、优化营商环境和市场环境等方面的作用。但是，小微企业政策又会受到政府信息弱势和执行能力不足的限制，给小微企业造成新的困难和扭曲。

## 一　小微企业发展的市场扭曲

小微企业的市场势力较弱。大型企业从横向竞争空间抢占和纵向合作利益侵蚀两个方面挤压着小微企业的生存空间。在横向竞争中，大型企业常通过价格战抢占市场份额。小微企业因产品创新不足，市场同质化竞争比较严重，导致议价能力较弱。在纵向合作中，大企业常凭借议价能力的优势侵蚀小微企业的利润空间。当大企业作为产业链上游（如原材料供应者）时，往往能通过垄断地位形成价格刚性。下游的小微企业却无法通过产品加价传递成本，只能在成本传导过程中承担主要压力。当小微企业作为大企业上游给其提供产品时，由商业信用赊销而引发的应收账款风险又成为威胁小微企业生存的一大隐患。很多小微企业将其视为维护客户关系的手段和市场竞争的重要工具，甚至会主动提出早期付款折扣和延长账款账期。

小微企业的信息不对称问题更严重。小微企业在市场上被其他主体获得信息的可能性低，容易招致其他市场交易主体的偏见。小微企业没有能力提供足够规范的财务信息系统，信息质量无法满足银行风险控制的要求，因而在银行融资中会受到金融排斥。在这种情况下，银行需要抵押品来降低信息不对称的程度，激励借款人履行还款义务。但是，资产较少的小微企业又没有足够的抵押品以满足银行的要求。因此，虽然小微企业的贷款额度不高，但是银行在小微企业贷款的贷前审查和贷后管理环节均需面临较高的风险，此类贷款业务的盈利不足以抵销成本。所以在没有其他激励机制的情况下，即使小微企业经营前景向好，银行对小微企业的贷款审核和要求也会更加严格——不仅表现为贷款金额较少，还有贷款利息较高、抵押率较低、贷款周期较短和更严格的还款执行要求。

小微企业有更强的创新外部性。企业创新离不开资源的投入。但是当知识产权保护不足和存在技术外部溢出时，企业获得的私人收益会远小于社会收益，导致外部性问题的出现。本应作为创新主力军的小微企业也因此对创新望而却步。相较于大型企业，外部性问题对小微企业的创新行为有更深的影响。一方面，小微企业创新的收益更低，外部性更强。企业规模越大，可用于创新的资源越多，通过创新开辟的市场更大，获取的超额利润更高，即创新成果向经济利益的转化率高。另一方面，小微企业的创新风险更大，可能会对企业的存亡产生决定性的影响，所以需要更为严谨的成本收益计算。

小微企业的风险承受能力更弱。小微企业自身资源非常有限，风险管理系统也不完备，因而在复杂多变的风险面前表现得非常脆弱。小微企业的风险管理系统往往并不成熟。面对外在冲击，大企业可凭借更强大的生产能力和更多的运营资源来调整应对。但小微企业资源不足，经营活动比较单一，不具有通过多样化来分散风险的可能性。在风控理念方面，小微企业在生存压力下往往只集中于日常经营活动和短期利益的获取，忽视信息系统等无形资产的重要性，不会建立中长期的战略规划。因此，相较于风控系统成熟的大型企业，外部环境变化将会给小微企业造成较大的冲击。

小微企业对公共品的依赖性更高。小微企业面临的非正式约束较多，制约着企业生产、融资、管理等方方面面的日常经营活动。但是，这些约束大多是不成文的隐性规定，这导致小微企业在发生纠纷时难以找到成文的依据，相关矛盾的处理更加错综复杂。因此，优化营商环境对小微企业的权益保障有尤为重要的意义。良好的营商环境可以降低小微企业的经营成本，为积极经济行为提供更多的激励，促进市场的良性竞争。落后的营商环境会降低市场活力，小微企业可能会花大量精力用于非生产性的对外公关、招待等活动，挤占了本该用于生产活动的精力。

小微企业自身特点及市场局限性的存在，决定了小微企业发展中市场扭曲的存在。不同规模企业的资源和能力的不平等决定了小微企业权益容易受到市场强势主体侵夺。信息不对称、外部性、应对风险的脆弱性和对公共品的依赖也都较难通过市场降低，进而导致小微企业脆弱性和内生增长能力不足。

## 二　小微企业针对性政策带来新的扭曲

为了纠正市场失灵导致的小微企业效率损失，政府往往会制定一系列的针对性政策，包括限制市场强势主体行为的政策、解决融资难的普惠金融政策、创新补贴政策、小微企业税收优惠政策和优化营商环境政策等。然而，小微企业相关政策会受到政府信息劣势和执行力不足等制约，导致政策实践与政策目标发生偏离，给小微企业发展带来新的扭曲。

市场势力规制政策，如反垄断措施，旨在防止大企业压制小微企业，但实施中遇到执行难和经济扭曲。例如，当大企业利用市场支配地位对小微企业进行利益侵害时，《反垄断法》大多数情况依赖弱势方投诉举报的方式，而小微企业往往不积极举报大企业的市场支配滥用。对于应收账款拖欠问题，政府出台保障支付条例，但由于认知局限和执行力不足，条例在实践中效果有限。这些条例反而可能使情况恶化，如大企业逃避签订正式合同，加大小微企业回款难度。

普惠金融可能带来银行坏账和资金套利。普惠金融政策旨在解决小微企业的融资难题，如提供补贴和担保，引导贷款利率下降。但是由于这些措施没有从根本上解决信息不对称的问题，最后可能会导致银行坏账上升和资金套利。普惠金融政策降低了融资门槛，吸引了套利者，而银行对贷款流向监管不足，普惠金融资金可能会被挪用于风险投资。除了资金套利现象，普惠金融政策的实施效率还受到其他因素的限制，如在资金分配问题上的不公平和小微企业对普惠资金补贴的依赖问题。

补贴政策中存在寻租和道德风险问题。补贴政策可以通过补偿企业的收益而解决外部性问题，充分发挥财政资金的撬动性和引导性作用。但是，补贴政策也可能会导致企业寻租、策略性行为以及补贴过度依赖等问题。当资金的分配机制和监管机制不完善时，小微企业会通过政治关联加强与政府的联系，出现寻租行为。补贴还可能引致企业的策略性行为。补贴资金大多是针对于特定的生产经营活动发放，但是补贴的专用性并不一定与企业利益最大化的目标相容。因此，小微企业可能会通过策略性行为满足补贴的要求，而在获取补贴后将其挪作他用。补贴政策还可能会加剧小微企业对补贴的过度依赖。在高额补贴的诱惑下，小微企业行为可能会偏向于以满足政府补贴条件为目标，而忽视了经济效益和企业成长。

优惠税收政策带来的企业扭曲行为。针对小微企业的减税降费政策可以直接增加企业利润，提高企业的持续经营能力。然而，针对小微企业的税收政策大多是根据企业规模门槛的结构性减税，这种税收的差异化执行可能会导致税收效率的降低和小微企业成长的扭曲，产生以下几个问题。第一，企业减少纳税遵从。由于在政策优惠限额内企业的纳税将大幅减少，在限额外企业瞒报收入的激励增强。第二，逆向激励小企业放慢成长速度，企业会努力将规模控制在税收优惠限额内。第三，大型企业会通过业务拆分形成多个限额内的小型企业而获取优惠。这三种行为不仅导致了税收收入的流失，还扭曲了小微企业的成长。目前，已有一些理论和实践可为这一问题的解决提供借鉴。比如提高税收优惠阈值、简化税收报告程序、降低小微企业税收的合规成本等，都可用于缓解规模依赖性政策所造成的扭曲。

优化营商环境政策带来僵尸企业等问题。优化营商环境政策主要是指通过降低制度性交易成本来激发市场主体的活力。近十年来，中国推行了市场准入负面清单制度、证照分离改革，颁布了《优化营商环境条例》等一系列政策，通过行政审批改革和商事制度改革降低企业的制度性成本，进而提高全社会的创业积极性。但是，一些研究显示，入市政策只能暂时促进企业数量的增长，而没有对经济产生长期持续性的影响。一些企业在政策支持进入后会因自身成长能力不足而快速破产消亡。入市政策的调整也降低了入市门槛对创业群体的筛选能力，反而成为无效率生产者的保护伞，此时吸引的创业者可能空有创业热情但是创业能力有限。

国家有义务对小微企业面临的市场失灵提供解决办法，但针对小微企业制定的政策效果会受到各地政府认知能力和执行能力的限制。过度保护和支持小微企业的政策可能导致反向歧视而影响效率，带来进一步扭曲。同时，政策制定依赖于政府的有限信息和政府决策人员的有限知识，可能在具体标准、时机选择上存在偏差，容易出现一刀切的标准，引致企业的策略性行为。另外，小微企业相关信息分散且复杂多变，加大了政府对其问题全面掌握和分析处理的难度，监管容易出现严重滞后。当政策扭曲带来的负面影响大过改善市场扭曲的好处时，甚至会出现"没有政策就是最好的政策"。

### 三 小微企业双重扭曲问题的启示

小微企业在发展中出现的市场失灵问题具有客观必然性，但政府对其干预的政策可能会导致新的扭曲。理论上需探讨市场与政策失效的界限，实证上需评估政策失灵的代价与益处。解决双重扭曲需市场和政府共同努力：市场侧重于通过金融、科技等手段，解决信息不对称和资源效率问题；政府则应加强能力建设，利用信息技术提高政策执行力。同时，要动态调整市场与政府的角色，随着市场的成熟，政府应逐步从经济管理功能转向服务和监管功能。

# 第二章

# 小微企业运行概况与指标相关性评估

## 第一节 小微企业景气度运行态势

经济日报—中国邮政储蓄银行小微企业运行指数是全国第一个按月发布、专门反映小型微型企业生存发展状况的指数,又可简称为小微企业运行指数或小微指数,由中国邮政储蓄银行按月采集、与经济日报出版社联合发布,反映了中国小型、微型企业及个体工商户月度综合运行态势与发展状况。该指数包括总指数、六大区域指数、七大行业指数以及八大分项指数,并以50为景气值,高于50反映小微经济扩张,低于50反映小微经济收缩。

小微企业指数于2015年5月首次发布,截至2023年12月末,已连续编制104期。小微企业指数能较好反映小微企业景气度,整体运行情况如下。

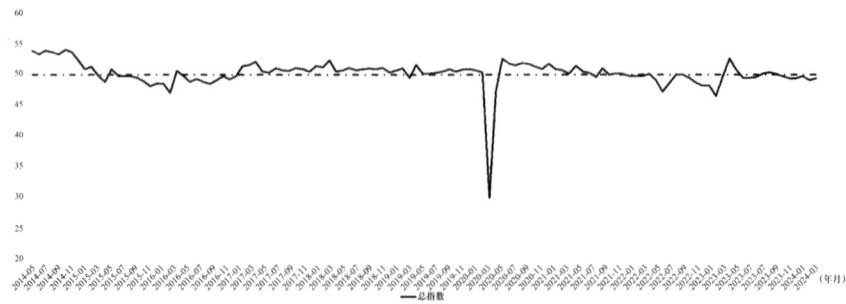

图2-1 小微企业指数总体历史趋势

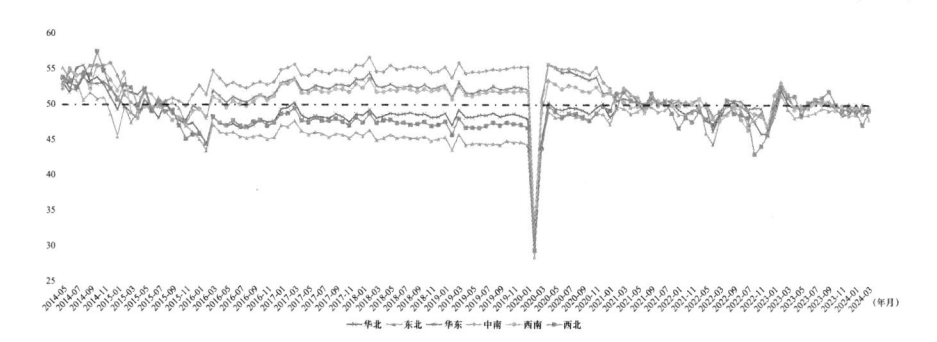

图 2-2　六大区域指数历史趋势

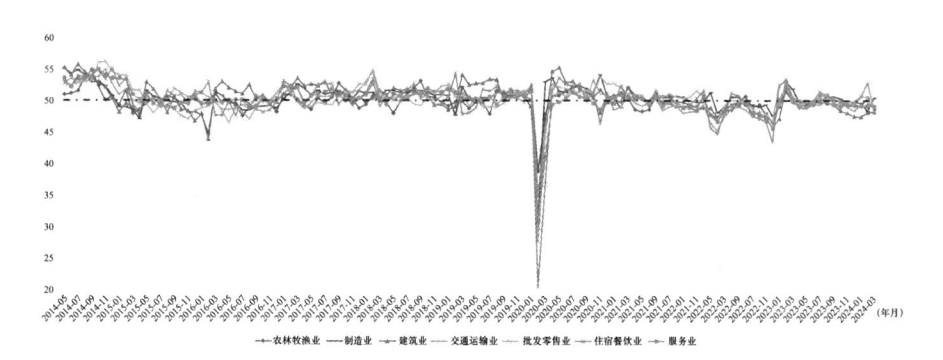

图 2-3　七大行业指数历史趋势

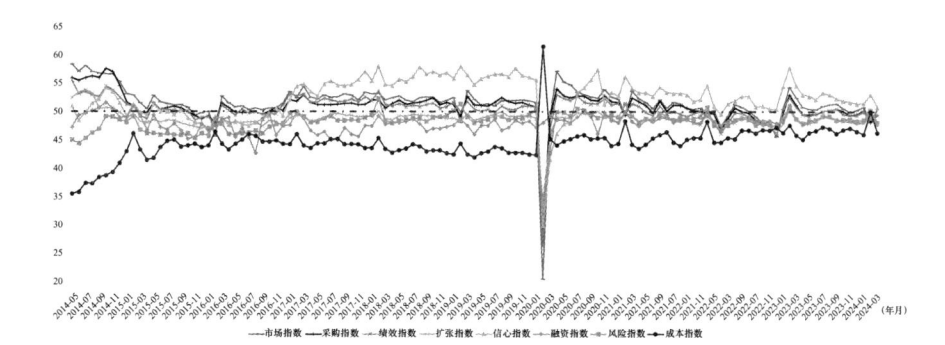

图 2-4　八大分项指数历史趋势

## 第一篇　小微企业年度运行情况

**表 2－1　　　　　　　分行业小微指数描述性统计**

| 行业 | 总指数 均值 | 总指数 标准差 | 市场指数 均值 | 市场指数 标准差 | 采购指数 均值 | 采购指数 标准差 | 绩效指数 均值 | 绩效指数 标准差 | 扩张指数 均值 | 扩张指数 标准差 | 信心指数 均值 | 信心指数 标准差 | 融资指数 均值 | 融资指数 标准差 | 风险指数 均值 | 风险指数 标准差 | 成本指数 均值 | 成本指数 标准差 |
|---|---|---|---|---|---|---|---|---|---|---|---|---|---|---|---|---|---|---|
| 总指数 | 50.2 | 2.3 | 51.6 | 3.6 | 50.9 | 2.7 | 50.4 | 2.7 | 48.7 | 1.8 | 52.5 | 3.7 | 48.1 | 1.4 | 48.2 | 2.1 | 44.5 | 2.8 |
| 农林牧渔 | 49.9 | 1.7 | 51.0 | 2.4 | 50.4 | 2.1 | 50.0 | 2.1 | 48.5 | 1.7 | 52.5 | 3.1 | 48.2 | 2.1 | 48.5 | 1.8 | 43.9 | 2.6 |
| 制造业 | 50.3 | 2.4 | 51.4 | 3.7 | 51.1 | 2.8 | 50.3 | 2.8 | 49.0 | 2.0 | 53.3 | 3.9 | 48.9 | 1.4 | 48.3 | 2.0 | 45.1 | 2.6 |
| 建筑业 | 49.9 | 2.8 | 51.0 | 4.3 | 50.4 | 3.8 | 50.0 | 3.3 | 48.5 | 2.5 | 52.5 | 4.1 | 48.2 | 2.4 | 48.5 | 2.3 | 43.9 | 3.6 |
| 交通运输 | 49.9 | 2.2 | 51.0 | 3.4 | 50.4 | 4.1 | 50.0 | 2.7 | 48.5 | 2.0 | 52.5 | 3.7 | 48.2 | 1.9 | 48.5 | 2.2 | 43.9 | 3.4 |
| 批发零售 | 49.9 | 2.8 | 51.0 | 4.2 | 50.4 | 4.1 | 50.0 | 3.3 | 48.5 | 2.0 | 52.5 | 3.8 | 48.2 | 3.1 | 48.5 | 2.5 | 43.9 | 3.2 |
| 住宿餐饮 | 49.9 | 3.6 | 51.0 | 5.6 | 50.4 | 4.3 | 50.0 | 4.4 | 48.5 | 2.3 | 52.5 | 5.6 | 48.2 | 2.8 | 48.5 | 3.2 | 43.9 | 4.4 |
| 服务业 | 49.9 | 2.5 | 51.0 | 4.0 | 50.4 | 2.6 | 50.0 | 3.0 | 48.5 | 1.7 | 52.5 | 4.6 | 48.2 | 2.6 | 48.5 | 2.5 | 43.9 | 3.2 |

总体而言，在这段时间内，尤其是新冠疫情结束之后，小微企业市场运行总体好转，采购水平上升，绩效提升，企业家信心上升；指标上表现为市场指数、采购指数、绩效指数和信心指数平均值高于临界值。小微企业扩张情况总体较为低迷，融资环境整体尚不理想，运营风险和企业成本总体上升；指标上表现为扩张指数、融资指数、风险指数和成本指数平均值低于临界值。

**表 2－2　　　　　　　分区域小微指数描述性统计**

| 区域 | 总指数 均值 | 总指数 标准差 | 市场指数 均值 | 市场指数 标准差 | 采购指数 均值 | 采购指数 标准差 | 绩效指数 均值 | 绩效指数 标准差 | 扩张指数 均值 | 扩张指数 标准差 | 信心指数 均值 | 信心指数 标准差 | 融资指数 均值 | 融资指数 标准差 | 风险指数 均值 | 风险指数 标准差 | 成本指数 均值 | 成本指数 标准差 |
|---|---|---|---|---|---|---|---|---|---|---|---|---|---|---|---|---|---|---|
| 总指数 | 50.2 | 2.3 | 51.6 | 3.6 | 50.9 | 2.7 | 50.4 | 2.7 | 48.7 | 1.8 | 52.5 | 3.7 | 48.1 | 1.4 | 48.2 | 2.1 | 44.5 | 2.8 |
| 东北 | 49.9 | 2.9 | 51.0 | 4.4 | 50.4 | 3.4 | 50.0 | 3.3 | 48.5 | 2.5 | 52.5 | 3.4 | 48.2 | 3.1 | 48.5 | 2.2 | 43.9 | 3.0 |
| 华北 | 49.9 | 2.5 | 51.0 | 3.7 | 50.4 | 3.3 | 50.0 | 2.7 | 48.5 | 2.8 | 52.5 | 3.9 | 48.2 | 2.0 | 48.5 | 2.0 | 43.9 | 3.0 |
| 华东 | 49.9 | 2.5 | 51.0 | 4.2 | 50.4 | 3.0 | 50.0 | 3.0 | 48.5 | 1.8 | 52.5 | 3.7 | 48.2 | 2.3 | 48.5 | 2.2 | 43.9 | 2.8 |
| 西北 | 49.9 | 2.9 | 51.0 | 4.1 | 50.4 | 3.5 | 50.0 | 3.3 | 48.5 | 2.9 | 52.5 | 5.3 | 48.2 | 3.0 | 48.5 | 2.8 | 43.9 | 3.3 |
| 西南 | 49.9 | 2.5 | 51.0 | 4.1 | 50.4 | 3.5 | 50.0 | 1.9 | 48.5 | 2.5 | 52.5 | 4.0 | 48.2 | 2.7 | 48.5 | 2.7 | 43.9 | 2.9 |
| 中南 | 49.9 | 3.0 | 51.0 | 4.7 | 50.4 | 3.9 | 50.0 | 3.2 | 48.5 | 2.4 | 52.5 | 3.7 | 48.2 | 2.0 | 48.5 | 2.1 | 43.9 | 3.4 |

分区域来看，各地区小微企业市场运行、采购水平、绩效水平和企业家信心整体表现良好，指标上表现为各地区市场指数、采购指数和绩效指数、信心指数平均值高于临界值。中南、东北和西北地区小微企业整体运行情况不理想，小微指数呈现出低于临界值的均值和较大的方差。

## 第二节 小微企业景气度与宏观经济指标的相关性分析

为考察小微企业景气度与整体宏观经济发展趋势的关系，本章将分别检验邮储总指数、分项指数和行业指数与宏观经济指标的关系，通过作图分析和相关性分析等手段，检验用小微指数衡量小微企业景气度的客观性，同时反映宏观经济对小微企业运行影响。

### 一 小微企业景气度和宏观经济指标高度相关

（一）小微企业景气度与宏观经济景气指数

国家统计局编制的宏观经济景气指数（即"企业家信心指数"）用于反映短时间内（一般指一年内或几个月内）企业生产经营状况、经济运行状况，也可预测未来经济发展趋势，其中一致指数反映了当前经济的基本走势，由工业生产、就业、社会需求（投资、消费、外贸）、社会收入（国家税收、企业利润、居民收入）等4个方面合成；先行指数由一组领先于一致指数的先行指标合成，用于对经济未来的走势进行预测。

从图2-5看，衡量小微企业景气度的小微指数与宏观经济景气一致指数和先行指数运行趋势总体相同。

定量分析也显示小微企业景气度与宏观经济运行态势一致。表2-3的相关性分析结果显示：小微指数与一致指数统计显著相关，相关系数为0.360；各分项指数中，市场指数、采购指数、绩

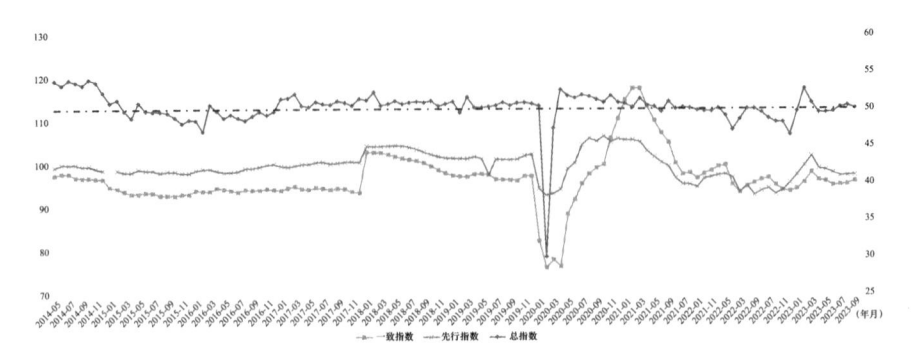

**图 2-5　宏观经济景气指数与小微指数趋势**

效指数、扩张指数、信心指数、风险指数和成本指数均与一致指数呈现显著相关性。其中成本指数呈显著负相关，这是由于小微指数的成本指数衡量的是总成本，当经济不景气时，生产投入和产出都下降，使得数量上体现出二者的负相关。宏观经济先行指数与小微各分项指标关系和一致指数相似。

表 2-3　　　　　　宏观经济景气指数与小微指数的相关性

|  | 总指数 | 市场指数 | 采购指数 | 绩效指数 | 扩张指数 | 信心指数 | 融资指数 | 风险指数 | 成本指数 |
|---|---|---|---|---|---|---|---|---|---|
| 一致指数 | 0.360 *** | 0.282 *** | 0.311 *** | 0.327 *** | 0.380 *** | 0.527 *** | 0.142 | 0.435 *** | -0.182 * |
| p 值 | 0.0001 | 0.0025 | 0.0008 | 0.0004 | 0.0000 | 0.0000 | 0.1338 | 0.0000 | 0.0542 |
| 先行指数 | 0.410 *** | 0.359 *** | 0.397 *** | 0.439 *** | 0.373 *** | 0.524 *** | -0.030 | 0.368 *** | -0.265 *** |
| p 值 | 0.0000 | 0.0001 | 0.0000 | 0.0000 | 0.0001 | 0.0000 | 0.7561 | 0.0001 | 0.0047 |

注：***、**和*分别代表在1％、5％和10％水平统计显著，余同。

### （二）小微企业景气度与工业增加值

国家统计局公布的工业增加值是工业企业在一定时期内生产活动所创造的新增价值，是反映工业企业生产活动成果的重要指标。

从图 2-6 看，衡量小微企业景气度的小微指数与工业增加值运行趋势有较强正相关性。新冠疫情期间，部分工业企业处于停产、半停产状态,导致工业增加值波动剧烈,而小微指数相对平稳,但总体仍有正相关性。

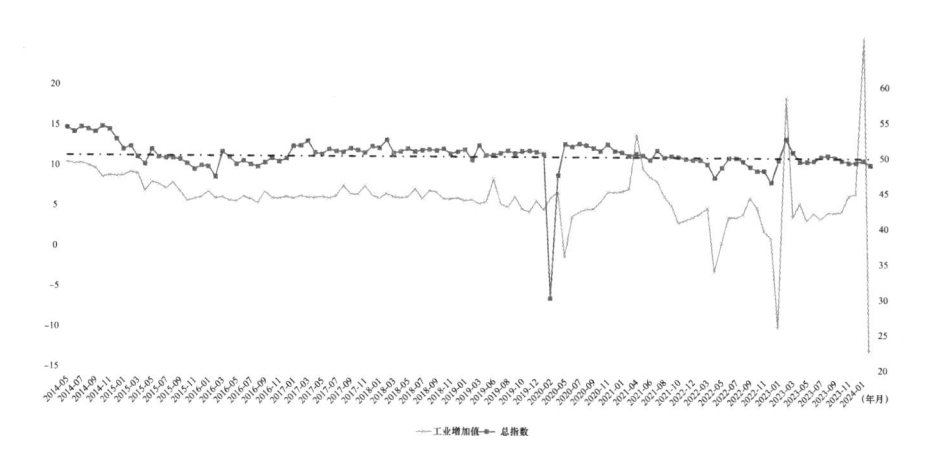

图2-6 工业增加值与小微指数趋势

量化分析也能看到小微企业景气度与工业增加值运行态势一致。通过表2-4的相关性检验,可以看出小微指数与工业增加值的相关性较强,相关系数为0.192。从分项上看,市场指数、采购指数、绩效指数、扩张指数和成本指数均与工业增加值统计显著相关。

表2-4　　　　　　工业增加值与小微指数的相关性

|  | 总指数 | 市场指数 | 采购指数 | 绩效指数 | 扩张指数 | 信心指数 | 融资指数 | 风险指数 | 成本指数 |
| --- | --- | --- | --- | --- | --- | --- | --- | --- | --- |
| 工业增加值(同比) | 0.192** | 0.212** | 0.251*** | 0.183* | 0.170* | 0.0144 | 0.0637 | -0.0884 | -0.267*** |
| p值 | 0.0413 | 0.0237 | 0.0070 | 0.0516 | 0.0700 | 0.8795 | 0.5006 | 0.3495 | 0.0041 |

## 二 小微企业景气度分项指数与相关宏观经济指标显著相关

(一)信心水平和消费者信心指数

消费者信心指数是反映消费者信心强弱的指标,是综合反映并量化消费者对当前经济形势评价和对经济前景、收入水平、收入预期以及消费心理状态的主观感受，是预测经济走势和消费趋向的一个先行指标。

从图2-7看，反映小微企业信心水平的小微信心指数与消费者信心指数、消费者满意指数、消费者预期指数的曲线走势基本一致。

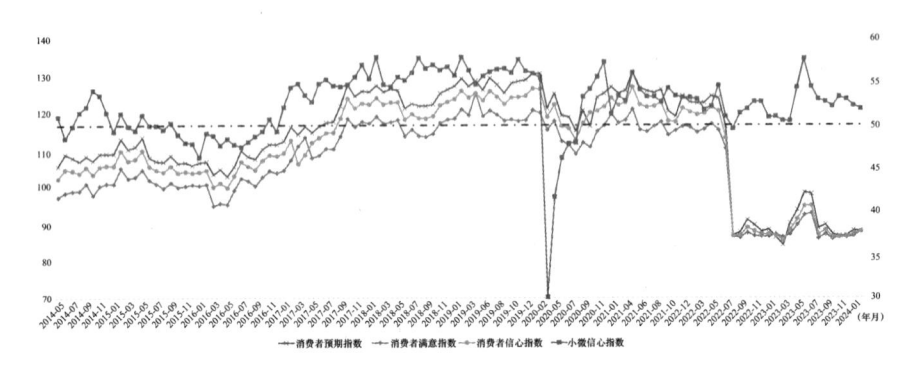

**图2-7 消费者信心指数和小微企业信心指数的趋势**

通过小微信心指数与消费者信心指数的相关性检验，可以看出二者呈显著的正相关，相关系数为0.327；其他消费者信心相关指数也均与小微信心指数显著相关（见表2-5）。

小微企业的信心水平也有较强的前瞻性，比较不同期的消费者信心指数与小微信心指数的相关性检验，可以看出小微信心指数与消费者信心指数未来一期有较强的相关性。此外，小微企业信心水平的增长，也会促进就业信心水平的增长，指标上表现为小微信心指数与就业预期指数显著的正相关关系，相关系数达0.731。

表2-5　　　小微企业信心指数与消费者信心指数的相关性

| 信心指数（当期） | 消费者信心指数 | 消费者指数满意指数 | 消费者指数预期指数 | 就业预期指数 |
| --- | --- | --- | --- | --- |
| 相关系数 | 0.327 *** | 0.342 *** | 0.327 *** | 0.731 *** |
| p值 | 0.0003 | 0.0002 | 0.0003 | 0.0000 |

续表

| 信心指数<br>（未来一期） | 消费者<br>信心指数 | 消费者指数<br>满意指数 | 消费者指数<br>预期指数 | 就业预期指数 |
|---|---|---|---|---|
| 相关系数 | 0.274 *** | 0.293 *** | 0.265 *** | 0.678 ** |
| p 值 | 0.0027 | 0.0013 | 0.0037 | 0.0000 |

（二）融资水平和社会融资总量

新增人民币贷款值是金融支持实体经济力度的重要衡量指标，也是实体经济融资需求的重要反映。小微企业融资指数主要反映融资难度与下期融资需求两个维度，具有一定前瞻性。表2-6展示提前一期融资指数与新增人民币贷款值的相关性检验，可以看出二者呈显著的正相关，相关系数为0.674。

表2-6　　　　　新增人民币贷款值与融资指数的相关性

| 融资指数 | 新增人民币贷款值 | 融资指数<br>（提前一期） | 新增人民币贷款值 |
|---|---|---|---|
| 相关系数 | 0.046 | 相关系数 | 0.674 *** |
| p 值 | 0.6224 | p 值 | 0.0000 |

### 三　小微行业景气度指数与宏观经济指标高度相关

（一）制造业小微企业景气度与小型企业PMI

中国采购经理人指数由国家统计局服务业调查中心和中国物流与采购联合会共同合作完成，是快速及时反映市场动态的先行指标，它包括制造业和非制造业采购经理指数。小型企业PMI是中国采购经理人指数体系中的指标之一，从新订单、生产、就业、供应商配送、存货、新出口订单、采购、产成品库存、购进价格、进口、积压订单等11个方面反映了制造业小型企业的运行情况。

从图2-8看，反映制造业小微企业景气度的制造业小微指数与小型企业PMI的基本走势一致，反映了二者高度的相关性。

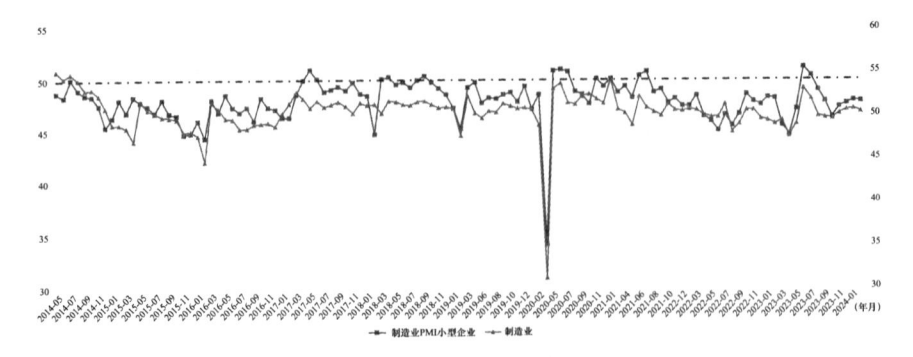

**图 2-8　小型企业 PMI 和制造业小微企业指数趋势**

量化分析也显示制造业小微企业指数与小型企业 PMI 反映的趋势具有较强的一致性。表 2-7 的相关性检验显示制造业小微指数与小型企业 PMI 显著正相关，相关系数高达 0.796。从分项来看，除融资指数外，其他分项均与小型企业 PMI 在 1% 的统计水平上显著正相关。

**表 2-7　小型企业 PMI 与制造业小微指数的相关性**

| 小型企业 PMI | 总指数 | 市场指数 | 采购指数 | 绩效指数 | 扩张指数 | 信心指数 | 融资指数 | 风险指数 | 成本指数 |
|---|---|---|---|---|---|---|---|---|---|
| 相关系数 | 0.796*** | 0.786*** | 0.741*** | 0.792*** | 0.719*** | 0.529*** | 0.060 | 0.506*** | -0.591*** |
| p 值 | 0.0000 | 0.0000 | 0.0000 | 0.0000 | 0.0000 | 0.0000 | 0.5220 | 0.0000 | 0.0000 |

(二) 制造业小微企业景气度和制造业采购经理总指数

制造业采购经理指数（Purchasing Managers' Index，PMI），是通过对企业采购经理的月度调查结果统计汇总、编制而成的指数，是国际上通用的监测宏观经济走势的先行指数之一。PMI 通常以 50% 作为经济强弱的分界点。PMI 高于 50% 时，反映制造业经济扩张；低于 50% 时则反映制造业经济收缩。

从图 2-9 看，反映制造业小微企业景气度的制造业小微指数和制造业采购经理指数走势基本一致，二者具有很强的相关性。

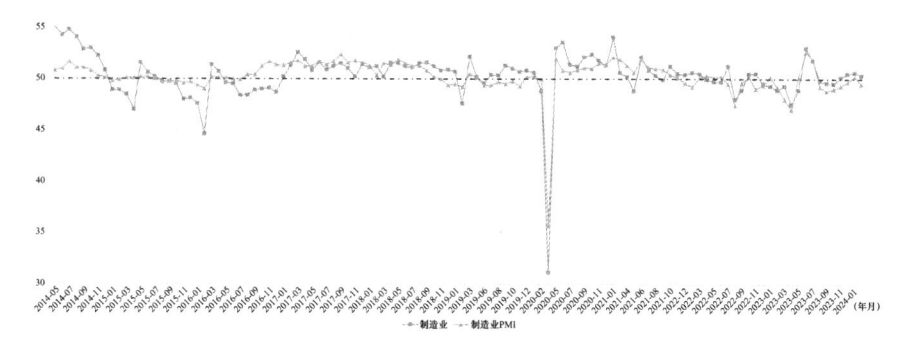

**图 2-9 制造业采购经理指数与制造业小微指数的趋势**

相关性检验也显示制造业小微指数与 PMI 呈现的制造业经济情况一致。表 2-8 结果显示，除融资指数外，制造业小微企业总指数及各分项指数与 PMI 显著相关，总指数与 PMI 的相关系数为 0.824。

**表 2-8　　制造业采购经理指数与制造业小微指数的相关性**

| 制造业采购经理指数 | 总指数 | 市场指数 | 采购指数 | 绩效指数 | 扩张指数 | 信心指数 | 融资指数 | 风险指数 | 成本指数 |
|---|---|---|---|---|---|---|---|---|---|
| 相关系数 | 0.824*** | 0.797*** | 0.756*** | 0.855*** | 0.752*** | 0.465*** | 0.0963 | 0.585*** | -0.578*** |
| p 值 | 0.0000 | 0.0000 | 0.0000 | 0.0000 | 0.0000 | 0.0000 | 0.2994 | 0.0000 | 0.0000 |

（三）建筑业小微企业景气度和国房景气指数

全国房地产开发景气指数（简称"国房景气指数"）是反映房地产投资、资金、面积、销售的综合指标。表 2-9 展示了反映建筑业小微企业景气度的建筑业小微指数和国房景气指数相关系数。可以看到，建筑业小微指数和国房景气指数显著正相关，相关系数为 0.210。建筑业小微企业分项指数中，采购指数、信心指数、风险指数和成本指数也与国房景气指数呈现出显著的相关关系。

表 2-9　　　　　国房景气指数与建筑业小微指数的相关性

| 国房景气指数 | 总指数 | 市场指数 | 采购指数 | 绩效指数 | 扩张指数 | 信心指数 | 融资指数 | 风险指数 | 成本指数 |
|---|---|---|---|---|---|---|---|---|---|
| 相关系数 | 0.210** | 0.138 | 0.279*** | 0.140 | 0.144 | 0.430*** | 0.118 | 0.356*** | 0.237** |
| p值 | 0.0273 | 0.1499 | 0.0030 | 0.1425 | 0.1325 | 0.0000 | 0.2176 | 0.0001 | 0.0122 |

（四）批发零售业小微企业景气度和商品零售价格指数

商品零售价格指数是反映一定时期内城乡商品零售价格变动趋势和程度的相对数。商品零售价格的变动可以反映市场需求变动趋势。

从图2-10看，2020年及以前，反映批发零售业景气度的批发零售业小微指数和商品零售价格指数总体走势高度一致。2020年后，两者相关性有所下降，体现出后疫情时代的经济特征。

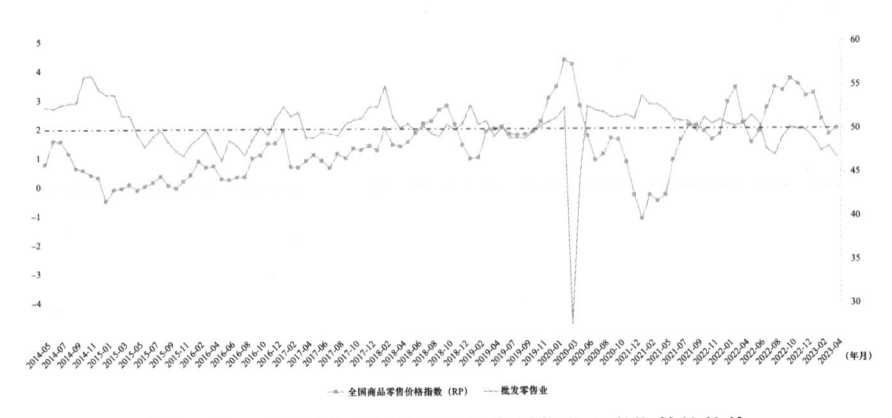

图2-10　商品零售价格指数和批发零售业小微指数的趋势

## 第三节　小微企业运行指数与其他中小企业指数

近年来，随着国家政策对中小微企业的重视，以及相应部门业务发展的需要，一些单位发起设计了自己的中小微企业发展指标。本节主要对四种定期在固定平台发布的中小微企业相关指标进行总结,并将这些指标与邮储小微指数进行了对比分析。

## 一 其他中小微企业相关指数简介和对比

第一个指标是中国中小企业发展指数（Small and Medium Enterprises Development Index，SMEDI）。它由中国中小企业协会通过对国民经济八大行业的中小企业进行调查,利用中小企业对本行业运行和企业生产经营状况的判断编制而成,是反映中国中小企业（不含个体工商户）经济运行状况的综合指数。

第二个指标是汇丰 PMI。它由汇丰银行与英国研究公司 Markit Group Ltd. 共同编制,是对中国总体制造业状况、就业及物价调查的一项衡量制造业运行状况的指标,现已更名为财新中国 PMI。

第三个指标是渣打中国中小企业信心指数。它旨在通过企业经营现状、对未来的预期以及企业信用三个维度,对中国中小企业的生存和发展现状作出即时有效的综合评估和动态连续的观察研究,是迄今为止彭博商业终端上唯一一个由外资银行发布的、专门衡量中国中小企业现状和趋势的研究报告。

第四个指标是长江商学院中国企业经营状况指数。它是长江商学院主要针对校友和学员发起的问卷调查,该指数由企业销售前瞻指数、企业利润前瞻指数、企业融资环境指数和企业库存前瞻指数四个分项以算术平均的方式构成。

表2-10 各个指数基本信息对比

|  | 小微指数 | 中国中小企业发展指数 | 财新中国PMI | 渣打中国中小企业信心指数 | 长江商学院中国企业经营状况指数 |
| --- | --- | --- | --- | --- | --- |
| 发布机构 | 经济日报出版社和中国邮政储蓄银行 | 中国中小企业协会 | 汇丰银行与英国研究公司 Markit Group Ltd. | 渣打银行 | 长江商学院 |

续表

| | 小微指数 | 中国中小企业发展指数 | 财新中国PMI | 渣打中国中小企业信心指数 | 长江商学院中国企业经营状况指数 |
|---|---|---|---|---|---|
| 发布频率 | 现为月度 | 现为月度 | 月度 | 月度 | 月度 |
| 发布时间 | 2015年5月至今 | 2010年7月首发至今 | 2009年7月至今 | 2011年10月至今 | 2011年9月至今 |
| 分项指标 | 市场指数标、绩效指数标、扩张指数标、采购指数标、风险指数标、融资指数标、信心指数标、成本指数 | 宏观经济感受、企业综合经营、市场、成本、资金、投入、效益和劳动力 | 产品订货、生产量、生产经营人员、供应商配送时间、主要原材料库存 | 经营现状指数、预期指数和信用指数 | 企业销售前瞻指数、企业利润前瞻指数、企业融资环境指数和企业库存前瞻指数 |
| 行业 | 制造业、批发零售业、建筑业、服务业、交通运输业、住宿餐饮业、农林牧渔业 | 工业，建筑业，交通运输、仓储和邮政业，房地产业，批发零售业，信息传输、计算机服务和软件业，住宿餐饮业和社会服务业 | 制造业和服务业 | — | — |
| 样本数量 | 2500左右 | 现为3000 | 400左右 | 1000左右 | — |
| 覆盖地区 | 东北、华北、华东、西北、西南、中南 | 全国 | 不分地区 | 东部、中部、西部 | 全国 |
| 研究对象 | 小微企业 | 全国中小企业 | 中国中小企业 | 全国中小企业 | 民营中小企业 |
| 临界点 | 50 | 100 | 50 | 50 | 50 |

已有各个指标的关注点不同，因此编制的分项指标有一定

差异。

（1）中国中小企业发展指数：包括宏观经济感受指数、综合经营指数、市场指数、成本指数、资金指数、劳动力指数、投入指数、效益指数八个分项。

（2）财新中国PMI：包括产品订货（简称订单）、生产量（简称生产）、生产经营人员（简称雇员）、供应商配送时间（简称配送）、主要原材料库存（简称存货）五个方面。

（3）渣打银行中小企业信心指数：包括经营现状指数、预期指数和信用指数三项指标。

（4）长江商学院中国企业经营状况指数：包括销售、利润、融资环境和库存四个分项。

以上这些指标中，中国中小企业发展指数以100为临界点，而其他指数均以50为临界点。当指数高于临界点时，反映调查对象经济扩张；低于临界点时，则反映经济收缩。

## 二 其他指数和小微企业指数均有一定相关性

本节以邮储小微企业运行指数为主体，观察与其他各个指数间数量上的关联。

### （一）小微企业运行指数与中国中小企业发展指数

中国中小企业发展指数通过对国民经济八大行业的中小企业进行调查，利用中小企业对本行业运行和企业生产经营状况的判断和预期数据编制而成，是反映中国中小企业（不含个体工商户）经济运行状况的综合指数。每个行业的调查内容具体包括八个方面，即宏观经济感受、企业综合经营、市场、成本、资金、投入、效益和劳动力。在具体调查中，考虑到不同行业的特点，八个分项里面的细项调查有所区别。八个分项指数解释如表2－11。

**表 2－11　　中国中小企业发展指数的分项指数**

| 八个分项指数 | 解释 |
| --- | --- |
| 宏观经济感受指数 | 通过企业家对宏观经济的感受程度以及对行业总体运行的看法来反映 |
| 企业综合经营指数 | 通过企业家对本企业综合经营的感受情况来反映 |
| 市场指数 | 从市场的各个环节如订单、生产、销售以及库存等方面来反映 |
| 成本指数 | 通过企业家对生产成本的感受来反映，具体方面还涉及原材料和能源的购进价格、劳动力成本等方面 |
| 资金指数 | 从企业的流动资金、应收账款以及融资等方面的情况来反映企业的资金状况 |
| 投入指数 | 从企业的固定资产投资、科技投入等方面来反映企业的投入状况 |
| 效益指数 | 从企业的盈亏状况（增盈或减亏）来反映企业的效益 |
| 劳动力指数 | 从劳动力的供应、需求方面来反映劳动力的综合情况，具体还涉及普通劳动力、技术工人和大专及以上毕业生的供需状况 |

与小微指数不同的是，中国中小企业发展指数的取值范围为 0—200：（1）100 为指数的景气临界值，表明经济状况变化不大；（2）100—200 为景气区间，表明经济状况趋于改善，越接近 200 景气度越高；（3）0—100 为不景气区间，表明经济状况趋于恶化，越接近 0 景气度越低。由于中国中小企业发展指数以季度为单位，因此将小微指数在同一季度内各月取平均数得各季度小微指数。[①]

中国中小企业发展指数与小微指数在某些维度上所衡量的趋势相一致。两者的相关性较强，相关系数为 0.550。从行业来看，所有行业的指数与中国中小企业发展指数均显著相关。从分项来看，市场指数、采购指数、绩效指数、扩张指数、信心指数和风险指数均与中国中小企业发展指数显著正相关，融资指数和成本指数均与中国中小企业发展指数负相关。

---

① 自 2019 年 6 月后，中国中小企业发展指数开始公开月度数据。

表 2-12 中国中小企业发展指数与小微指数的相关性

| SMEDI 总指数 | 总指数 | 农业 | 制造业 | 建筑业 | 交通运输 | 批发零售 | 住宿餐饮 | 服务业 |
|---|---|---|---|---|---|---|---|---|
| 相关系数 | 0.550*** | 0.503*** | 0.422*** | 0.520*** | 0.616*** | 0.508*** | 0.643*** | 0.686*** |
| p值 | 0.000 | 0.000 | 0.001 | 0.000 | 0.000 | 0.000 | 0.000 | 0.000 |
| SMEDI 总指数 | 市场指数 | 采购指数 | 绩效指数 | 扩张指数 | 信心指数 | 融资指数 | 风险指数 | 成本指数 |
| 相关系数 | 0.490*** | 0.502*** | 0.544*** | 0.634*** | 0.797*** | -0.174 | 0.605*** | -0.608*** |
| p值 | 0.000 | 0.000 | 0.000 | 0.000 | 0.000 | 0.195 | 0.000 | 0.000 |
| 宏观经济感受指数 | 总指数 | 农业 | 制造业 | 建筑业 | 交通运输 | 批发零售 | 住宿餐饮 | 服务业 |
| 相关系数 | 0.583*** | 0.624*** | 0.451*** | 0.623*** | 0.714*** | 0.528*** | 0.575*** | 0.640*** |
| p值 | 0.000 | 0.000 | 0.000 | 0.000 | 0.000 | 0.000 | 0.000 | 0.000 |
| 宏观经济感受指数 | 市场指数 | 采购指数 | 绩效指数 | 扩张指数 | 信心指数 | 融资指数 | 风险指数 | 成本指数 |
| 相关系数 | 0.541*** | 0.617*** | 0.584*** | 0.611*** | 0.725*** | -0.206 | 0.545*** | -0.690*** |
| p值 | 0.000 | 0.000 | 0.000 | 0.000 | 0.000 | 0.124 | 0.000 | 0.000 |
| 综合经营指数 | 总指数 | 农业 | 制造业 | 建筑业 | 交通运输 | 批发零售 | 住宿餐饮 | 服务业 |
| 相关系数 | 0.565*** | 0.551*** | 0.429*** | 0.569*** | 0.664*** | 0.509*** | 0.630*** | 0.684*** |
| p值 | 0.000 | 0.000 | 0.001 | 0.000 | 0.000 | 0.000 | 0.000 | 0.000 |
| 综合经营指数 | 市场指数 | 采购指数 | 绩效指数 | 扩张指数 | 信心指数 | 融资指数 | 风险指数 | 成本指数 |
| 相关系数 | 0.509*** | 0.547*** | 0.560*** | 0.638*** | 0.805*** | -0.225* | 0.589*** | -0.676*** |
| p值 | 0.000 | 0.000 | 0.000 | 0.000 | 0.000 | 0.092 | 0.000 | 0.000 |

从趋势对比看，中国中小企业发展指数与小微指数的走势相近，但绝对值所代表的含义有所区别。小微指数一直在临界值50上下波动，表明小微企业整体发展好坏并存。中国中小企业发展指数只有少数分项在临界值100上下波动，总指数一直低于临界值100。

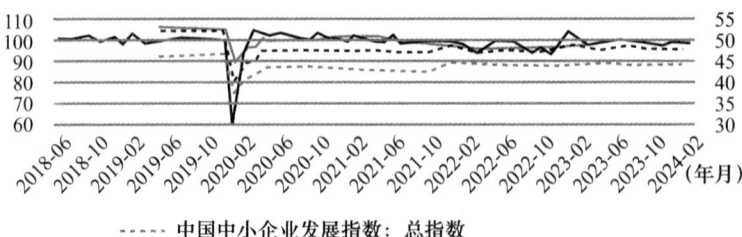

**图 2-11　小微指数和中国中小企业发展指数趋势**

## （二）小微企业运行指数与财新中国 PMI

财新中国 PMI 包含制造业和服务业两个分项，通常于每月第一个工作日发布，高于 50 表示经济活动处于总体扩张趋势，低于 50 则反映经济出现萎缩。从统计数据看，财新中国 PMI 与小微指数在某些维度上所衡量的趋势相一致，两者的相关性较强，相关系数高达 0.735。从行业来看，所有行业的指数与财新中国 PMI 均显著相关。从分项来看，除融资指数和成本指数外，其他分项均与财新中国 PMI 显著正相关。财新中国 PMI 的制造业和服务业指数的数据表现出了相似的结论。

**表 2-13　　　　财新中国 PMI 与小微指数的相关性**

| 财新中国 PMI | 总指数 | 农业 | 制造业 | 建筑业 | 交通运输 | 批发零售 | 住宿餐饮 | 服务业 |
|---|---|---|---|---|---|---|---|---|
| 相关系数 | 0.735*** | 0.613*** | 0.590*** | 0.594*** | 0.661*** | 0.703*** | 0.694*** | 0.670*** |
| p 值 | 0.000 | 0.000 | 0.000 | 0.000 | 0.000 | 0.000 | 0.000 | 0.000 |
| 财新中国 PMI | 市场指数 | 采购指数 | 绩效指数 | 扩张指数 | 信心指数 | 融资指数 | 风险指数 | 成本指数 |
| 相关系数 | 0.703*** | 0.680*** | 0.749*** | 0.669*** | 0.581*** | 0.081 | 0.668*** | -0.392*** |
| p 值 | 0.000 | 0.000 | 0.000 | 0.000 | 0.000 | 0.387 | 0.000 | 0.000 |

续表

| 财新中国制造业PMI | 总指数 | 农业 | 制造业 | 建筑业 | 交通运输 | 批发零售 | 住宿餐饮 | 服务业 |
|---|---|---|---|---|---|---|---|---|
| 相关系数 | 0.683*** | 0.565*** | 0.623*** | 0.542*** | 0.558*** | 0.651*** | 0.530*** | 0.552*** |
| p值 | 0.000 | 0.000 | 0.000 | 0.000 | 0.000 | 0.000 | 0.000 | 0.000 |
| 财新中国制造业PMI | 市场指数 | 采购指数 | 绩效指数 | 扩张指数 | 信心指数 | 融资指数 | 风险指数 | 成本指数 |
| 相关系数 | 0.634*** | 0.620*** | 0.677*** | 0.634*** | 0.594*** | 0.163* | 0.665*** | -0.307*** |
| p值 | 0.000 | 0.000 | 0.000 | 0.000 | 0.000 | 0.078 | 0.000 | 0.001 |
| 财新中国服务业PMI | 总指数 | 农业 | 制造业 | 建筑业 | 交通运输 | 批发零售 | 住宿餐饮 | 服务业 |
| 相关系数 | 0.672*** | 0.551*** | 0.500*** | 0.527*** | 0.654*** | 0.661*** | 0.673*** | 0.652*** |
| p值 | 0.000 | 0.000 | 0.000 | 0.000 | 0.000 | 0.000 | 0.000 | 0.000 |
| 财新中国服务业PMI | 市场指数 | 采购指数 | 绩效指数 | 扩张指数 | 信心指数 | 融资指数 | 风险指数 | 成本指数 |
| 相关系数 | 0.643*** | 0.627*** | 0.696*** | 0.607*** | 0.541*** | 0.036 | 0.596*** | -0.382*** |
| p值 | 0.000 | 0.000 | 0.000 | 0.000 | 0.000 | 0.703 | 0.000 | 0.000 |

虽然二者趋势一致，但总体数值上小微企业运行指数低于财新中国PMI，且波动较财新中国PMI更小。在两者都是50为临界点的条件下，可以发现财新中国PMI总体对企业形势看好，除疫情期间有较大冲击的月份外，大多数时间的财新中国PMI指数均高于50。

（三）小微企业运行指数与渣打中国中小企业信心指数

渣打中国中小企业信心指数（SMEI）包含经营现状指数、预期指数和信用指数。其中，经营现状指数分项指标包括新订单、新出口订单、生产、投资、用工、原材料库存、产成品库存、盈利、

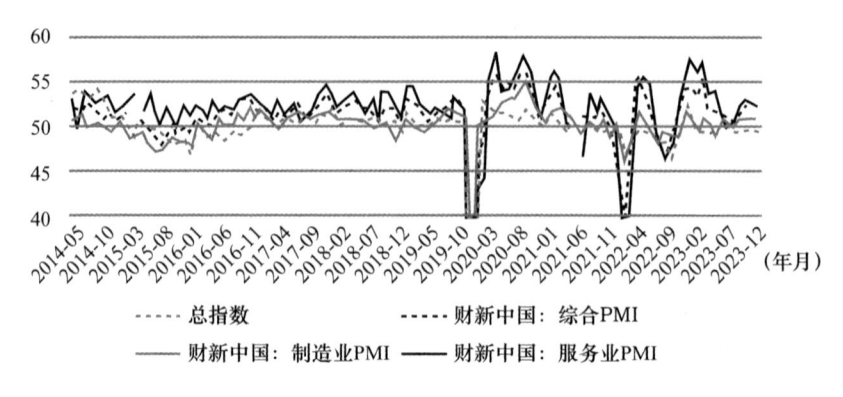

······ 总指数　　　　-----财新中国：综合PMI
—— 财新中国：制造业PMI　—— 财新中国：服务业PMI

**图 2-12　小微指数和财新中国 PMI 趋势**

投入价格和产成品价格；预期指数即为对经营现状中的分项指标的预期；信用指数包括融资、银行对中小企业放贷意愿和现金盈余。

渣打银行中小企业信心指数与小微指数在很多维度上相关性较强，其中总指数相关系数高达 0.558。从行业来看，所有行业的指数与渣打银行中小企业信心指数均显著相关。从分项来看，除融资指数和成本指数外，其他分项均与渣打银行中小企业信心指数显著正相关。渣打银行中小企业信心指数的预期指数和信用指数与小微指数相关性稍弱，一定程度上表明小微指数更多地反映了小微企业的发展现状。

**表 2-14　渣打中国中小企业信心指数与小微指数的相关性**

| SMEI 综合指数 | 总指数 | 农业 | 制造业 | 建筑业 | 交通运输 | 批发零售 | 住宿餐饮 | 服务业 |
|---|---|---|---|---|---|---|---|---|
| 相关系数 | 0.558*** | 0.449*** | 0.469*** | 0.655*** | 0.596*** | 0.390*** | 0.471*** | 0.618*** |
| p 值 | 0.000 | 0.000 | 0.000 | 0.000 | 0.000 | 0.000 | 0.000 | 0.000 |
| SMEI 综合指数 | 市场指数 | 采购指数 | 绩效指数 | 扩张指数 | 信心指数 | 融资指数 | 风险指数 | 成本指数 |
| 相关系数 | 0.588*** | 0.604*** | 0.631*** | 0.518*** | 0.392*** | -0.304*** | 0.256*** | -0.718*** |
| p 值 | 0.000 | 0.000 | 0.000 | 0.000 | 0.000 | 0.002 | 0.008 | 0.000 |
| 现状指数 | 总指数 | 农业 | 制造业 | 建筑业 | 交通运输 | 批发零售 | 住宿餐饮 | 服务业 |

续表

| SMEI综合指数 | 市场指数 | 采购指数 | 绩效指数 | 扩张指数 | 信心指数 | 融资指数 | 风险指数 | 成本指数 |
|---|---|---|---|---|---|---|---|---|
| 相关系数 | 0.711*** | 0.534*** | 0.628*** | 0.746*** | 0.679*** | 0.564*** | 0.563*** | 0.725*** |
| p值 | 0.000 | 0.000 | 0.000 | 0.000 | 0.000 | 0.000 | 0.000 | 0.000 |
| 现状指数 | 市场指数 | 采购指数 | 绩效指数 | 扩张指数 | 信心指数 | 融资指数 | 风险指数 | 成本指数 |
| 相关系数 | 0.735*** | 0.738*** | 0.752*** | 0.676*** | 0.564*** | -0.263*** | 0.436*** | -0.809*** |
| p值 | 0.000 | 0.000 | 0.000 | 0.000 | 0.000 | 0.007 | 0.000 | 0.000 |
| 预期指数 | 总指数 | 农业 | 制造业 | 建筑业 | 交通运输 | 批发零售 | 住宿餐饮 | 服务业 |
| 相关系数 | 0.316*** | 0.260*** | 0.257*** | 0.498*** | 0.402*** | 0.129 | 0.274*** | 0.401*** |
| p值 | 0.001 | 0.007 | 0.008 | 0.000 | 0.000 | 0.188 | 0.004 | 0.000 |
| 预期指数 | 市场指数 | 采购指数 | 绩效指数 | 扩张指数 | 信心指数 | 融资指数 | 风险指数 | 成本指数 |
| 相关系数 | 0.339*** | 0.372*** | 0.396*** | 0.295*** | 0.258*** | -0.340*** | 0.060 | -0.548*** |
| p值 | 0.000 | 0.000 | 0.000 | 0.002 | 0.008 | 0.000 | 0.538 | 0.000 |
| 信用指数 | 总指数 | 农业 | 制造业 | 建筑业 | 交通运输 | 批发零售 | 住宿餐饮 | 服务业 |
| 相关系数 | 0.415*** | 0.372*** | 0.291*** | 0.414*** | 0.486*** | 0.349*** | 0.439*** | 0.511*** |
| p值 | 0.000 | 0.000 | 0.003 | 0.000 | 0.000 | 0.000 | 0.000 | 0.000 |
| 信用指数 | 市场指数 | 采购指数 | 绩效指数 | 扩张指数 | 信心指数 | 融资指数 | 风险指数 | 成本指数 |
| 相关系数 | 0.449*** | 0.440*** | 0.489*** | 0.361*** | 0.152 | -0.165* | 0.188* | -0.503*** |
| p值 | 0.000 | 0.000 | 0.000 | 0.000 | 0.121 | 0.090 | 0.053 | 0.000 |

从趋势对比来看，与财新中国PMI类似，总体数值上小微企业运行指数低于渣打银行中小企业信心指数，且波动较渣打银行中小企业信心指数更小。从绝对值来看，渣打银行中小企业信心指数总体对中小企业发展看好，除2020年年初受疫情冲击影响较大，以及防疫政策变化导致市场不确定性升高的时期，渣打银行中小企业信心指数均高于50。

（四）小微企业运行指数与中国企业经营状况指数

长江商学院中国企业经营状况指数是针对其校友和学员发起的问卷调查，询问其对企业未来短期经营状况的预期，并基于扩散指数法计算得到指数。该指数由企业销售前瞻指数、企业利润前瞻指

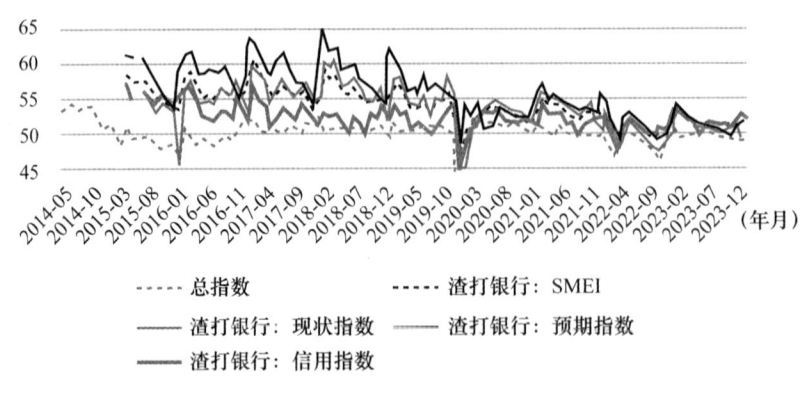

```
 65
 60
 55
 50
 45
```
2014-05 2014-10 2015-03 2015-08 2016-01 2016-06 2016-11 2017-04 2017-09 2018-02 2018-07 2018-12 2019-05 2019-10 2020-03 2020-08 2021-01 2021-06 2021-11 2022-04 2022-09 2023-02 2023-07 2023-12 （年月）

------ 总指数　　　——— 渣打银行：SMEI
——— 渣打银行：现状指数　——— 渣打银行：预期指数
——— 渣打银行：信用指数

**图 2-13　小微指数和渣打银行 SMEI 趋势**

数、企业融资环境指数和企业库存前瞻指数四个分项以算术平均的方式构成。

小微企业运行指数与中国企业经营状况指数的相关系数达 0.315，统计显著。从行业来看，所有行业的指数与中国企业经营状况指数均显著相关。从分项来看，除融资指数和成本指数外，其他分项均与中国企业经营状况指数显著正相关。

表 2-15　　　　中国企业经营状况指数与小微指数的相关性

| 企业经营状况指数 | 总指数 | 农业 | 制造业 | 建筑业 | 交通运输 | 批发零售 | 住宿餐饮 | 服务业 |
|---|---|---|---|---|---|---|---|---|
| 相关系数 | 0.315*** | 0.219** | 0.182** | 0.348*** | 0.342*** | 0.310*** | 0.301*** | 0.386*** |
| p 值 | 0.001 | 0.017 | 0.047 | 0.000 | 0.000 | 0.001 | 0.001 | 0.000 |
| 企业经营状况指数 | 市场指数 | 采购指数 | 绩效指数 | 扩张指数 | 信心指数 | 融资指数 | 风险指数 | 成本指数 |
| 相关系数 | 0.313*** | 0.282*** | 0.401*** | 0.252*** | 0.263*** | -0.135 | 0.224** | -0.213** |
| p 值 | 0.001 | 0.002 | 0.000 | 0.006 | 0.004 | 0.144 | 0.014 | 0.020 |

从趋势对比来看，总体数值上小微企业运行指数低于中国企业经营状况指数的频率更高，波动较中国企业经营状况指数更小。中国企业经营状况指数总体对企业发展看好，除疫情期

间有较大冲击的月份外，大多数时间的中国企业经营状况指数均高于50。

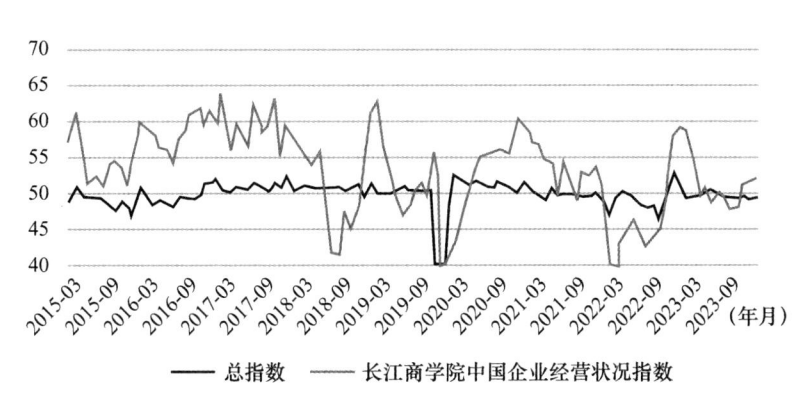

图 2-14 小微指数和中国企业经营状况指数趋势

## 第四节 小微企业运行指数的应用

小微指数的总指数由八大分项指数构成，其中采购指数、扩张指数和信心指数三项可视为先行指标，对未来经济走势及企业发展具有预测作用。本节旨在检验小微指数中先行指标与总指数的自洽性，以及先行指标对未来宏观经济发展的预测作用，从而说明通过小微指数预测未来小微企业发展态势和宏观经济走势的可行性。

### 一 先行指标对小微企业未来发展的预测作用

三大先行指标中的采购指数和扩张指数对各行业、各地区小微企业未来的发展情况均具有较好的预测作用，信心指数对部分行业、部分地区小微企业未来发展情况有一定预测作用。

对采购指数、扩张指数和信心指数分别与未来一期的总指数进行相关性分析发现，采购指数与扩张指数和未来一期的总指数显著正相关。在七大行业中，对应行业的采购指数、扩张指数均与未来一期的行业指数显著正相关；交通运输业和服务业的信心指数与未来一期行业指数显著正相关。六大地区中，对应地区的采购指数、扩张指数均与未来一期的行业指数显著正相关；中南地区的信心指数与未来一期的地区指数显著正相关。

表2-16　各行业先行指标与未来一期总指数的相关性分析

| 未来一期<br>对应当期 | 总指数 | 农林牧渔 | 制造业 | 建筑业 | 交通运输 | 批发零售 | 住宿餐饮 | 服务业 |
|---|---|---|---|---|---|---|---|---|
| 采购指数 | 0.371*** | 0.354*** | 0.167* | 0.339*** | 0.455*** | 0.395*** | 0.454*** | 0.534*** |
| p值 | 0.000 | 0.000 | 0.071 | 0.000 | 0.000 | 0.000 | 0.000 | 0.000 |
| 扩张指数 | 0.321*** | 0.332*** | 0.162* | 0.289*** | 0.381*** | 0.315*** | 0.379*** | 0.470*** |
| p值 | 0.000 | 0.000 | 0.080 | 0.002 | 0.000 | 0.001 | 0.000 | 0.000 |
| 信心指数 | 0.121 | 0.083 | 0.041 | 0.043 | 0.169* | 0.136 | 0.126 | 0.221** |
| p值 | 0.191 | 0.369 | 0.661 | 0.641 | 0.068 | 0.142 | 0.174 | 0.016 |

表2-17　各地区先行指标与未来一期总指数的相关性分析

| 未来一期<br>对应当期 | 总指数 | 华北 | 东北 | 华东 | 中南 | 西南 | 西北 |
|---|---|---|---|---|---|---|---|
| 采购指数 | 0.371*** | 0.359*** | 0.188** | 0.270*** | 0.351*** | 0.367*** | 0.362*** |
| p值 | 0.000 | 0.000 | 0.041 | 0.003 | 0.000 | 0.000 | 0.000 |
| 扩张指数 | 0.321*** | 0.369*** | 0.191** | 0.187** | 0.259*** | 0.282*** | 0.339*** |
| p值 | 0.000 | 0.000 | 0.038 | 0.043 | 0.005 | 0.002 | 0.000 |
| 信心指数 | 0.121 | 0.055 | -0.176* | 0.118 | 0.197** | 0.137 | 0.001 |
| p值 | 0.191 | 0.553 | 0.057 | 0.203 | 0.032 | 0.138 | 0.988 |

## 二　先行指标对宏观经济未来发展的预测作用

先行指标对宏观经济的短期未来走势具有较好的预测作用。将先行指标与表示宏观经济整体情况的一致指数与失业率的未来一期进行相关性分析，结果表明，三大先行指标与未来一期的一致指数均显著正相关，与未来一期的城镇调查失业率均显著负相关。

对具体行业未来的宏观经济走势，先行指标也表现出了较好的预测作用。分别将建筑业先行指标和服务业先行指标与对应行业未来一期商务活动指数进行相关性分析，结果表明，建筑业采购指数、扩张指数和信心指数与未来一期建筑业商务活动指数显著正相关；服务业采购指数、扩张指数和信心指数与未来一期服务业商务活动指数显著正相关。

表 2 – 18　　先行指数与未来一期宏观经济变量的相关性分析

| 未来一期\对应当期 | 宏观经济景气指数一致指数 | 失业率全国城镇调查 | 未来一期\对应当期 | 建筑业商务活动指数 | 服务业商务活动指数 |
| --- | --- | --- | --- | --- | --- |
| 采购指数 | 0.411*** | -0.356*** | 行业采购指数 | 0.686*** | 0.713*** |
| p值 | 0.000 | 0.001 | p值 | 0.000 | 0.000 |
| 扩张指数 | 0.404*** | -0.370*** | 行业扩张指数 | 0.603*** | 0.547*** |
| p值 | 0.000 | 0.000 | p值 | 0.000 | 0.000 |
| 信心指数 | 0.297*** | -0.548*** | 行业信心指数 | 0.465*** | 0.475*** |
| p值 | 0.001 | 0.000 | p值 | 0.000 | 0.000 |

综合以上分析，可以看出小微指数（包含总指数、各分项指数和各行业指数）和常见的宏观经济月度指数（宏观经济景气指数、工业增加值、小型企业 PMI、国房景气指数等）呈正相关关系。此外，小微指数相较于其他同类指数，在数值上更折中，整体说明了邮储小微指数编制的合理性与科学性。通过对采购指数、扩张指数和信心指数三个先行指标与未来一期的小微企业总指数以及宏观经济变量之间的相关性进行分析，能看到小微指数先行指标的预测能力。这表明小微指数不仅能够监测和反映当前情况，还可以预测未来情况，扩大了小微指数的应用范围。

# 第三章

# 小微企业发展态势和特点

## 第一节 2023年小微企业运行态势

整体而言,2023年小微企业运行表现总体呈现"冲高—回调—企稳"的"M"形态势。

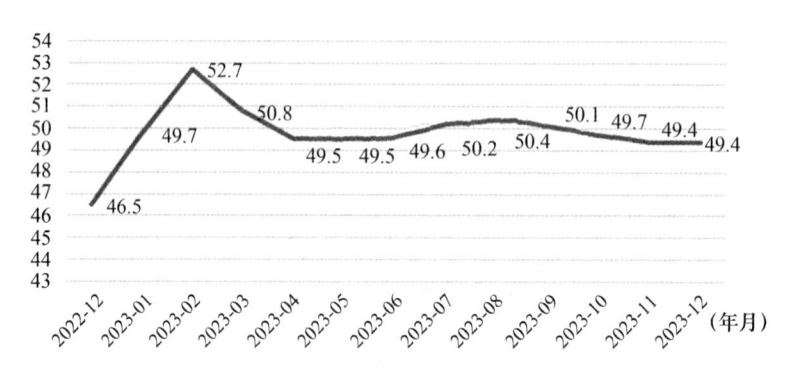

图3-1 2023年度小微企业总指数走势

一 2023年一季度,疫情高峰期基本结束,一系列"稳增长"政策显现成效,小微企业运行回暖

2023年一季度,小微企业市场需求上行,采购增加,绩效好转,信心增强,运行总体呈上升态势。然而,尽管市场需求增加,小微企业仍处于去库存阶段,扩张倾向不强,融资需求不足,且面临较高的风险和成本。

反映到指数上，一季度总指数为51.1，较2022年四季度上升3.5个点，由景气值之下上升到景气值之上。各分项指数七升一降，除成本指数较上个季度下降0.3个点之外，其他七大分项指数均较上个季度上升；其中市场指数、采购指数、绩效指数和信心指数运行于景气值之上，扩张指数、融资指数、风险指数和成本指数运行于景气值之下（见表3-1）。

表3-1　　2022年四季度和2023年一季度小微指数运行情况

| 分项指数 | 2023Q1 | 2022Q4 | 变动幅度 |
| --- | --- | --- | --- |
| 总指数 | 51.1 | 47.6 | 3.5 |
| 市场指数 | 52.4 | 47.4 | 5.0 |
| 采购指数 | 51.3 | 47.2 | 4.1 |
| 绩效指数 | 51.2 | 47.1 | 4.1 |
| 扩张指数 | 48.9 | 47.4 | 1.5 |
| 信心指数 | 55.5 | 50.7 | 4.8 |
| 融资指数 | 49.3 | 48.3 | 1.0 |
| 风险指数 | 49.6 | 47.8 | 1.8 |
| 成本指数 | 46.7 | 47.0 | -0.3 |

从细项水平来看，2023年一季度小微企业原材料采购有所增加，原材料库存量下降，呈现出疫情影响下复工复产对原材料消耗增加的特征，指数上表现为原材料采购指数运行于景气值之上，原材料库存指数运行于景气值之下。然而，复苏动力仍然有待加强，新增投资和人员雇用水平均较上个季度下滑。并且，小微企业仍然面临应收账款拖欠问题，负债率较上个季度有所提升，回款周期延长，负债率指数和回款周期指数运行于景气值之下。成本上，小微企业总体经营成本、运输费用和加工费用较上个季度有所下降，营销费用、员工薪酬和原料价格指数均较上个季度有所上升。

表3-2　2022年四季度和2023年一季度小微指数细项指标情况

| 细项名称 | 2023Q1 | 2022Q4 | 变动幅度 |
| --- | --- | --- | --- |
| 产量 | 52.4 | 47.3 | 5.1 |
| 主营业务收入 | 52.5 | 47.5 | 5.0 |
| 预订量 | 52.3 | 47.3 | 5.0 |
| 原材料采购 | 52.2 | 47.6 | 4.6 |
| 原材料库存 | 49.9 | 46.7 | 3.2 |
| 毛利率 | 50.6 | 47.3 | 3.3 |
| 利润 | 51.9 | 47 | 4.9 |
| 人员变化 | 49 | 47.2 | 1.8 |
| 新增投资 | 48.9 | 47.6 | 1.3 |
| 企业家信心 | 55.9 | 49.6 | 6.3 |
| 对本行业信心 | 55.2 | 51.8 | 3.4 |
| 下期融资需求 | 48.9 | 48.1 | 0.8 |
| 融资难度 | 49.6 | 48.6 | 1.0 |
| 负债率是否提高 | 49 | 48.4 | 0.6 |
| 回款周期 | 49.1 | 46.9 | 2.2 |
| 流动资金周转 | 50.8 | 48.3 | 2.5 |
| 总体经营成本 | 46.7 | 47 | -0.3 |
| 平均运输费用 | 49.1 | 47.9 | 1.2 |
| 营销费用 | 50.2 | 47.9 | 2.3 |
| 员工平均薪酬 | 50.1 | 47.6 | 2.5 |
| 原料价格 | 50.4 | 49.7 | 0.7 |
| 加工费用 | 49.8 | 48.2 | 1.6 |

小微企业经营状况回升主要有以下几大原因。

一是复工复产叠加疫情影响日渐消退。多地疫情高峰结束，春节后复工复产推进，疫情防控优化措施广泛落地，稳经济措施效果显现，经济活力逐步回升。2023年1月中国制造业采购经理指数（PMI）为50.1，较2022年12月上升3.1个点，连续3个月运行在50以下后重回景气区间。生产指数为49.8，虽仍位于50以下，但较2022年12月上升5.2个点，结束了连续3个月环比下降的势头。

从业人员指数为47.7，较2022年12月上升2.9个点，企业用工需求回升。疫情防控措施优化以及春节等因素带动需求趋于活跃。新订单指数为50.9，较2022年12月上升7个百分点至景气区间，升幅明显。2023年2月PMI为52.6，较2023年1月上升2.5个点，在景气线水平上继续提高。生产指数为56.7，比2023年1月上升6.9个点。新订单指数为54.1，比2023年1月上升3.2个点，持续运行在景气区间，需求端稳步扩张。2023年3月PMI为51.9，比2023年2月下降0.7个点，但仍然高于景气线，说明制造业生产和市场需求稳步回升。生产指数为54.6，比2023年2月下降2.1个点，持续高于临界点，表明制造业生产活动继续扩张。新订单指数为53.6，比2023年2月下降0.5个点，持续高于临界点，表明制造业市场需求继续增加。2023年1月从业人员指数较上月提高2.9个点，为47.7。2023年2月从业人员指数提升2.5个点至50.2，重回景气区间。2023年3月从业人员指数小幅下降0.5个点至49.7。劳动力供给不足情况有向好趋势，经济运行基础有所改善。

2023年1月，大型、中型和小型企业PMI分别较2023年12月上升4、2.2和2.5个点，表明中小企业运行有所趋稳，经济活力有所提升，不同规模企业均有改善。2023年2月，大型、中型和小型企业PMI分别较上月上升1.4、3.4和4.0个点至53.7、52.0、51.2。大型企业连续两个月位于景气区间，小型企业景气度自2021年5月以来首次位于景气区间，小型企业景气度回升明显。2023年3月，大、中、小型企业PMI分别为53.6、50.3和50.4，较上月分别低0.1、1.7和0.8个点，但均高于临界点。

二是出口订单下行压力进一步缓解。国内疫情快速过峰，外贸企业生产运输持续恢复，前期积压外贸订单进一步释放，出口韧性仍较大，出现出海抢单热潮。2023年1月制造业新出口订单指数回升1.9个点，为46.1；2023年2月，制造业新出口订单较上月回升

6.3个点至52.4，自2021年5月以来首次位于景气区间，中小企业外贸业务稳步发展。2023年3月，新出口订单指数为50.4，持续运行于景气区间。

三是重大项目集中开工和地产纾困之下，建筑业景气水平改善。2023年1月，建筑业商务活动指数为56.4，较2023年12月回升2.0个点。2023年2月建筑业商务活动指数较2023年1月提升3.8个点至60.2。2023年3月建筑业商务活动指数进一步上升5.4个点至65.6，持续位于高景气区间。地块供应质量提升、土地市场热度提振，春节后销售复苏明显，重大项目集中开工、多项支持政策的持续落实均起到了推动作用。

四是产业链供应链逐步疏通。2023年1月，统计局供应商配送时间指数大幅改善，较2022年12月提升7.5个点，为47.6。2023年2月，供应商配送时间指数为52%，较2023年1月上升4.4个点。2023年3月，供应商配送时间指数为50.8，较2023年2月下降1.2个点，但仍高于临界点，货运物流趋于通畅。

五是企业预期趋于乐观，持续恢复前景可期。2023年1月，国家统计局生产经营活动预期指数为55.6，较2022年12月上升3.7个点。采购量指数和原材料库存指数分别为50.4和49.6，分别较2022年12月上升5.5、2.5个点。2023年2月，生产经营活动预期指数为57.5，较2023年1月上升1.9个点。采购量指数和原材料库存指数分别为53.5和49.8，分别较2023年1月上升3.1、0.2个点，产成品库存指数时隔10个月重回景气区间。2023年3月生产经营活动预期指数较2023年2月下降2个点至55.5，采购量指数与上月持平，原材料库存指数下降1.5个点至48.3。生产修复、需求旺盛叠加预期好转的良性循环，企业主动补库存的意愿持续提振。

此外，2023年一季度的专题调查表明，大部分小微企业整体经营基本从疫情冲击中恢复，但对扩大经营仍持保守态度，运营的主要压力仍主要表现为市场需求不足和原材料价格较高。相对疫情前正常时期，大部分小微企业整体经营情况基本恢复，向好信心较强；但大部分企业对扩大经营仍持保守态度，当前企业财务情况与疫情前基本一致，仍有超七成企业应收账款占营收比重在20%左右。大部分企业对近3个月的经营预期也相对平稳保守，小型企业对缩减雇员数量表现出了更强的倾向性，同时融资需求的缺口也相对更为明显。

**二 2023年二季度，经济修复动力转换，内生动力不足重新显现，小微企业运行有所收缩**

2023年二季度，小微企业总体运行态势下行；市场需求整体呈上升态势，信心持续增强，但增幅有所收窄；采购水平和企业绩效由升转降，扩张意愿持续收缩，融资水平不理想，运行风险和企业成本持续上升。

从各项指数来看，2023年二季度小微企业总指数为49.5，较2023年一季度下降1.6个点，由景气值之上回落到景气值之下。八大分项指数均有不同程度的下滑，其中信心指数降幅最大，但仍然运行于景气值之上。采购指数和绩效指数分别较一季度下降1.8、1.7个点，由景气值之上下降到景气值之下。市场指数较一季度下降1.8个点，但仍然运行于景气值之上。扩张指数、融资指数、风险指数和成本指数均在不景气区间而进一步下降。

表3-3　　　　　2023年一、二季度小微指数运行情况

| 分项指数 | 2023Q2 | 2023Q1 | 变动幅度 |
| --- | --- | --- | --- |
| 总指数 | 49.5 | 51.1 | -1.6 |
| 市场指数 | 50.6 | 52.4 | -1.8 |
| 采购指数 | 49.5 | 51.3 | -1.8 |
| 绩效指数 | 49.5 | 51.2 | -1.7 |

续表

| 分项指数 | 2023Q2 | 2023Q1 | 变动幅度 |
|---|---|---|---|
| 扩张指数 | 48.1 | 48.9 | -0.8 |
| 信心指数 | 52.6 | 55.5 | -2.9 |
| 融资指数 | 48.2 | 49.3 | -1.1 |
| 风险指数 | 48.3 | 49.6 | -1.3 |
| 成本指数 | 46.1 | 46.7 | -0.6 |

2023年二季度，小微企业的流动资金周转情况趋差，周转速度由升转降，积累了更高的流动性风险；风险指数中的流动资金周转指数下降1.6个点至景气值之下。小微企业各项成本全面承压，面临较大的成本上升压力，营销费用、员工平均薪酬和原料价格都有所上涨。

此外，小微企业还面临不少困难。从企业调研情况看，小微企业数量庞大、规模普遍较小、抗风险能力弱、市场竞争较为激烈，一旦市场需求疲软、订单机会变少，彼此间的竞争会进一步加剧，经营处境会更为艰难，进入亏损状态的主体数量占比会随之提高。这主要是因为小微企业的经营成本处于刚性状态，包括房屋租金、水电气网、人工成本都需要定期支付，再加上原材料价格上涨，都会让企业"入不敷出"，影响其发展及预期。

表3-4    2023年一、二季度小微指数细项指标情况

| 细项名称 | 2023Q2 | 2023Q1 | 变动幅度 |
|---|---|---|---|
| 产量 | 50.6 | 52.4 | -1.8 |
| 主营业务收入 | 50.7 | 52.5 | -1.8 |
| 预订量 | 50.5 | 52.3 | -1.8 |
| 原材料采购 | 50.4 | 52.2 | -1.8 |
| 原材料库存 | 48.3 | 49.9 | -1.6 |
| 毛利率 | 48.9 | 50.6 | -1.7 |
| 利润 | 50 | 51.9 | -1.9 |

续表

| 细项名称 | 2023Q2 | 2023Q1 | 变动幅度 |
| --- | --- | --- | --- |
| 人员变化 | 48 | 49 | -1.0 |
| 新增投资 | 48 | 48.9 | -0.9 |
| 企业家信心 | 53 | 55.9 | -2.9 |
| 对本行业信心 | 52.3 | 55.2 | -2.9 |
| 下期融资需求 | 47.8 | 48.9 | -1.1 |
| 融资难度 | 48.6 | 49.6 | -1.0 |
| 负债率是否提高 | 48.1 | 49 | -0.9 |
| 回款周期 | 47.8 | 49.1 | -1.3 |
| 流动资金周转 | 49.2 | 50.8 | -1.6 |
| 总体经营成本 | 46.1 | 46.7 | -0.6 |
| 平均运输费用 | 47.5 | 49.1 | -1.6 |
| 营销费用 | 48.5 | 50.2 | -1.7 |
| 员工平均薪酬 | 48.5 | 50.1 | -1.6 |
| 原料价格 | 48.5 | 50.4 | -1.9 |
| 加工费用 | 48.2 | 49.8 | -1.6 |

2023年二季度小微指数意外回落有以下几大原因。

一是整体经济恢复内生动力不足，尤其是需求相对不足仍较明显。2023年年初以来宏观经济较快回升，PMI环比基数持续抬高，使得指数回落幅度明显大于往年。2023年4月，中国制造业采购经理指数为47.6，较2023年3月大幅回落2.8个点，年初以来首次跌落景气线水平。其中生产指数为50.2，较2023年3月下降4.4个点，但仍位于临界点以上，表明制造业生产总体保持扩张；而新订单指数为48.8，较2023年3月下降4.8个点，已进入不景气区间。2023年5月，中国制造业采购经理指数为48.8，较2023年4月回落0.4个点，连续两个月处于不景气区间，不及预期。其中生产指数为49.6，比2023年4月下降0.6个点；新订单指数为48.3，比2023年4月下降0.5个点，供大于求显著。企业调查显示，反映市场需求不足的企业比重达58.8。市场需求不足带动企业生产活动放缓，扩张动能低。从业人员指数环比下滑 0.4 个点至 48.4，表明企业用工景气水平也在回落。

二是受后疫情阶段经济修复动力转换影响，商品消费强劲修复阶段逐渐结束，服务业长期修复效应凸显。2023 年一季度社会消费品零售总额累计同比增长 8.5%，但扣除低基数效应后，与疫情前常态增长水平差距较大，商品消费修复动能短期内出现边际弱化势头。另外，2023 年二季度服务业商务活动指数分别为 55.1、53.8 和 52.8，连续位于较高景气区间。表明后疫情时期，服务行业景气度低位反弹过程仍在延续，经济回升主导力量出现转变。

三是其他多重因素影响使供给恢复暂时遇冷。房地产投资下降、全国工业生产者出厂价格指数（PPI）持续同比负增长导致企业效益下滑，导致民间投资动力不足，2023 年一季度民间投资累计同比增长 0.6%，增长水平偏低。在需求不足及价格波动双重扰动下，企业采购意愿走弱，一季度国家统计局 PMI 采购量指数持续下滑，2023 年 4 月降为 49.1，5 月下降 0.1 个点至 49，6 月进一步下降 0.1 个点至 48.9；从业人员指数也持续下降，2023 年二季度始终运行于不景气区间，分别为 48.8、48.4 和 48.2。此外，由于前期库存增长较快，在市场需求相对不足时，企业主动去库存，原材料库存和产成品库存持续下行。

四是海外需求整体走弱，出口订单回落。前期积压订单集中出清，低基数效应消失，出口热潮期逐渐收缩。2023 年 4 月，制造业新出口订单较 2023 年 3 月下降 2.8 个点至 47.6，时隔两月再度回到不景气区间。2023 年 5 月，制造业新出口订单指数较 2023 年 4 月下降 0.5 个点至 47.1。2023 年 6 月小幅回升至 48.6，但仍处于不景气区间。

### 三 2023 年三季度，政策利好，不利气象条件结束，暑期消费持续拉动，小微企业运行回暖

2023 年三季度，小微企业总体运行好转，呈现回升态势。小微

企业面临的需求扩大，企业采购水平上升，绩效好转，信心增强；且在扩张、融资、风险、成本方面的景气水平有所改善，回升的势头向好。

指数上，2023年三季度小微企业总指数为50.2，较2023年二季度上升0.7个点，由景气值之下上升到景气值之上。各分项指数均较二季度上升，采购指数、绩效指数重回景气区间，市场指数和信心指数同样运行于景气区间；扩张指数、融资指数、风险指数和成本指数虽然运行于景气值之下，但较一季度有所上升。

表3-5　　　　2023年二、三季度小微指数运行情况

| 分项指数 | 2023Q3 | 2023Q2 | 变动幅度 |
| --- | --- | --- | --- |
| 总指数 | 50.2 | 49.5 | 0.7 |
| 市场指数 | 51.2 | 50.6 | 0.6 |
| 采购指数 | 50.3 | 49.5 | 0.8 |
| 绩效指数 | 50.3 | 49.5 | 0.8 |
| 扩张指数 | 48.9 | 48.1 | 0.8 |
| 信心指数 | 52.9 | 52.6 | 0.3 |
| 融资指数 | 49.0 | 48.2 | 0.8 |
| 风险指数 | 49.1 | 48.3 | 0.8 |
| 成本指数 | 46.9 | 46.1 | 0.8 |

小微企业的市场需求复苏具有一定持续性，小微企业家对本企业和本行业的信心也均在大幅上升，小微企业扩张势头的下行趋势有所收窄，但仍有不足，且仍处于去库存阶段，当前扩张行为仍然谨慎，融资需求不足，对上游更大力度拉动尚需时日。值得注意的是，小微企业的经营风险仍在上升。

市场指数反映的内容包括企业主营业务收入、业务预订量，这两个分项在2023年三季度均在持续上涨。采购指数包括原材料采购和库存，其中采购量因产品市场需求上涨而在2023年三季度持

续上升，但库存有下降趋势。绩效指数主要反映企业利润，2023年7月，小微企业利润较6月增长更多，再次印证了企业经营状况的好转。与未来经济增长相关的扩张指数在2023年三季度有所上升，但仍然运行于景气值之下。小微企业扩张指数包含企业投资和人员变化两项指标的扩张情况，同样在景气线下运行。与此对应的是融资指数也在景气线下。

2023年三季度，虽然大多数经营指标向好发展，但小微企业的风险指数仍维持在不景气区间。风险指数包含负债变动、回款周期和流动资金周转情况，细项指标显示这三项均运行于不景气区间。从调查数据看，小微企业整体应收账款占营收比长期维持在20%左右，部分行业如制造业、建筑业占比更高。近年来虽然出台各种政策支持，但未有明显好转。

表3-6　　2023年二、三季度小微指数细项指标情况

| 细项名称 | 2023Q3 | 2023Q2 | 变动幅度 |
| --- | --- | --- | --- |
| 产量 | 51.3 | 50.6 | 0.7 |
| 主营业务收入 | 51.4 | 50.7 | 0.7 |
| 预订量 | 51.2 | 50.5 | 0.7 |
| 原材料采购 | 51.1 | 50.4 | 0.7 |
| 原材料库存 | 49.2 | 48.3 | 0.9 |
| 毛利率 | 49.8 | 48.9 | 0.9 |
| 利润 | 50.8 | 50.0 | 0.8 |
| 人员变化 | 48.7 | 48.0 | 0.7 |
| 新增投资 | 49.0 | 48.0 | 1.0 |
| 企业家信心 | 53.6 | 53.0 | 0.6 |
| 对本行业信心 | 52.2 | 52.3 | -0.1 |
| 下期融资需求 | 48.6 | 47.8 | 0.8 |
| 融资难度 | 49.5 | 48.6 | 0.9 |
| 负债率是否提高 | 48.8 | 48.1 | 0.7 |
| 回款周期 | 48.6 | 47.8 | 0.8 |

续表

| 细项名称 | 2023Q3 | 2023Q2 | 变动幅度 |
| --- | --- | --- | --- |
| 流动资金周转 | 49.8 | 49.2 | 0.6 |
| 总体经营成本 | 47.0 | 46.1 | 0.9 |
| 平均运输费用 | 48.3 | 47.5 | 0.8 |
| 营销费用 | 49.4 | 48.5 | 0.9 |
| 员工平均薪酬 | 49.4 | 48.5 | 0.9 |
| 原料价格 | 49.6 | 48.5 | 1.1 |
| 加工费用 | 49.4 | 48.2 | 1.2 |

2023年三季度小微指数小幅回升主要有以下几方面的原因。

一是经济内生动力趋强、供求同步回升，推动小微企业市场运行持续向好。2023年前三季度宏观数据显示，中国经济恢复向好总体回升的态势更趋明显，多个领域、多项指标都出现了一些积极变化。前三季度国内生产总值同比增长5.2%，企稳回升。同时外贸好于预期，国内市场活力也在增强。无论是社会消费品零售总额数据还是服务消费数据，2023年三季度都在转好。在生产端，2023年三季度PMI始终呈现回升趋势，7月PMI较6月上升0.3个点，达到49.3；8月继续上升0.4个点至49.7；9月上升0.5个点至50.2，重回景气线之上。

二是暑期消费对服务业增长的拉动作用依然较为明显。2023年二季度服务业商务活动指数持续运行于景气区间，分别为51.5、50.5和50.9。高温多雨天气过后经济回归正常运行，住宿餐饮业、交通运输业仍有相当发展空间。2023年，中秋国庆期间旅游消费增长强劲，彰显了市场消费的潜力和活力。

三是系列政策利好，市场信心普遍较强。国家维持了对小微企业在税收、就业补贴等方面的政策优惠，并在各种会议中强调支持小微企业发展的决心，对提振小微企业信心有较大激励作用。

但与此同时，从2023年三季度的发展中也能看到隐忧，比如

PMI 中出口订单指数持续运行于不景气区间，出口增速下行压力仍在加大。此外，国家统计局数据解读，从 2023 年 9 月企业普遍反映行业竞争加剧、原材料成本高和资金紧张的制造业企业占比均较 8 月有所上升。据中国物流与采购联合会反映，需求不足的企业占比虽连续三个月下滑，但截至 2023 年 9 月仍超过 58%。

### 四 2023 年四季度，传统淡季，小微企业景气水平回落，但企稳趋势显现

2023 年四季度，小微企业总体运行趋差。小微企业面临的需求扩大，信心增强；但采购水平和绩效水平由升转降，在扩张、融资、风险、成本方面情况不理想，承压较大。

指数上，2023 年四季度小微企业总指数为 49.5，较 2023 年三季度下降 0.7 个点，由景气值之上下降到景气值之下；八大分项指数中仅市场指数和信心指数两大指数运行于景气区间，采购指数和绩效指数由景气值之上下降到景气值之下，扩张指数、融资指数、风险指数和成本指数继续运行于景气值之下。

表 3－7　　　　2023 年三、四季度小微指数运行情况

| 分项指数 | 2023Q4 | 2023Q3 | 变动幅度 |
| --- | --- | --- | --- |
| 总指数 | 49.5 | 50.2 | －0.7 |
| 市场指数 | 50.3 | 51.2 | －0.9 |
| 采购指数 | 49.7 | 50.3 | －0.6 |
| 绩效指数 | 49.5 | 50.3 | －0.8 |
| 扩张指数 | 48.2 | 48.9 | －0.7 |
| 信心指数 | 51.7 | 52.9 | －1.2 |
| 融资指数 | 48.5 | 49.0 | －0.5 |
| 风险指数 | 48.6 | 49.1 | －0.5 |
| 成本指数 | 46.9 | 46.9 | 0.0 |

2023年四季度市场需求整体旺盛，11月市场需求虽有所下跌，12月迅速回升，但去库存阶段尚未结束，市场需求的复苏传导到上游仍然需要时间，且成本压力不断上升，11月回款周期延长的情况稍有缓和，12月重新加剧。

从2023年四季度各月具体来看，市场指数的各分项指数均呈现先降后升趋势。产量指数和主营业务收入指数在本季度持续运行于景气值之上，预订量指数在11月由景气区间跌至景气值之下，又在12月回升至景气值之上。采购方面，原材料采购指数同样呈现先降后升趋势，原材料库存则持续运行于景气值之下。绩效方面，利润指数从景气区间下降到景气值之下，毛利率指数持续运行于景气值之下，主要是由于成本的持续上涨——各项成本的细项指数在四季度呈现先降后升趋势，但始终运行于景气值之下。风险指数的各细项指标呈现先升后降趋势。

表3-8　　2023年三、四季度小微指数细项指标情况

| 细项名称 | 2023Q4 | 2023Q3 | 变动幅度 |
| --- | --- | --- | --- |
| 产量 | 50.2 | 51.3 | -1.1 |
| 主营业务收入 | 50.4 | 51.4 | -1.0 |
| 预订量 | 50.2 | 51.2 | -1.0 |
| 原材料采购 | 50.2 | 51.1 | -0.9 |
| 原材料库存 | 48.9 | 49.2 | -0.3 |
| 毛利率 | 48.9 | 49.8 | -0.9 |
| 利润 | 49.9 | 50.8 | -0.9 |
| 人员变化 | 48.2 | 48.7 | -0.5 |
| 新增投资 | 48.3 | 49 | -0.7 |
| 企业家信心 | 52.2 | 53.6 | -1.4 |
| 对本行业信心 | 51.1 | 52.2 | -1.1 |
| 下期融资需求 | 48.1 | 48.6 | -0.5 |
| 融资难度 | 48.8 | 49.5 | -0.7 |
| 负债率是否提高 | 48.6 | 48.8 | -0.2 |

续表

| 细项名称 | 2023Q4 | 2023Q3 | 变动幅度 |
| --- | --- | --- | --- |
| 回款周期 | 48.2 | 48.6 | -0.4 |
| 流动资金周转 | 49.2 | 49.8 | -0.6 |
| 总体经营成本 | 46.9 | 47.0 | -0.1 |
| 平均运输费用 | 47.2 | 48.3 | -1.1 |
| 营销费用 | 48.4 | 49.4 | -1 |
| 员工平均薪酬 | 48.3 | 49.4 | -1.1 |
| 原料价格 | 48.3 | 49.6 | -1.3 |
| 加工费用 | 48.2 | 49.4 | -1.2 |

2023年四季度小微指数的回落主要有以下几点原因。

一是受部分制造业行业进入传统淡季等因素影响，制造业景气水平下降。2023年10月，中国制造业采购经理人指数为49.5%，比2023年9月下降0.7个点，降至不景气区间。11月继续下降0.1个点至49.4，12月下降0.4个点至49，连续三个月运行于不景气区间，制造业景气水平有所回落。在此背景下，中小企业出现了产需恢复分化的态势。

2023年10月，大型企业PMI为50.7，生产指数和新订单指数分别为53.1和50.8；中型企业PMI为48.7，较2023年9月下降0.9个点；小型企业PMI为47.9，较2023年9月下降0.1个点。中、小型企业的生产指数和新订单指数均位于临界值下，复苏步伐有所放缓。2023年11月，大型企业PMI为50.5，比2023年10月下降0.2个点；中型企业PMI为48.8，比2023年10月上升0.1个点，但仍低于临界值；小型企业PMI为47.8，比2023年10月下降0.1个点，低于临界点。2023年12月，大型企业PMI为50.0，比2023年11月下降0.5个点，位于临界点；中、小型企业PMI分别为48.7和47.3，较2023年11月分别下降0.1、0.5个点，均低于临界点。

二是2023年四季度临近秋旺尾声，且受国庆节长假期间工业生产有所放缓、节前部分需求提前释放等因素影响，制造业内外需同步下行，企业生产活动仍在扩张，但步伐有所放缓。2023年10月，生产指数为50.9，较2023年9月下降1.8个点，但维持于临界值以上；新订单指数为49.5，较2023年9月下降1.0个点。11月，制造业新订单指数为49.4，较10月回落0.1个点；外需整体也进一步收缩，新出口订单指数为46.3，较10月回落0.5个点，连续两个月下降。12月，制造业新订单指数为48.7，较11月下降0.7个点，表明制造业市场需求有所减少。

需求不足向生产端传导，企业生产意愿偏弱，企业调查显示，2023年10月反映市场需求不足的企业比重为59.9，明显上升，11月进一步上升为60.6，在连续3个月运行在60以下后再次回到60%以上。12月反映需求不足的企业占比达60.76，较11月进一步提高，需求收缩问题更加突出。整体来看，制造业企业生产活动仍在扩张，但步伐有所放缓。

## 第二节　2023年小微企业面临的问题

### 一　应收账款拖欠

总体而言，2023年小微企业整体呈现向好趋势，但也面临一些问题。例如运行风险呈上升趋势，账款拖欠问题有所增加，小微企业回款依然较为困难。回款困难导致运营成本提高，是小微企业扩张意愿下降的一个重要原因。

2023年各月中，大部分时间小微企业风险指数运行于景气值之下，仅2月风险指数达到51.1，运行于景气区间。风险指数包含负债率指数、回款周期指数和流动资金周转指数三个细项指标。这三个指标的运行趋势和风险指数基本一致，其中流动资金周转指数相对其他两个指标的情况更好，在 2 月、7 月和 8 月运行于景气区间。

小微企业回款困难持续多年，据笔者统计，2014 年以来中小微企业应收账款占营业收入比重持续上升，这意味着解决应收账款问题应从长期着眼。

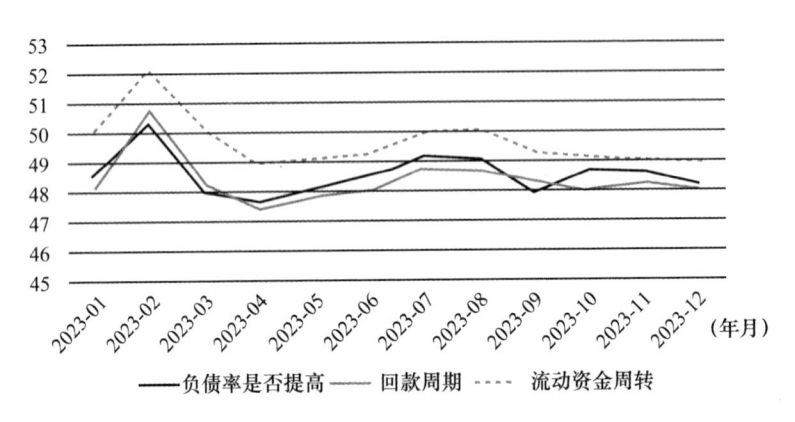

**图 3-2 风险指数细项指标**

中小微企业在市场中处于相对弱势地位，更容易面临账款拖欠问题。大量应收账款回款困难，造成中小企业资金流紧张、成本上升、其他方面投入不足等问题，影响正常运营，严重时甚至可能导致企业破产。

调查发现，中小微企业应收账款方面存在的共性问题主要包括以下几个方面。

一是项目周期长、垫资量大。建筑行业通常在项目前期垫资数额巨大，应收账款数额大、回款率低。技术服务业企业多会采取"预付款＋中期款项＋尾款＋质保金"的收款方式，各环节付款比例由双方约定，但预付款不足以覆盖前期成本，需要企业垫资。

二是甲方履约情况不理想。调研显示甲方利用市场优势地位，签订不符合行业规范的合同甚至擅改合同的情况依然存在。部分甲方要求企业先开工后补签合同，为后期支付留下隐患。

三是票据使用仍然普遍。客户为大企业时，合同规定采用银行承兑汇票结算的情况较为普遍。企业在票据贴现时，可能会遇到不能贴现或贴现率低的情况，遭遇变相克扣合同款项。

四是供应链金融普惠性不高。目前，专业供应链金融公司在给中小微企业提供融资方面依然有较大局限性。普通中小企业的应收账款很难进入应收账款融资服务平台系统，融资普惠性有待提升。

中国先后制定了《中小企业促进法》《保障中小企业款项支付条例》等法律法规，并出台系列行动方案推动清理拖欠中小企业账款。这些政策举措对于改善中国中小微企业应收账款问题发挥了重要作用，取得了明显成效，但调查显示各类账款拖欠问题仍然存在，需要具体分析，进一步加以改善。

**二　要素成本高**

小微企业面临较高的要素成本，包括因抵押物少，融资难融资贵长期难以解决；因竞争力弱，专业技术人才招不到、留不住；因外部环境复杂多变，原材料价格大幅波动；等等。

融资方面，小微企业普遍面临融资难度上升，下期融资需求不足的情况。从小微企业融资指数细项指标来看，2023年，除2月外，其他时间下期融资需求指数和融资难度指数始终运行于景气值之下。这是多方面原因造成的，第一，小微企业通常相对"年轻"，规模较小，缺乏长期的经营记录，这使它们在金融机构眼中具有较高的信用风险。金融机构可能对这类企业的融资申请更为谨慎。第二，小微企业的信息披露相对不充分，金融机构难以全面了解企业的财务状况和经营能力，从而增加了融资的不确定性。第三，由于小微企业规模有限，其资产相对较少，难以提供足够的抵押物来支持贷款，这使得融资更为困难。金融机构可能向小微企业收取较高的融资利率，以弥补信用风险和信息不对称带来的不确定性，这使得融资成本上升，对企业的财务负担产生负面影响。

人才方面，整体就业形势不容乐观，结构性矛盾尤为突出。一是劳动供需不匹配，制造业用工紧张。产业工人供给不足，结构不均衡。国家统计局数据显示，近10年来，制造业就业人员减少约1200万人。人力资源和社会保障部预计，到2025年，中国制造业10大重点领域人才需求缺口将近3000万人，缺口率高达48%。当前中国制造业用工面临日益细分、升级的需求与相对滞后的供给之间的结构性矛盾。用工需求波动加剧产业工人流动。随着国内外经济形势的变化，制造企业订单不断波动，陷入停产时一些必要支出并没有减少，为降低成本，招工和裁员的变数不断加大，导致就业岗位不稳定，削弱了劳动力就业意愿。青年劳动力就业难和传统制造业招工难并存。二是在技术变革和产业调整中，结构性失业现象增多。劳动技能不匹配，阻碍人才进入新兴行业。随着AI应用逐渐深化，未来将进入"技术换人"时代，技术换人的路径将从最容易流程化、低沟通的岗位开始，从最容易数字化的行业开始。中国社会科学院人口与劳动经济研究所课题组研究估算显示，新技术应用对中国制造业普通劳动力岗位替代率为19.6%。数字化转型加速后，就业困难群体技能弱势更加突出，加剧结构性"用工荒"。三是灵活就业群体的保障政策仍显不足。灵活就业群体普遍存在就业不稳的问题，北京腾景大数据应用科技研究院与蚂蚁集团研究院联合发布的《2023年三季度灵活就业群体调查报告》显示，灵活就业群体的合同类型主要以短期/临时合同（26.5%）和无合同（31.7%）为主，拥有长期稳定合同者仅占三成。

原材料成本方面，小微企业通常生产规模相对较小，难以享受到批量采购和生产的规模效应。大规模生产通常能够降低每单位产品的原材料和生产成本，而小规模企业可能无法达到相同的经济效益。从供应链角度来看，小微企业可能面临供应链的不稳定和中断。由于规模较小，它们可能更容易受到原材料供应、价格波动以及交货延误等影响，导致成本上升。此外，小微企业可能由于技术水平较低或生产工艺不够先进，导致生产效率低下。低效率可能使生产过程中浪费增加，进而提高生产成本。

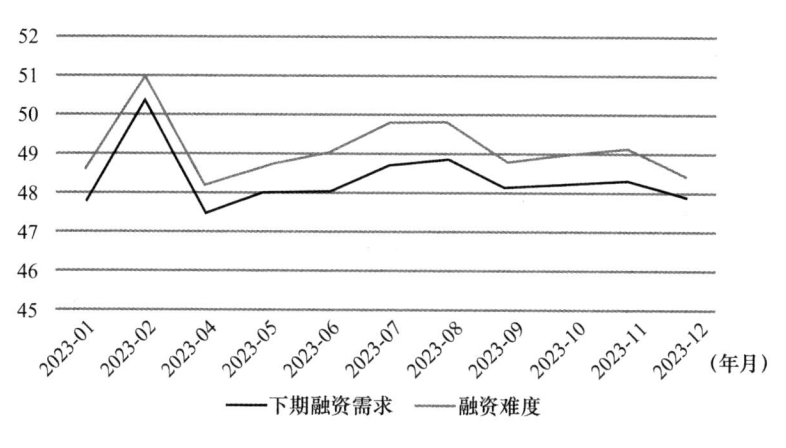

图 3-3 融资指数各细项指标

## 三 数字化意识不足，转型困难

数字化转型能够引导企业聚焦细分市场，通过产业分工、利润分层获得行业领域内的相对优势地位，培育独特的竞争力和专业性，带动整体产业健康发展，转变经济结构，构建未来产业生态布局，为高质量发展注入强劲动力，解决以往片面注重企业规模扩张和增长速度的粗放式发展问题。可以说，在数字经济时代，数字化转型关乎小微企业核心竞争力的构建，是中小微企业做大做优做强的必由之路。然而，在数字化转型过程中，大量中小微企业面临"不会转""不能转""不敢转"的问题，阻碍了企业实现长期发展。

数字化转型的"不会转"。中国中小企业大多处于初创阶段，企业领导层的战略意识和管理水平相对落后，对数字技术及数字化转型等概念不甚了解，对数字化转型的规划和重视程度不够。对全国813家中小企业数字化转型情况的问卷调研结果显示，超过半数的企业尚未进行数字化转型，其中，20.98%的中小企业对此完全不了解，29.26%的中小企业略微了解且有转型意愿，但暂时没有进行数字化转型，仅有4.39%的中小企业基本完成数字化转型，表明中小企业对数字化转型的认知和动力不足。即使企业领导有志于在企业内部推行数字化，转型方向上大多仅关注技术应用，未能进行企业内部的组织结构、战略、文化等方面的匹配，而这些企业内部因素的转变才是决定数字化转型能否提升企业绩效的关键。因此，大多数中小企业的数字化仅停留在初级阶段的一些方面，包括人事、办公和行政的数字化，并未对企业的业务流程、生产方式等关键环节进行改变，数字基础设施建设和数字化进程的推进水平较低。此外，中小企业的数字化转型人才储备水平较低，很难寻找到在业务和技术能力上集成的数字人才，一定程度上也限制了企业的数字化进程。

数字化转型的"不能转"。数字化转型是一项长期任务，企业充分转型需要一定的利润空间和转换时间。相比于大型企业，中小企业受到盈利水平和企业规模的限制，利润空间较小，自身"造血"机能偏弱，同时中小企业更难获得银行贷款，外部"输血"机制滞后，可用资金有限。面对技术吸收转化、数字设备购置等高昂的转型成本，多数中小企业往往表现得力不从心。数字技术的发展还助推了独角兽企业的诞生，这些快速成长的企业给传统企业的数字化转型带来巨大的时间压力，很多中小企业还没意识到需要转型，就被市场淘汰了。

数字化转型的"不敢转"。中小企业转型见效慢、周期长、投入高，数字化转型需要打破原有的老旧系统和业务流程，改变传统的管理制度，是一项高风险、高收益的决策事项。当前，中国发展进入战略机遇和风险挑战并存、不确定难预料因素增多的时期，经济整体波动增强，而中小企业的抗风险能力相对较弱，短期经营的优先事项是生存至上，所以往往在数字化转型的投入支出上更加谨慎，在一定程度上造成了企业的"不敢转"。国际数据公司 IDC 预测，受新冠疫情影响，中国的小机构（10 人以下）和小企业（10—99 人）在 2020 年度的 IT 支出分别下滑 4.9% 和 2.7%。

除了数字化转型困难，在数字经济时代，中小微企业网络安全问题越来越普遍。360 天枢智库 2023 年面向全国 496 家中小微企业的调研显示，2023 年有近 25% 的受访者反馈相比于 2022 年更加担心安全威胁，同时也有超过 25% 的受访者反馈没有去年担心，稍有进步。所调查的中小微企业普遍反馈他们并不知道如何解决安全问题，也没有合适的方案和服务。勒索攻击已经不再区分大型企业和中小微企业，成为中小微企业面临的首要威胁。受访者反馈，在过去一年，针对中国中小微企业最具破坏性的数字攻击威胁分别是勒索攻击（81.7%）、恶意软件入侵（55.4%）、网络钓鱼（35.9%）、内部威胁（28.8%）。显然，针对中小微企业的主要数字攻击威胁正在呈现出更加复杂的趋势。网络攻击可能会影响中小微企业的合规审查，导致敏感数据泄露，造成资金损失，信誉受损，甚至业务中断。

一方面，黑客组织正在把攻击目标从大企业转向防御能力更弱的中小微企业。中小微企业正面临无差别的网络攻击威胁。另一方面，中小微企业自身存在着网络安全意识不足的问题，同时传统的安全方案无法满足中小微企业的数字安全需求。

第四章

# 小微企业分行业发展态势及特点

"经济日报—中国邮政储蓄银行小微企业运行指数"包含了七大行业指数，可以从这些指数中观察到行业变动趋势。

## 第一节 农林牧渔业小微企业运行特点

一 2023年农林牧渔业小微企业景气水平在景气值附近呈M形波动

总体而言，2023年疫情防控措施放松后，国内经济的修复和市场动能的回升为小微企业带来了更多的机遇，农林牧渔业小微企业的生产经营活动有所恢复。同时，受气候、生物生长周期、市场需求等因素的影响，农林牧渔业小微企业运行通常表现出较强的季节性。2023年2月，春节假期因素叠加复工复产的积极影响，农林牧渔业小微企业运行呈现上行趋势；3—6月表现趋差，7—9月持续小幅回升，10月后再次回落。

指数上，2023年农林牧渔业小微企业总指数在景气值附近呈M形波动。总指数在2月达到全年最高值51.4，在4月和5月达到全年最低值48.9，在2月、7月、8月和9月共4个月处于景气区间，剩余8个月处于不景气区间。

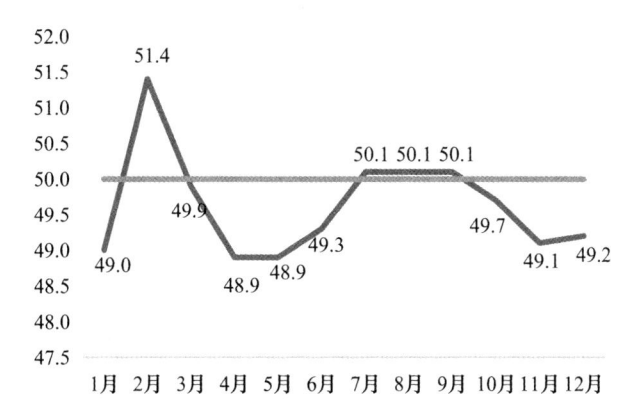

图 4 - 1  2023 年农林牧渔业小微企业运行总指数

## 二  分项监测

2023 年，农林牧渔业小微企业呈现市场需求波动向好、生产规模扩张但投资和融资规模缩减的特点，同时，经营绩效端尚未有明显好转，这表明，尽管疫情防控政策放松后，小微企业能够正常开展生产经营以获得持续现金流，但经济恢复内生动力不足，这导致企业长期的投融资意愿有所下降。

2023 年，农林牧渔业小微企业市场运营活动表现出较强的季节性。2 月，农林牧渔业小微企业的市场表现出现季节性上行，且叠加春节因素和疫情防控放松的影响，经营活动较为活跃，4—6 月转而趋差，7—10 月再次好转，且好转的幅度呈先扩大后收窄趋势。

指数上，2023 年市场指数在 2 月达到全年最高值 52.2，在 4 月和 5 月达到全年最低值 49.4，2 月、3 月、7 月、8 月、9 月和 10 月共 6 个月处于景气区间，剩余 6 个月处于不景气区间。

产量、主营业务收入和订单量的表现基本同步，但持续性不足，这也是四季度产量和主营业务收入走低的原因。进入四季度末，订单量趋稳，整体市场经营表现也随之趋稳，预计将进入下一年的增长周期。

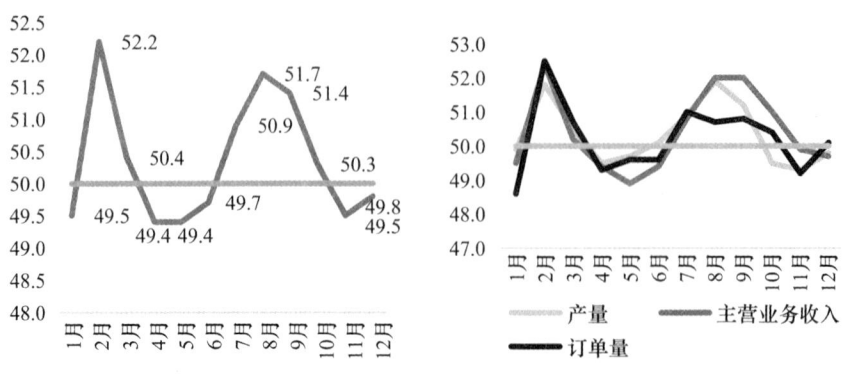

图 4-2　2023 年农林牧渔业小微企业市场指数

图 4-3　2023 年农林牧渔业小微企业市场指数细项

2023 年，农林牧渔业小微企业的采购表现在一季度以后逐步趋差，企业基本处于不断去库存阶段。采购指数在 2 月达到全年最高值 51.5，在 12 月达到全年最低值 48.6，2 月和 3 月处于景气区间，剩余 10 个月处于不景气区间。细项指标上，原材料采购指数在上半年基本稳定在景气区间，而下半年转差，原材料库存指数稳定在不景气区间。

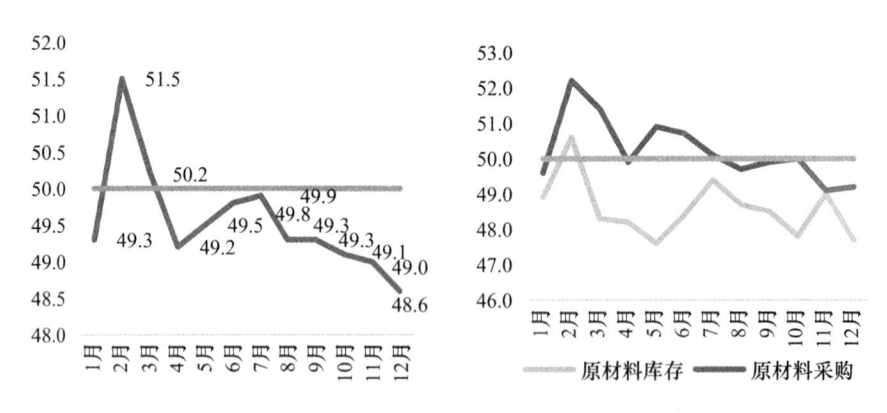

图 4-4　2023 年农林牧渔业小微企业采购指数

图 4-5　2023 年农林牧渔业小微企业采购指数细项

2023 年农林牧渔业小微企业的绩效总体表现一般，与市场表现的走势接近。2 月，绩效水平在春节因素和全面复工复产因素的叠加影响下上行至景气区间，4—7月绩效水平整体不景气，但呈现先下降后上升的趋势，8—10月再次回暖，但10月以后再次转差。

指数上，2023年绩效指数在2月达到全年最高值51.1，在5月达到全年最低值48.1；2月、3月、8月、9月和10月共5个月处于景气区间，剩余7个月处于不景气区间。

从细项看，农林牧渔业小微企业的毛利率和利润基本保持同步变化，经过1—2月的短暂回升后，均在4—7月保持在不景气区间，利润表现在8月回暖后又出现下行趋势，原因在于成本不断上升。

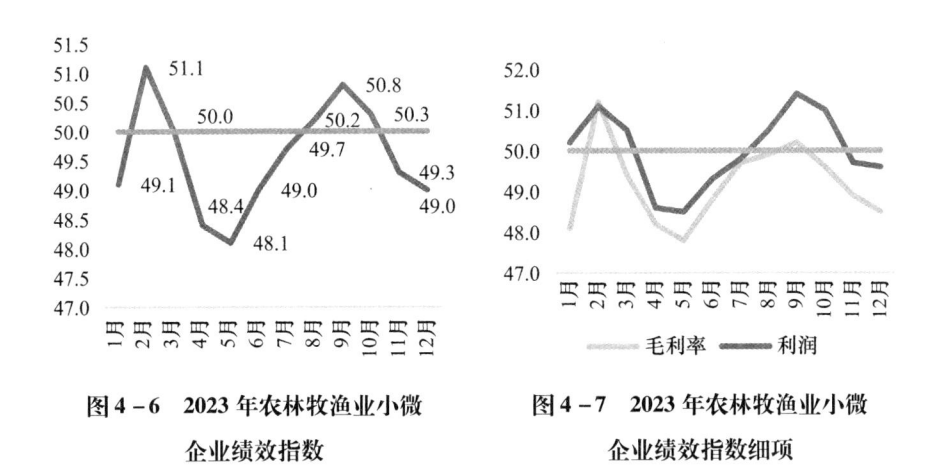

**图4-6　2023年农林牧渔业小微企业绩效指数**

**图4-7　2023年农林牧渔业小微企业绩效指数细项**

2023年农林牧渔业小微企业综合反映新增投资和招聘人员的扩张表现总体低迷，未能将信心落实到扩张行动上。

指数上，2023年扩张指数在2月达到全年最高值50.0，在1月达到全年最低值47.3。除2月恰好处于临界值外，其余月份均处于不景气区间。

从细项看，人员变化和新增投资指数全年基本处于景气值以下，且在大部分月份里，新增投资指数低于人员变化指数。2023年9月，新增投资指数更是大幅下跌至47.7。

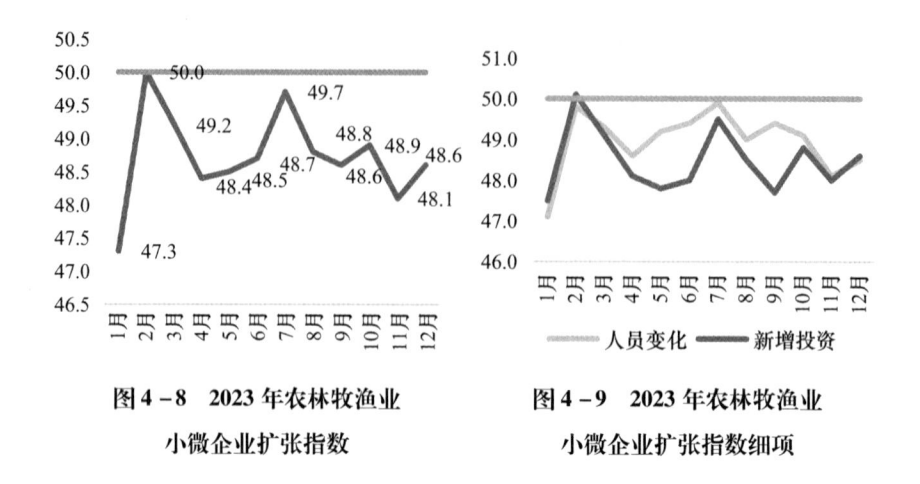

图 4-8　2023 年农林牧渔业
小微企业扩张指数

图 4-9　2023 年农林牧渔业
小微企业扩张指数细项

2023 年农林牧渔业小微企业信心景气度较高，尽管向好幅度有所收窄，但对生产经营持有积极预期。信心指数在 2 月达到全年最高值 55.9，在 11 月达到全年最低值 51.3，全年处于景气区间。从细项看，企业家对本企业信心和对本行业信心的走势基本相同，其中对本企业信心偏高。2 月后两个指数逐步下降，但基本仍处于景气区间。

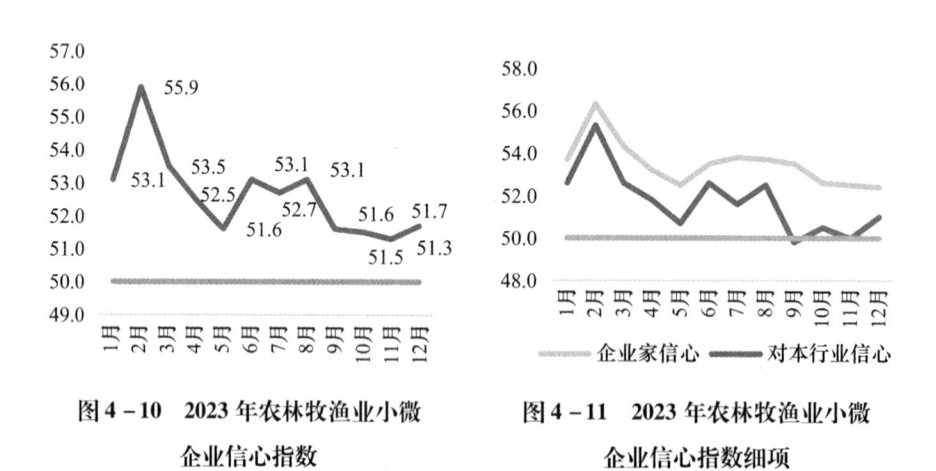

图 4-10　2023 年农林牧渔业小微
企业信心指数

图 4-11　2023 年农林牧渔业小微
企业信心指数细项

2023 年农林牧渔业小微企业融资情绪整体不高，扩张意愿不强可能是融资需求不足的重要原因。融资指数在 2 月达到全年最高值 50.6，在 4 月达到全年最低值 48.0，除 2 月受疫情防控政策放松影响处于景气区间外，其余月份均处于不景气区间。

从细项看，融资难度和下期融资需求指数均在 2 月处于景气区间，其余月份处于不景气区间。

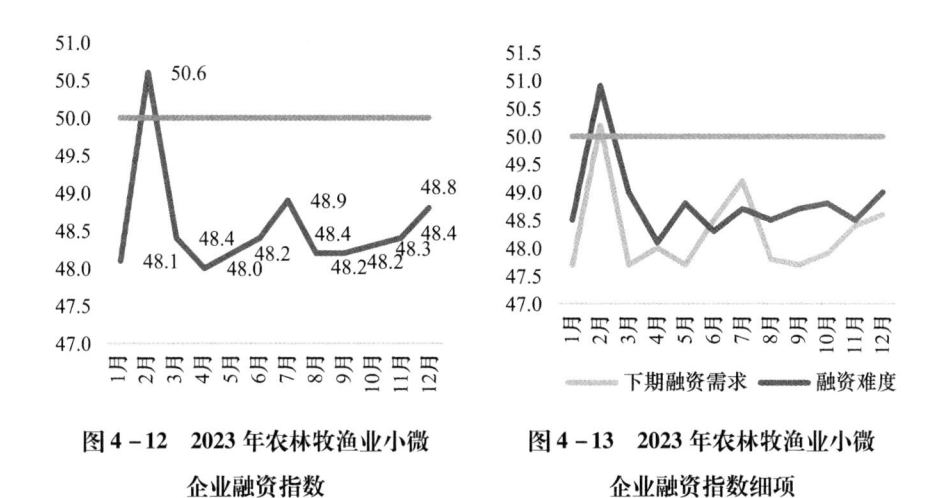

图 4-12　2023 年农林牧渔业小微企业融资指数

图 4-13　2023 年农林牧渔业小微企业融资指数细项

2023 年农林牧渔业小微企业的风险水平较高，回款问题和负债率问题是经营风险的主要来源，相比之下，流动资金周转的表现略好，流动资金周转方面的风险仍可控。风险指数在 2 月达到全年最高值 50.4，在 4 月达到全年最低值 47.7，除 2 月处于景气区间外，其余月份均处于不景气区间。1—2 月，风险指数陡峭上行，从 3 月起至年末，风险指数先下降后上升，最后又缓慢下降，但均处于不景气区间。

从细项看，回款周期指数和负债率指数全年基本处于不景气区间。

2023 年农林牧渔业小微企业的成本表现并不乐观，除各项费用外的其他业务成本的存在也是小微企业成本偏高的主要原因。成本指数在 2 月达到全年最高值 47.0，在 5 月达到全年最低值 43.8，全年处于不景气区间，收缩幅度在上半年波动扩大后，在下半年小幅收窄。

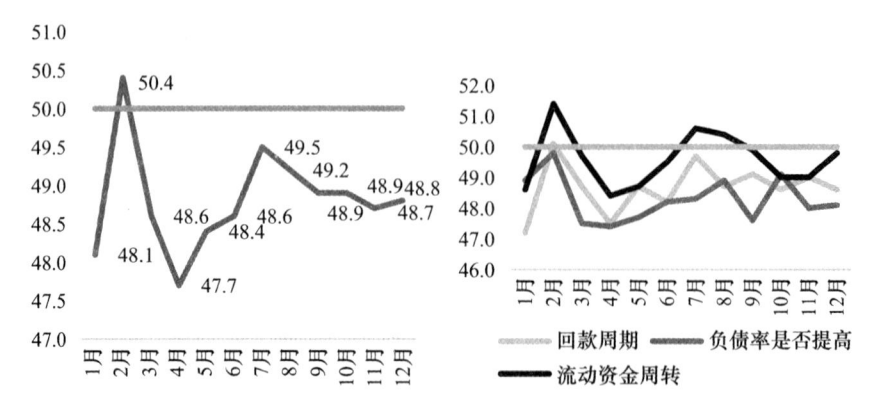

图 4－14　2023 年农林牧渔业小微企业风险指数

图 4－15　2023 年农林牧渔业小微企业风险指数细项

从细项看，平均运输费用、营销费用和员工平均薪酬指数 2023 年上半年均在景气线上下波动，但下半年出现下降；企业总体经营成本则持续低迷。

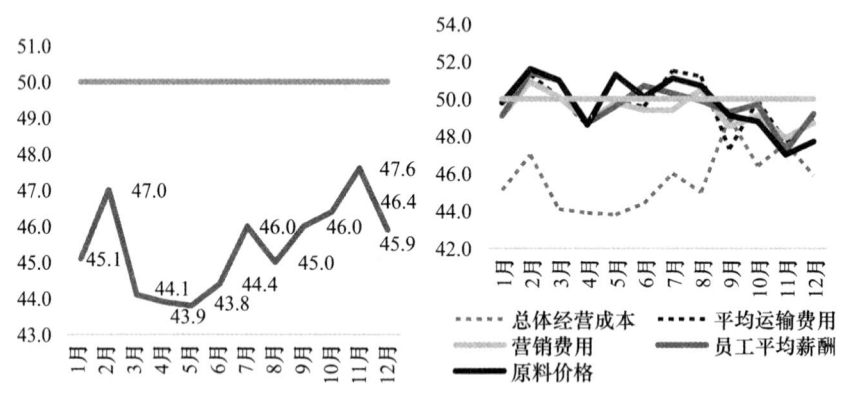

图 4－16　2023 年农林牧渔业小微企业成本指数

图 4－17　2023 年农林牧渔业小微企业成本指数细项

## 第二节　制造业小微企业运行特点

### 一　2023年制造业小微企业总体运行相对较好

相比于其他行业，2023年制造业小微企业总体运行较好。1—2月，受疫情防控政策放松的刺激，制造业小微企业运行情况快速回暖，2—4月，由于宏观经济修复不稳定，制造业小微企业的好转幅度有所下降，在经历了4—6月的小幅收缩后，7—10月又重回景气。

从2023年全年变化趋势来看，制造业小微企业的生产经营情况在上半年有显著修复，但受疫情后国内经济修复情况不稳定的影响，下半年表现有所波动，相比于农林牧渔业，制造业小微企业受宏观经济和市场需求的影响更大，因此行业表现波动性略高。

总指数在2月达到全年最高值53.0，在1月疫情防控放开时达到全年最低值48.9，在2月、3月以及7—10月共6个月处于景气区间，剩余6个月处于不景气区间。

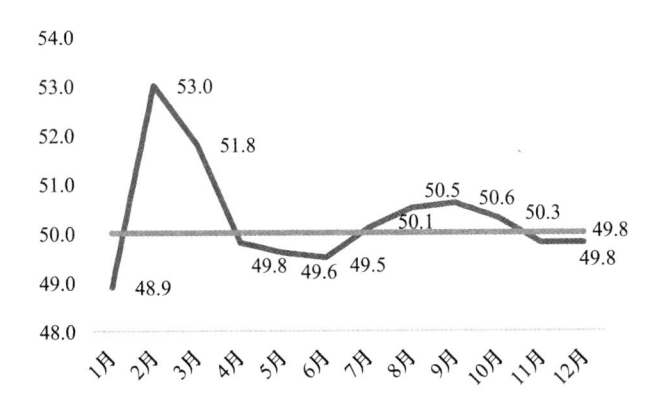

图4-18　2023年制造业小微企业运行总指数

### 二　分项监测

2023年，制造业小微企业表现出市场需求显著好转、采购规模扩张、经营绩效有所改善的特点，但同时，企业的扩张、持续投资、风险和成本的表现一般。这表明，复工复产有序推进确实带动了供求两端的阶段性复苏，但经济修复成果不稳固，长期增长的内生动力不足，企业依然存在成本负担重和融资意愿低的问题。

2023年制造业小微企业市场运行表现较为景气，修复显著。从变化趋势看，1—2月，制造业小微企业的市场运行活力出现大幅度上行，主要原因是新冠疫情后经济修复带来积极的市场预期和市场需求；3—6月市场运行回落，但仍然保持在景气区间，7—12月再次平稳回升。

市场指数在2月达到全年最高值54.8，在1月达到全年最低值48.8。除1月处于不景气区间外，全年剩余时间均处于景气区间。

从细项来看，产量、主营业务收入和订单量的表现几乎同步。除了1月外，其余月份的指数均处于景气区间，上半年市场需求扩张幅度先上升后下降，下半年又再次出现了提升。

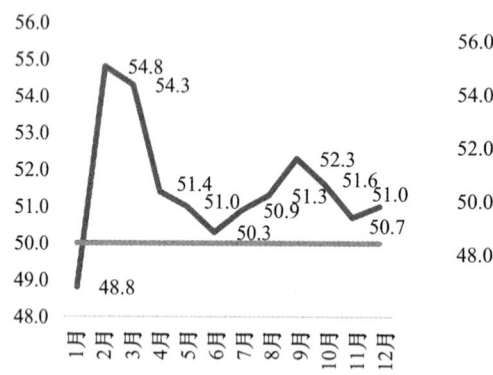

图4-19 2023年制造业小微企业市场指数

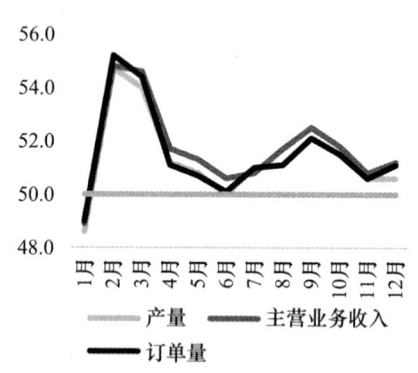

图4-20 2023年制造业小微企业市场指数细项

受市场带动，2023年制造业小微企业采购表现总体较好，在不断消耗现有库存的同时，扩大采购规模。采购指数在2月达到全年最高值53.6，在1月达到全年最低值48.4，2月、3月、8月、9

月、10月和12月共6个月处于景气区间，剩余6个月处于不景气区间。从变化趋势看，1—2月，采购指数出现大幅上行，经过3—6月的回落后，在下半年小幅稳定回升至景气区间。

从细项看，原材料采购指数基本稳定在景气区间，原材料库存指数大部分在不景气区间。

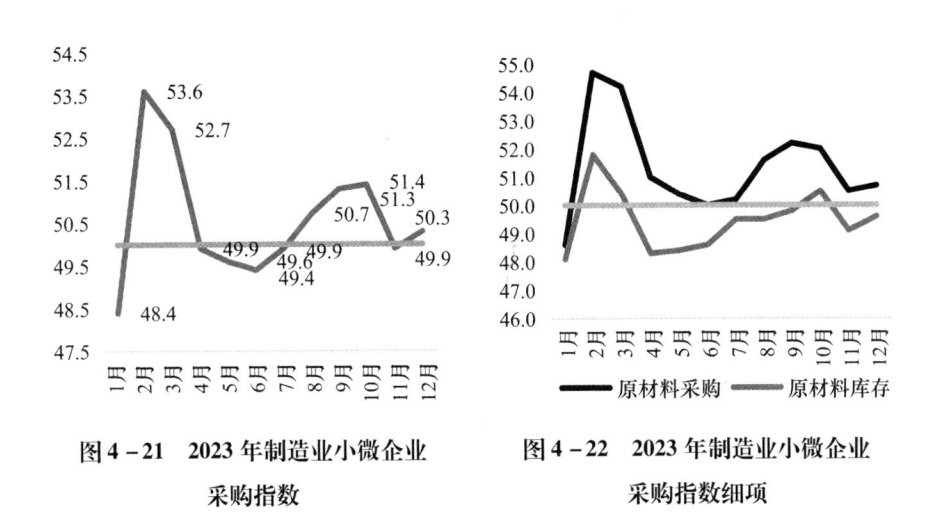

图 4－21　2023 年制造业小微企业采购指数

图 4－22　2023 年制造业小微企业采购指数细项

2023 年制造业小微企业绩效水平同样呈现 M 形走势，经济修复提升了小微企业的经营总利润，但利润率并不高。绩效指数在 2 月达到全年最高值 52.7，在 5 月达到全年最低值 49.0，2—4 月以及 8—10 月共 6 个月处于景气区间，剩余 6 个月处于不景气区间。2 月，绩效指数出现大幅上行，制造业小微企业的经营绩效环比出现显著好转；3—4 月仍持续景气但向好幅度有所收窄；5 月，总指数持续下行至临界值之下；8 月起再次回升至景气区间。

从细项看，制造业小微企业的利润指数基本处于景气区间，但毛利率指数基本处于不景气区间。

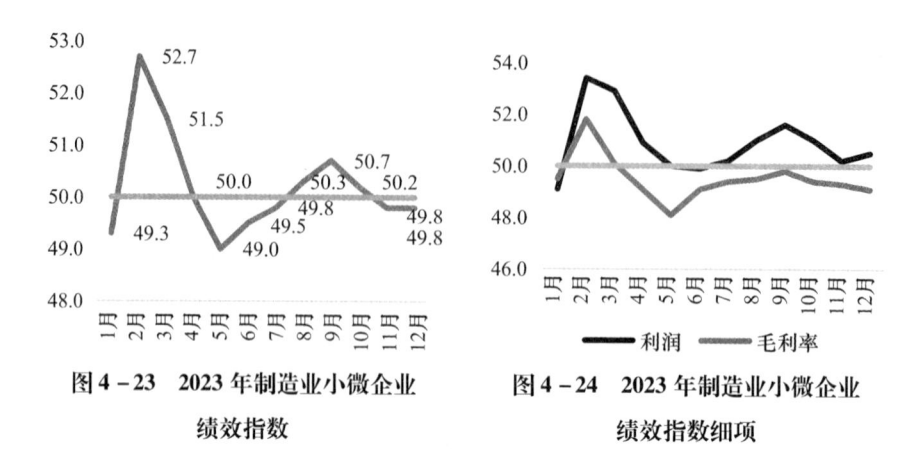

图 4－23　2023 年制造业小微企业绩效指数

图 4－24　2023 年制造业小微企业绩效指数细项

2023 年，无论是从企业新增投资还是人员变化维度看，制造业小微企业的扩张需求整体均较为疲乏，扩张表现低迷。扩张指数在 2 月达到全年最高值 50.3，在 1 月达到全年最低值 47.6，除 2 月超过景气临界点之外，其余月份均处于不景气区间。

从细项看，人员变化和新增投资的变化趋势相同且基本处于不景气区间。

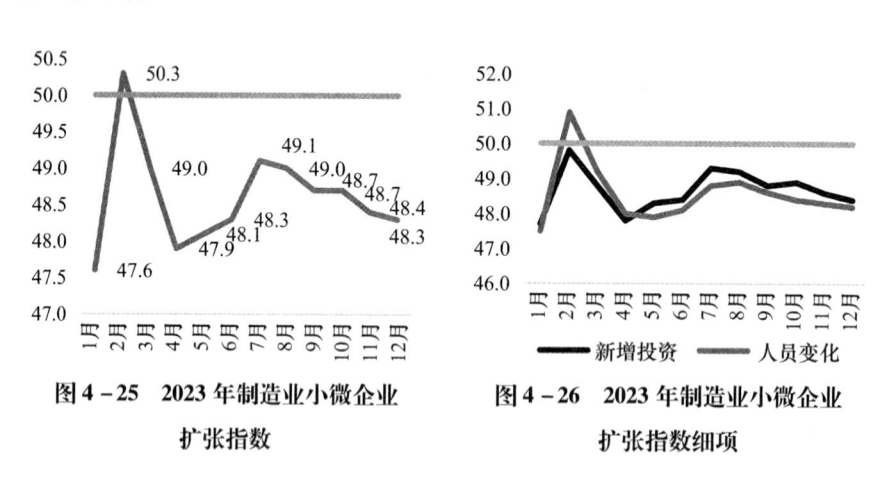

图 4－25　2023 年制造业小微企业扩张指数

图 4－26　2023 年制造业小微企业扩张指数细项

2023 年，制造业小微企业预期、信心较为乐观，好转幅度呈现全年逐渐收窄的趋势。信心指数在 2 月达到全年最高值 58.1，在 12 月达到全年最低值 51.6，全年均处于景气区间。

从细项看，企业家对本企业信心指数和对本行业信心指数均在

1—2月迅速上行，全年后续月份中，尽管指数保持下降趋势，但总体仍处在景气区间。

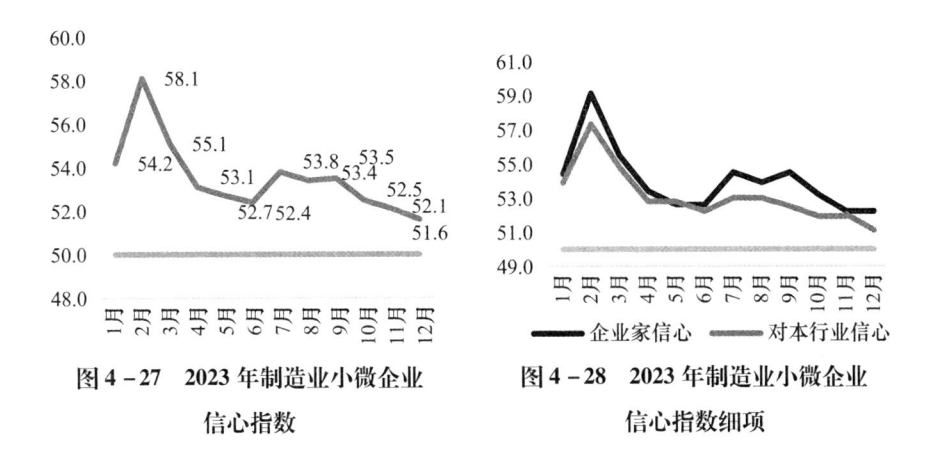

图4-27 2023年制造业小微企业信心指数

图4-28 2023年制造业小微企业信心指数细项

2023年制造业小微企业融资情绪整体不高，下半年融资表现下行的幅度有阶段性收窄，但并不稳定，与扩张意愿不强呼应。

融资指数在2月达到全年最高值50.8，在4月达到全年最低值47.9，除2月处于景气区间外，其余月份均处于不景气区间。融资指数和扩张指数的表现是内在一致的。

从细项看，融资难度指数在2月和8月略高于景气临界值。下期融资需求指数在2月高于临界值，其余月份均处于不景气区间。

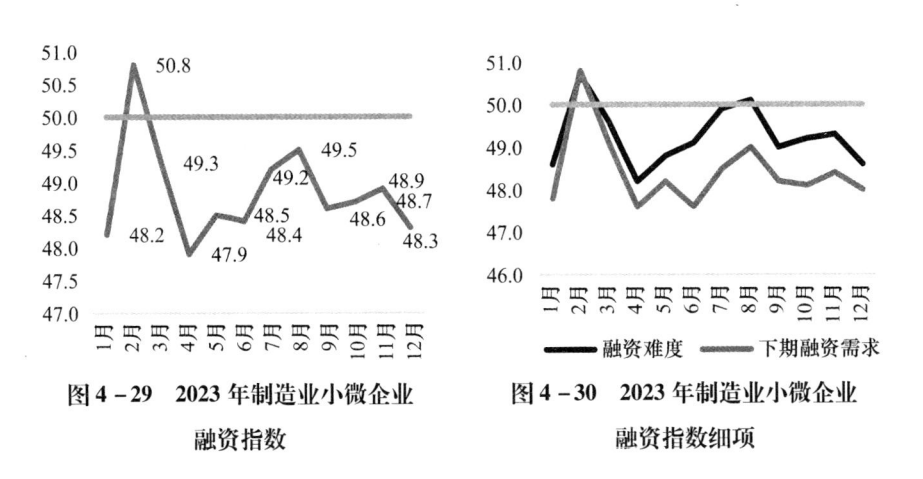

图4-29 2023年制造业小微企业融资指数

图4-30 2023年制造业小微企业融资指数细项

2023年制造业小微企业的风险水平较高，回款周期较长和负债率较高是制造业小微企业经营风险的主要来源，流动资金周转的表现较上述两方面略好。说明疫情防控政策放松后，制造业小微企业的正常生产经营有所恢复，流动资金周转方面的风险可控，但应收账款等老问题反而更加严峻。

风险指数在2月达到全年最高值51.0，在4月达到全年最低值48.1，除2月处于景气区间外，其余月份均处于不景气区间。2月，受防疫政策放松影响，制造业小微企业风险有所缓解。但这种缓解并未持续。

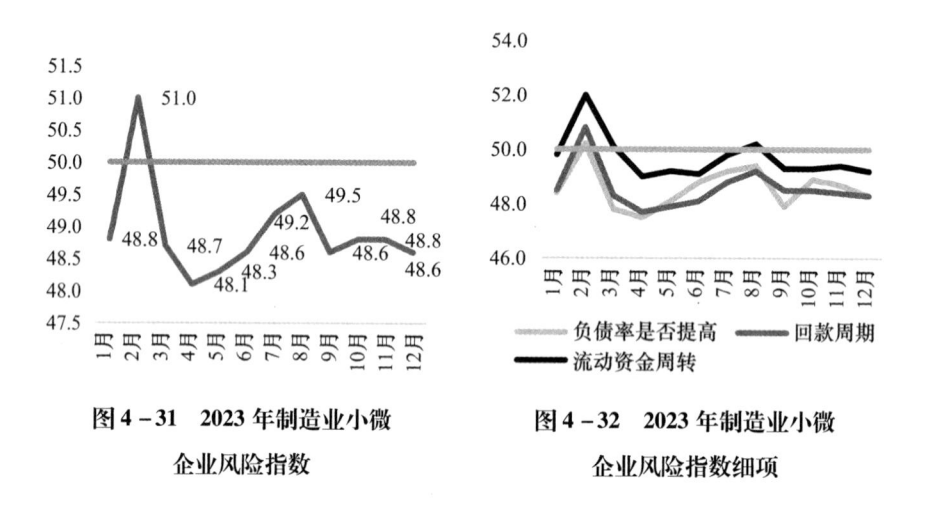

图4-31　2023年制造业小微企业风险指数

图4-32　2023年制造业小微企业风险指数细项

2023年制造业小微企业的成本问题突出，仍然面临较高的经营成本。

成本指数在7月达到全年最高值47.6，在4月达到全年最低值44.9。从变化趋势看，2—4月，指数的下降幅度逐渐扩大，在4—7月降幅又呈现积极的收窄趋势，下半年指数基本保持稳定。

从细项看，员工平均薪酬、平均运输费用、营销费用、加工费用和原料价格的表现相近，除2月在景气值之上外，其余月份表现趋差。总体经营成本指数则全年低于景气值。

图 4-33　2023 年制造业小微
企业成本指数

图 4-34　2023 年制造业小微
企业成本指数细项

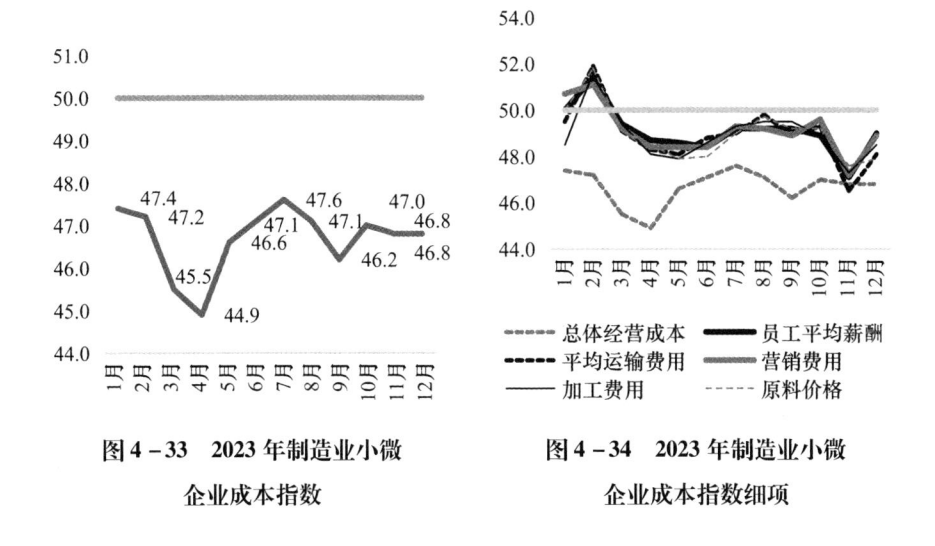

## 第三节　建筑业小微企业运行特点

### 一　2023 年建筑业小微企业总体运行情况偏弱

建筑业是受房地产市场低迷影响最大的行业，但同时也受到政策推动基建类扩张的正向影响。2023 年建筑业小微企业的总体运行情况在一季度以后表现偏弱。

从变化趋势来看，1—2 月，疫情防控政策的放松促使建筑业小微企业运行快速回暖。2 月以后，由于宏观经济修复不稳定，且房地产市场面临重大转型，尚需时间来适应市场供求关系发生重大变化的新形势，制造业小微企业总体表现趋差。年中淡季叠加天气因素拖累施工进度，土木工程经营景气度不高，同时基建投资支撑力度边际减弱，4—7 月，小幅回升，但 7 月以后降幅再次扩大。

指数上，2023 年建筑业小微企业总指数在 2 月达到全年最高值 51.9，在 1 月达到全年最低值 47.1，全年仅 2 月、3 月处于景气区间，剩余 10 个月均处于不景气区间。

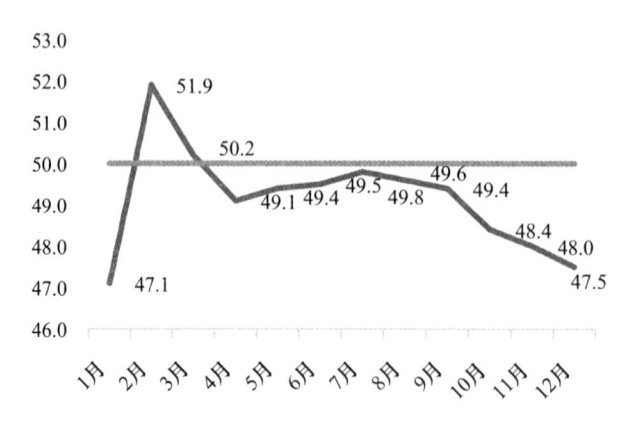

图 4-35　2023 年建筑业小微企业运行总指数

## 二　分项监测

2023 年，建筑业小微企业的市场需求有所好转，但好转幅度不及其他行业，主要原因是房地产行业的弱需求和基建投资支撑作用的减弱。此外，建筑业小微企业的绩效、融资、风险和成本方面的表现也并无明显好转，成本端偏离景气值明显，偏高的企业经营成本拉低了绩效表现，进而抑制建筑业小微企业的扩张和融资需求。

2023 年建筑业小微企业市场运行表现整体尚可，市场需求在上半年有所回升，但下半年受房地产市场新形势的影响而难掩疲态，各方面表现缓慢下行。

市场指数在 2 月达到全年最高值 53.1，在 1 月达到全年最低值 46.6，除 1 月以及 10—12 月共 4 个月处于不景气区间外，全年剩余 8 个月处于景气区间。从变化趋势看，疫情后经济修复带来积极的市场预期和市场需求，1—2 月，建筑业小微企业的市场指数出现大幅度上行；3—4 月市场指数逐渐回落，但仍然保持在景气区间；4—8 月，积极财政政策起到了稳定作用，市场指数保持稳定；但自三季度末起又转而下降至不景气区间。

从细项看，工程量、新签工程合同额和工程结算收入的表现基本一致，除 1 月外，一季度至三季度的大部分月份的指数均处于景气区间。2023 年 4 月和 5 月，新签工程合同额指数下降至不景气区间。尽管6—8月短暂回升至景气区间，三季度以后又再次回落，带动工程量和工程结算收入指数也降至不景气区间。

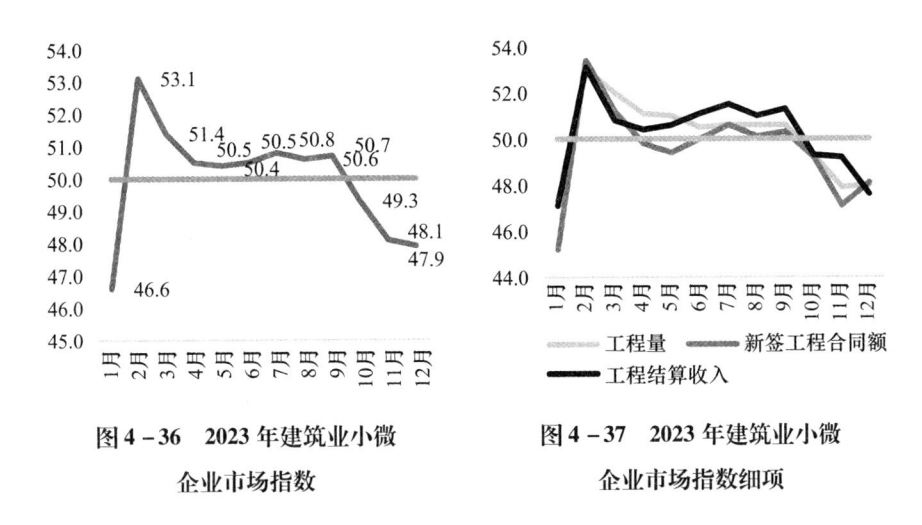

图 4-36 2023年建筑业小微企业市场指数

图 4-37 2023年建筑业小微企业市场指数细项

2023年建筑业小微企业采购表现整体不佳，在不断去库存的同时，后半年并未持续扩大采购规模，仅在一季度有较好的采购表现，此后波动下行。

采购指数在2月达到全年最高值52.2，在1月达到全年最低值45.6；2月、3月、5月共3个月处于景气区间，剩余9个月处于不景气区间。从变化趋势看，2月，采购指数大幅上行至景气区间，3月上行幅度有所收窄，6月以后指数持续小幅下行至景气值之下，且收缩幅度逐渐扩大。

从细项看，原材料采购指数基本处在景气区间，原材料库存指数稳定在不景气区间。

2023年，宏观经济修复的波动和行业形势的不稳定使建筑业小微企业全年绩效表现持续低迷。1—2月，疫情防控政策的放松使建筑业小微企业的经营绩效环比明显好转，而4月以后绩效水平逐渐走弱，三季度后下行幅度陡然扩大。

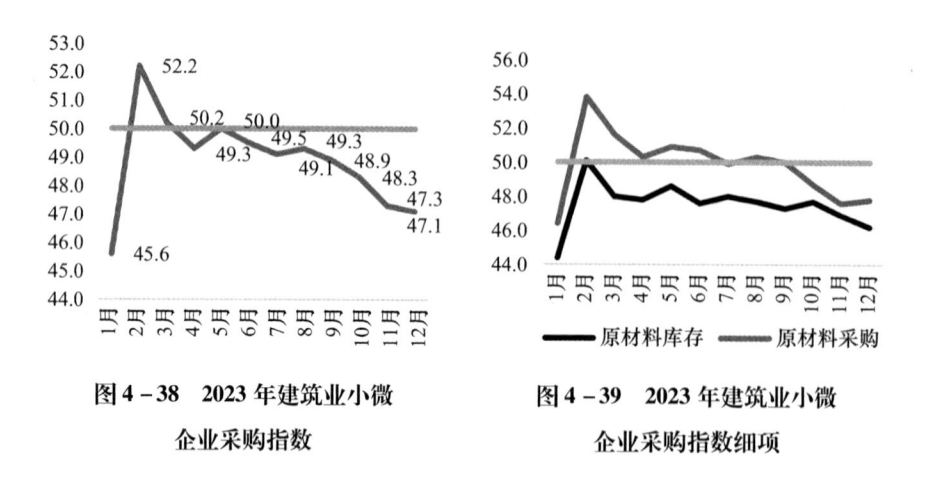

图 4-38  2023 年建筑业小微
企业采购指数

图 4-39  2023 年建筑业小微
企业采购指数细项

绩效指数在 2 月达到全年最高值 51.2，在 1 月达到全年最低值 46.9，仅 2 月和 3 月处于景气区间，剩余 10 个月均处于不景气区间。

从细项看，利润指数和毛利率指数仅在 2 月、3 月有所好转，其余时间均处于不景气区间。

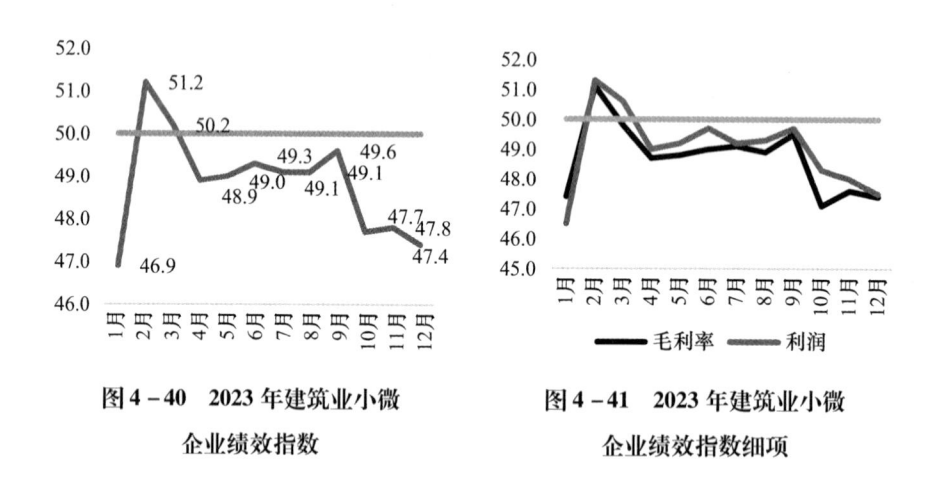

图 4-40  2023 年建筑业小微
企业绩效指数

图 4-41  2023 年建筑业小微
企业绩效指数细项

2023 年，受宏观经济和行业形势变化的影响，建筑业小微企业的扩张需求较弱，扩张表现不佳。

扩张指数在 2 月达到全年最高值 50.3，在 1 月达到全年最低值 46.4，除 2 月超过景气值之外，其余月份均处于不景气区间。

新增投资在 2 月上行至景气区间，此后在不景气区间波动，收缩幅度在 3—4 月扩大，在 4—7 月持续收窄，又在 7 月以后逐步扩大；人员变化指数全年均在景气线以下波动。

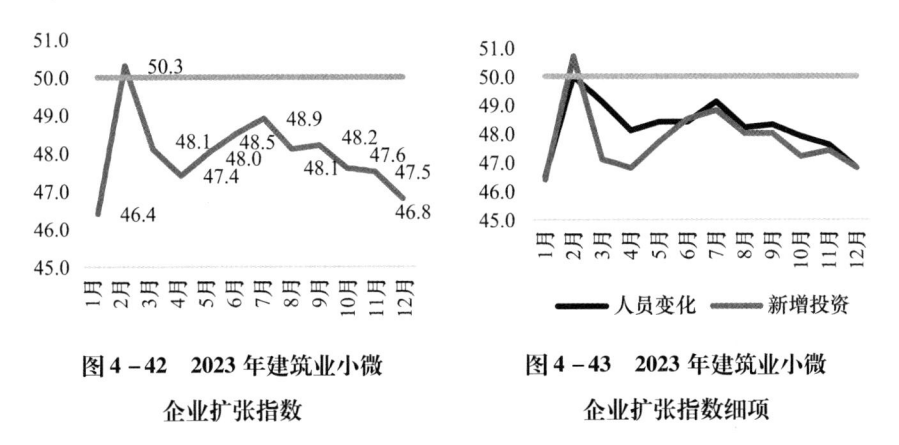

图 4-42　2023 年建筑业小微企业扩张指数

图 4-43　2023 年建筑业小微企业扩张指数细项

2023 年，疫情防控措施放松后，建筑业小微企业表现出了积极的预期，但受房地产供需格局变化的冲击，好转幅度逐渐收窄，三季度以后情况趋差。

信心指数在 2 月达到全年最高值 57.3，在 12 月达到全年最低值 49.3，9 月及以前处于景气区间，三季度以后均处于不景气区间，且相比于制造业和农林牧渔业，建筑业小微企业的信心指数下行幅度更大。

从细项看，企业家信心指数和对本行业信心指数均在 1—2 月上行，后续月份中好转幅度收窄，三季度后跌破景气线，前景较不乐观。

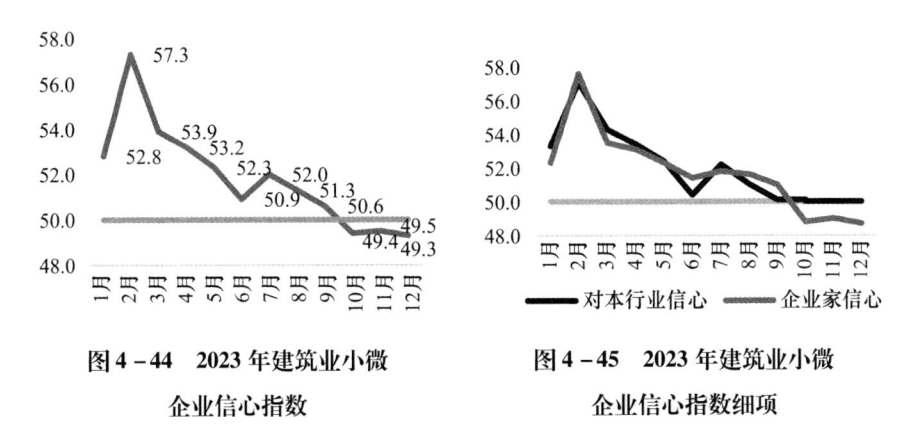

图 4-44　2023 年建筑业小微企业信心指数

图 4-45　2023 年建筑业小微企业信心指数细项

2023年，宏观经济的不稳定和行业前景的不明晰，抑制了建筑业小微企业的融资需求和扩张需求。

融资指数在2月达到全年最高值50.3，在4月达到全年最低值47.3，除2月处于景气区间外，其余月份均处于不景气区间。融资指数和扩张指数的走势基本一致，呈现收缩幅度在3—4月扩大、4—8月逐步收窄、三季度以后再次扩大的趋势。

从细项看，融资难度指数和下期融资需求指数在2月达到景气值以上，其余月份均处于不景气区间。

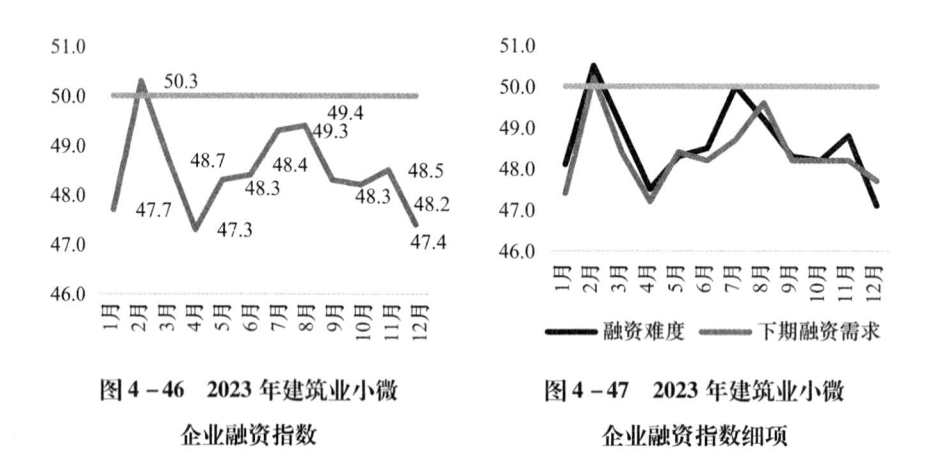

图4－46　2023年建筑业小微企业融资指数

图4－47　2023年建筑业小微企业融资指数细项

2023年建筑业小微企业的经营风险较高，回款周期拖长和负债率升高是经营风险的主要来源，其中回款周期变长最显著，这和房地产持续不景气密切相关。受防疫政策放松影响，建筑业小微企业的风险在年初得到缓解，但在此之后，企业风险水平均不甚理想，且收缩幅度在3—5月快速扩大，5—7月小幅收窄，8月以后再次扩大。

风险指数在2月达到全年最高值50.5，在12月达到全年最低值47.6，除2月处于景气区间外，其余月份均处于不景气区间。

从细项看，2023年一季度小微企业的流动资金周转有所缓解，但4月以后指数波动下行至不景气区间。

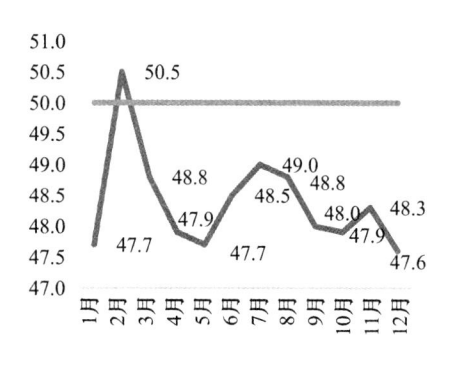

图 4-48　2023 年建筑业小微
企业风险指数

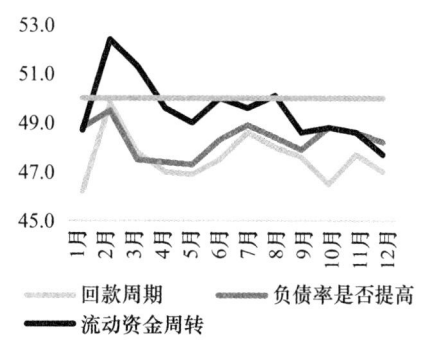

图 4-49　2023 年建筑业小微
企业风险指数细项

2023 年，建筑业小微企业的成本问题突出，面临较高的各项经营成本。成本指数在 2 月达到全年最高值 48.5，在 4 月达到全年最低值 44.9。变化趋势上，2—4 月，指数降幅大幅扩大；4—7 月降幅有所收窄；7—11 月，指数在不景气区间小幅波动；12 月，指数大幅下降，趋势上未能趋稳。

2023 年 2 月，疫情防控政策的放松给市场带来了积极信号，原料价格、员工平均薪酬、营销费用和平均运输费用均有小幅好转，但之后各细项指数绝大部分时间在景气线下运行。总体经营成本各月全部处于不景气区间。

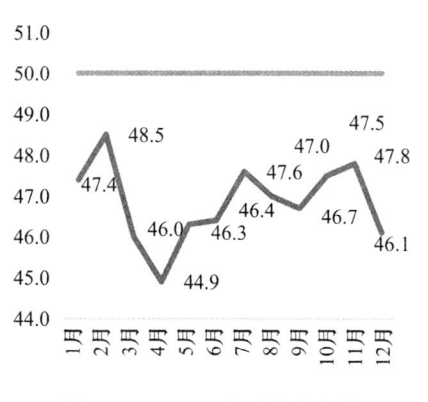

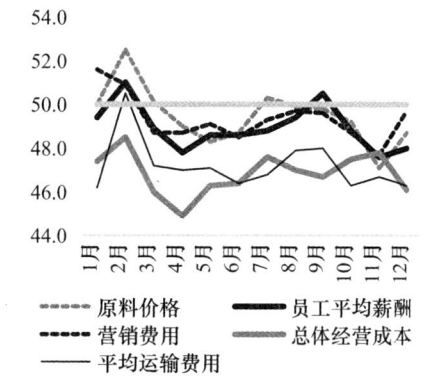

图 4-50　2023 年建筑业小微
企业成本指数

图 4-51　2023 年建筑业小微
企业成本指数细项

## 第四节　交通运输业小微企业运行特点

### 一　2023年交通运输业小微企业总体运行情况不佳

2023年交通运输业小微企业总体运行情况不佳。1—2月，疫情防控政策的放松对交通运输业小微企业的刺激作用显著；3月以后，宏观经济修复的阶段性波动使交通运输业小微企业情况转差，随后降幅逐渐收窄；三季度开始，运行态势整体不景气，且小幅下行。

总指数在2月达到全年最高值52.8，在12月达到全年最低值48.3，全年仅2月和3月处于景气区间，剩余10个月处于不景气区间。

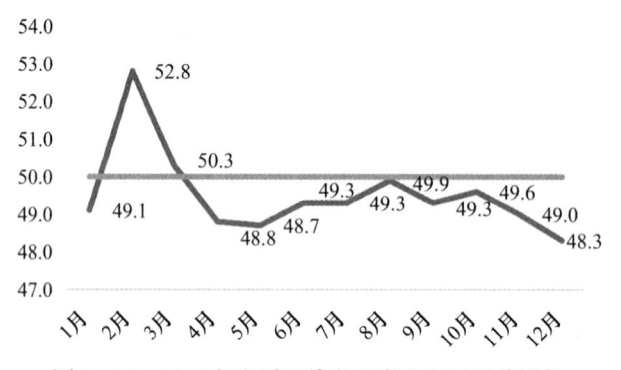

图4－52　2023年交通运输业小微企业运行总指数

### 二　分项监测

在全面复工复产和季节性需求因素叠加的作用下，2023年交通运输业小微企业表现出市场需求波动好转和企业信心较强的特点，但不确定的经济预期和不稳固的经济修复成果使交通运输业企业缺乏扩张、融资和采购的动力。同时，偏高的经营成本拉低了企业绩效，经营风险也有所恶化。

2023年交通运输业小微企业市场运行表现整体有所恢复，但市场预期和信心尚未完全修复，需求的修复一定程度上带动了业绩回暖。从变化趋势看，表明疫情后生产生活的全面恢复给交通运输行业带来了积极的市场预期和市场需求；2—4月，市场景气程度逐渐趋于平稳；5—10月，市场表现在景气水平上下不断波动，但整体呈缓慢上行趋势；11月起再次跌破景气线。

市场指数在2月达到全年最高值54.6，在12月达到全年最低值48.6，1月、5月、7月、11月和12月共5个月处于不景气区间，剩余7个月处于景气区间。

从细项看，业务预订量、运输量和主营业务收入的指数走势基本一致，均呈现1—2月陡峭上行、2—4月持续下降、5—10月波动上行、10月以后小幅下降的趋势。其中，业务预订量表现是三者中较差的。7月以后，主营业务收入表现较好。

2023年交通运输业小微企业采购表现较弱，在不断去库存的同时并未持续扩大采购规模，行业信心较不足。

采购指数在2月达到全年最高值50.7，在1月达到全年最低值45.9，全年仅2月处于景气区间，剩余11个月均处于不景气区间。从变化趋势看，1—2月，采购指数大幅上行至景气线以上，3月又转而下行至临界值以下，此后两个月下行幅度逐渐扩大，经过5—6月的小幅收窄后，下半年开始，采购指数在不景气区间较为稳定。

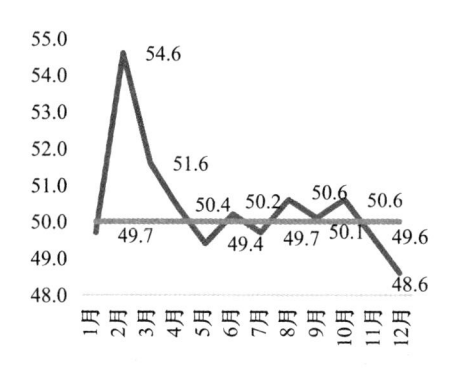

图4-53 2023年交通运输业小微企业市场指数

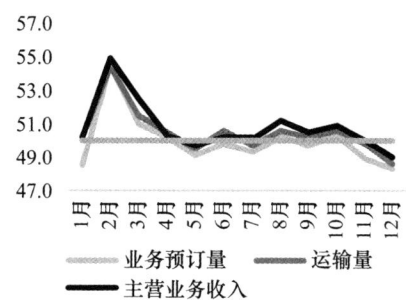

图4-54 2023年交通运输业小微企业市场指数细项

从细项看，原材料采购指数大部分月份处在景气临界值上下，原材料库存指数稳定在不景气区间。

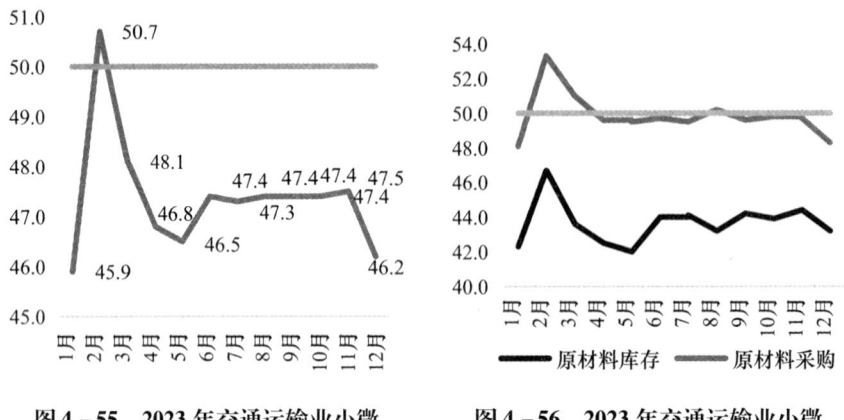

图 4-55　2023 年交通运输业小微企业采购指数

图 4-56　2023 年交通运输业小微企业采购指数细项

2023 年，交通运输业小微企业的经营绩效波动变差。绩效指数在 2 月达到全年最高值 53.5，在 4 月和 5 月达到全年最低值 48.7，全年仅 1—3 月和 8 月处于景气区间，剩余 8 个月均处于不景气区间。指数走势上，1—2 月，绩效指数在景气区间大幅上行，疫情防控政策的放松使交通运输业小微企业的经营绩效出现明显好转；3 月好转幅度有所收窄；4 月以后绩效指数下行至景气线之下，但在随后月份里又逐步上行；8 月再次到达景气区间；9 月后再次下行。

从细项看，2023 年利润指数和毛利率指数在一季度有所好转，二季度以后基本处于不景气区间。

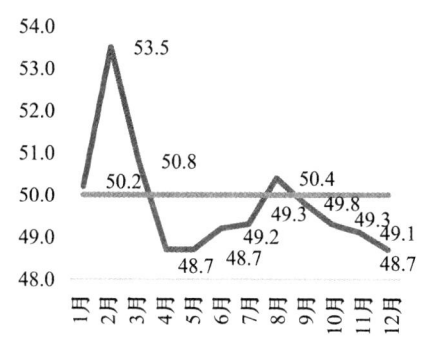

图 4-57　2023 年交通运输业小微
企业绩效指数

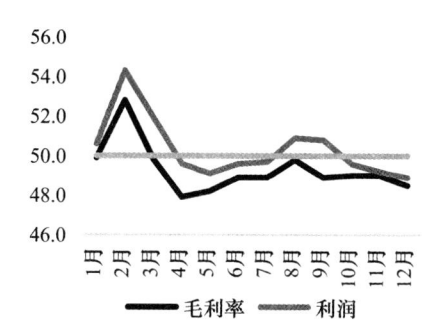

图 4-58　2023 年交通运输业小微
企业绩效指数细项

2023 年，受宏观经济和行业形势变化的影响，交通运输业小微企业的扩张意愿不强。扩张指数在 2 月达到全年最高值 51.1，在 4 月达到全年最低值 47.7；除 2 月超过景气值之外，其余月份均处于不景气区间。

从细项看，人员变化和新增投资指标在 2 月上行至景气区间，3 月后迅速下行至不景气区间，收缩幅度在 3—4 月扩大，在 4—7 月持续收窄，7 月后指数在不景气区间波动。

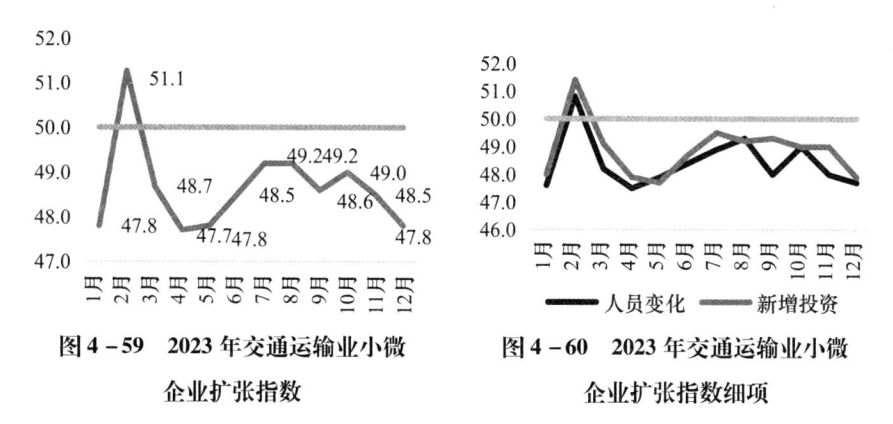

图 4-59　2023 年交通运输业小微
企业扩张指数

图 4-60　2023 年交通运输业小微
企业扩张指数细项

2023 年，疫情防控措施放松后，交通运输业小微企业表现出了积极的预期和信心。

信心指数在 2 月达到全年最高值 57.0，在 12 月达到全年最低值 50.7，全年均处于景气区间。同时也要看到，随着时间的推移，信心指数绝对值不断走低，景气度缩窄。

从细项看，企业家信心指数和对本行业信心指数均在1—2月上行，3—5月好转幅度持续收窄，二季度以后指标逐渐稳定在景气区间。

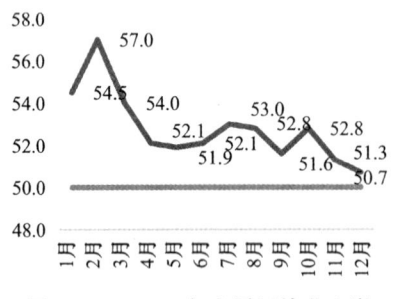

图4-61　2023年交通运输业小微企业信心指数

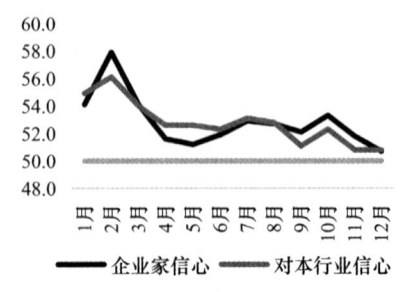

图4-62　2023年交通运输业小微企业信心指数细项

2023年，宏观经济修复成果不稳抑制了交通运输业小微企业的融资需求和扩张需求。下期融资需求相比融资难度而言更弱，表明交通运输业小微企业的融资意愿不强、对未来经营的信心不稳定。

融资指数在2月达到全年最高值50.3，在4月达到全年最低值47.7。除2月处于景气区间外，其余月份融资指数均处于不景气区间，且收缩幅度在3—4月迅速扩大，4—8月逐渐收窄，三季度以后，融资指数在不景气区间波动下行。

从细项看，融资难度和下期融资需求指数在2月达到景气值以上，其余月份均处于不景气区间。

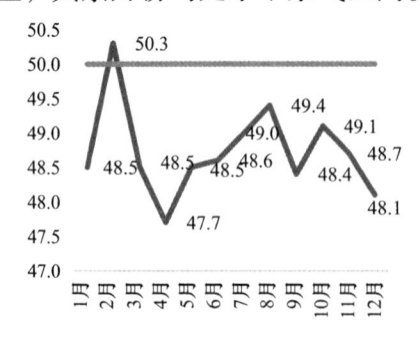

图4-63　2023年交通运输业小微企业融资指数

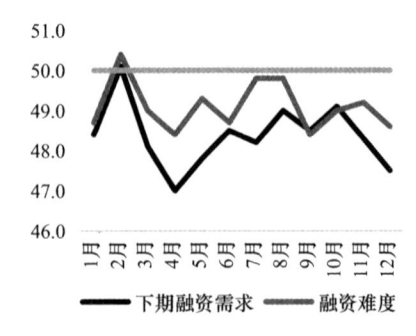

图4-64　2023年交通运输业小微企业融资指数细项

2023年，交通运输业小微企业的经营风险较高，回款周期拖长和负债率升高是经营风险的主要来源。

风险指数在2月达到全年最高值51.1，在4月达到全年最低值47.9，除2月因疫情防控措施放松风险得到缓解处于景气区间外，从3月指数大幅下行至不景气区间以后，风险指数均在景气值之下波动。

从细项看，一季度交通运输业小微企业的流动资金周转有所缓解，但4月后该项指数波动下行至不景气区间；回款周期问题在2月有所缓解，但此后指数迅速下降至临界值以下。

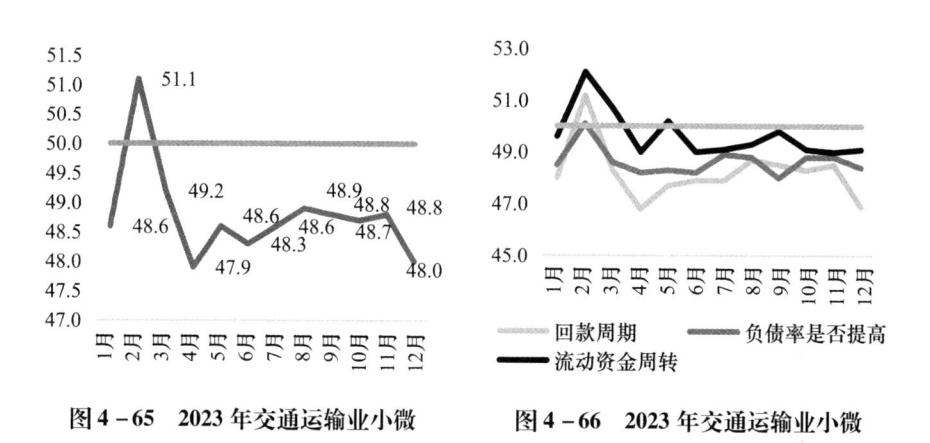

图4-65 2023年交通运输业小微企业风险指数

图4-66 2023年交通运输业小微企业风险指数细项

2023年，交通运输业小微企业面临较高的经营成本。成本指数在2月达到全年最高值47.6，在4月达到全年最低值45.2。变化趋势上，2—4月，指数降幅大幅扩大，4—5月迅速收窄，5—8月成本指数在不景气区间保持稳定，8—10月成本指数降幅再次扩大，10月以后降幅再次收窄。

从细项看，2月疫情防控政策的放松给市场带来了积极冲击，员工平均薪酬、养路费支出、汽油柴油价格和营销费用均有小幅好转；此后各成本继续走高，并在8月出现分化，其中养路费支出和汽油柴油价格在8月以后进一步好转，而营销费用和员工平均薪酬仍处于较高水平。

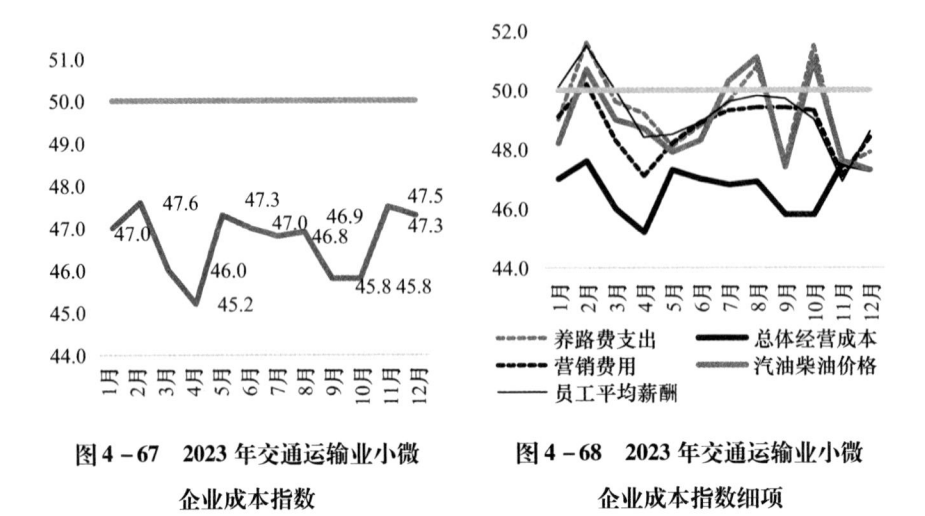

图4-67 2023年交通运输业小微企业成本指数

图4-68 2023年交通运输业小微企业成本指数细项

## 第五节 住宿餐饮业小微企业运行特点

### 一 2023年住宿餐饮业小微企业总体运行良好

2023年住宿餐饮业小微企业总体运行良好，但趋势变差。从变化趋势看，1—2月住宿餐饮业小微企业运行情况转好程度扩大，3—6月好转幅度逐渐收窄，7月又有小幅回升，但8月以后好转幅度再次收窄，至10月跌至景气线以下。整体运行水平有两个明显的波峰，其中2月的高点是疫情防控措施放松的作用效果，7月的次高点是疫情后经济阶段性修复叠加暑期消费需求暂时性上升的作用效果。

总指数在2月达到全年最高值53.4，在12月达到全年最低值49.1；除6月以及10—12月共4个月处于景气值以下外，其余8个月均处于景气区间。

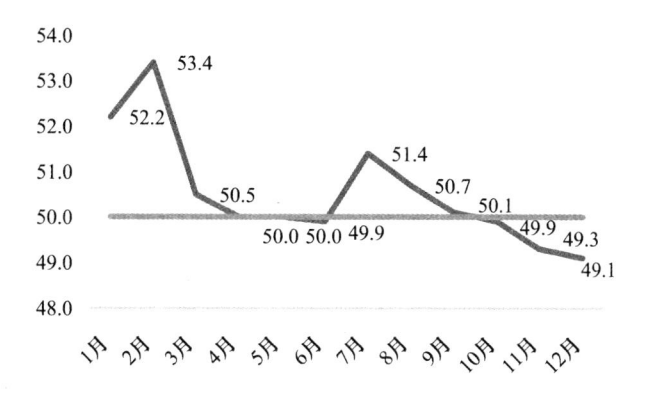

图 4-69　2023 年住宿餐饮业小微企业运行总指数

## 二　分项监测

疫情消散后的全面复工复产和季节性的消费需求是拉动 2023 年住宿餐饮业小微企业运行情况的主要动因。从市场需求、采购和经营绩效角度来看，住宿餐饮业在所有行业中改善最为明显。但同时，不确定的经济预期和不稳固的经济修复成果仍然无法支撑住宿餐饮业小微企业的长期扩张和融资，企业缺乏长期稳固的信心。

2023 年，住宿餐饮业小微企业的市场需求有明显好转。市场指数在 2 月达到全年最高值 55.3，在 12 月达到全年最低值 49.4，除 11 月和 12 月处于临界值以下外，全年剩余 10 个月均处于景气区间。变化趋势上，两个波峰特征明显，2—6 月好转幅度明显收窄，6—7 月转而扩大，7 月以后再次逐渐收窄，至 11 月跌破景气线。

从细项看，主营业务收入和业务量的指数表现基本同步，波峰出现在 2 月和 7 月，与市场指数的走势也基本一致。

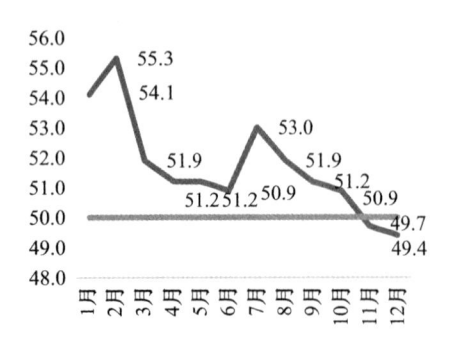

图 4-70　2023 年住宿餐饮业小微企业市场指数

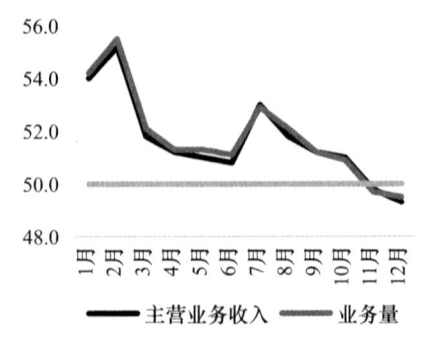

图 4-71　2023 年住宿餐饮业小微企业市场指数细项

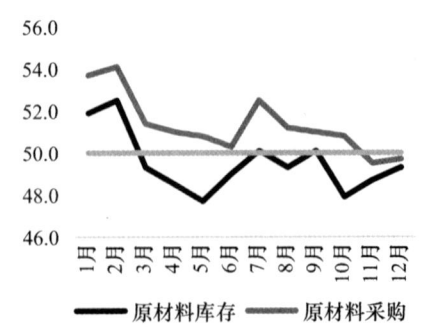

2023 年住宿餐饮业小微企业采购表现总体较好。由于需求扩张，住宿餐饮业小微企业处于不断去库存、主动扩大采购规模的状态。

采购指数在 2 月达到全年最高值 53.5，在 11 月达到全年最低值 49.1，5 月、6 月以及 10—12 月处于景气线以下，其余 7 个月处于景气区间。变化趋势上，1—2 月的好转幅度最大，3—5 月好转幅度收窄，指数逐步下降至不景气区间，6 月以后采购表现再次好转，采购指数在 7 月达到次高峰 51.5，随后转而下降。

从细项看，原材料库存指数和原材料采购指数的表现基本同步，原材料采购指数全年大部分时间稳定在景气区间，而库存指数全年大部分时间稳定在不景气区间。

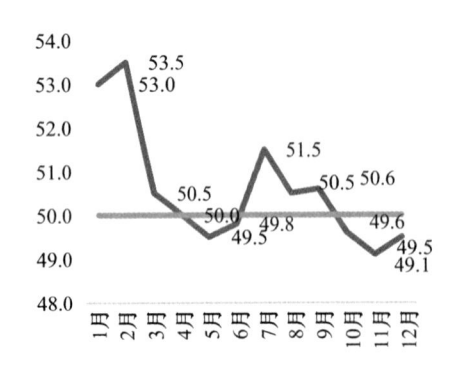

图 4-72　2023 年住宿餐饮业小微企业采购指数

图 4-73　2023 年住宿餐饮业小微企业采购指数细项

2023年住宿餐饮业小微企业的绩效表现总体良好，两个波峰也出现在2月和7月，与住宿餐饮业小微企业的市场需求表现相一致。

绩效指数在2月达到全年最高值53.9，在11月和12月达到全年最低值49.2，6月、11月和12月处于临界值以下，全年剩余9个月处于景气区间。

从细项看，住宿餐饮小微企业的毛利率和利润指标于1—2月在景气区间上行，2月以后迅速下降，在市场需求的拉动下，6—7月毛利率和利润指标均小幅回升，但年末又下降。

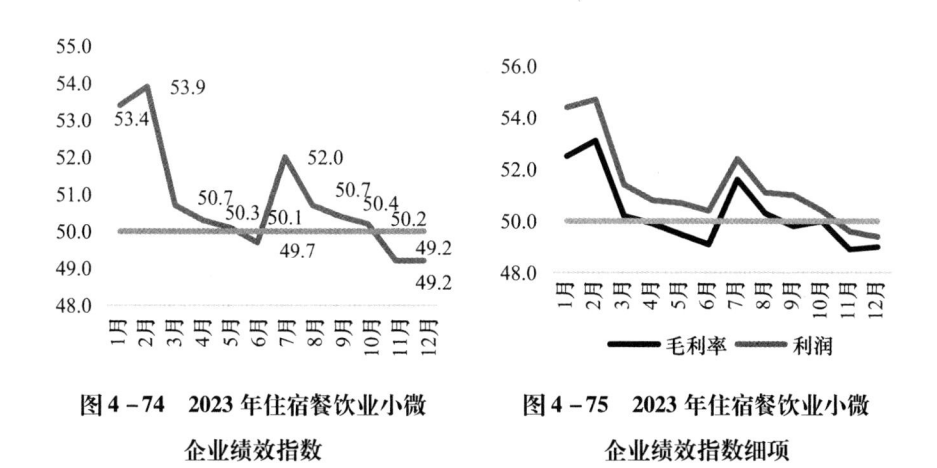

图4-74 2023年住宿餐饮业小微企业绩效指数

图4-75 2023年住宿餐饮业小微企业绩效指数细项

2023年住宿餐饮业小微企业的扩张表现总体不佳，新增投资和人员雇用需求均较弱。

扩张指数在2月达到全年最高值50.6，在4月达到全年最低值48.1。除2月处于景气区间外，其余月份均处于不景气区间。

从细项看，人员变化和新增投资的变化趋势基本相同，尽管大部分时间里两个分项指标均位于景气线以下，但新增投资的表现整体略好于人员变化。

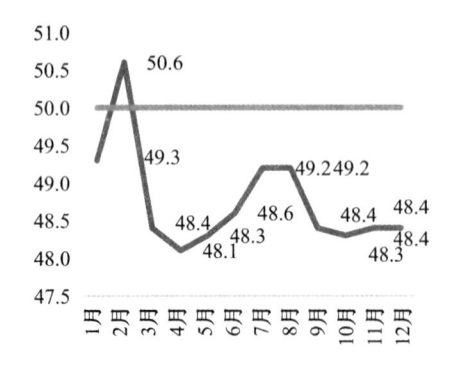

图 4-76　2023 年住宿餐饮业小微
企业扩张指数

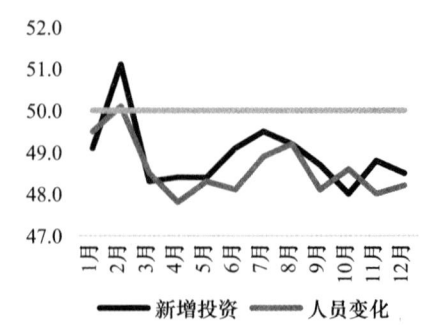

图 4-77　2023 年住宿餐饮业小微
企业扩张指数细项

2023 年，尽管向好幅度呈收窄趋势，但住宿餐饮业小微企业对未来持续生产经营的信心仍较强。

信心指数在 2 月达到全年最高值 58.1，在 9 月达到全年最低值 52.2，全年处于景气区间。

从细项看，企业家信心和对本行业信心的走势基本相同，全年均处于景气区间且向好幅度呈收窄趋势。2 月以后分项指标出现明显分化，相比企业家信心指标，对本行业信心指标的下降速度更快。

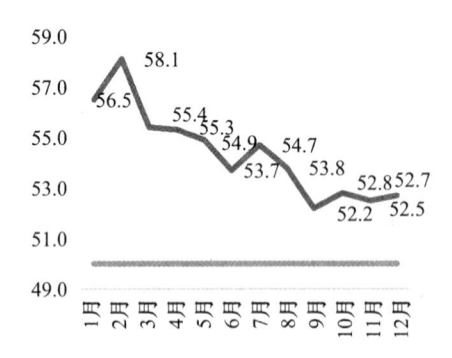

图 4-78　2023 年住宿餐饮业小微
企业信心指数

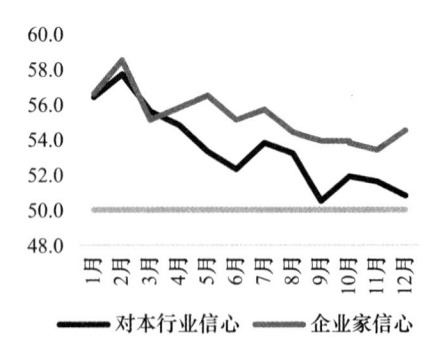

图 4-79　2023 年住宿餐饮业小微
企业信心指数细项

2023年，住宿餐饮业小微企业的融资难度并未明显恶化，而不确定的经济修复和市场行情并未拉动其融资需求。

融资指数在2月达到全年最高值50.8，在12月达到全年最低值47.8；除2月处于景气区间外，其余月份均处于不景气区间。2月，疫情防控政策的快速放松拉动住宿餐饮业小微企业的市场需求，进而刺激其融资需求，但从3月开始融资指数又迅速转差，尽管7月融资指数的降幅有所收窄，但仍处于不景气区间。

从细项看，融资难度和下期融资需求均在2月处于景气区间，其余月份处于不景气区间，且从全年来看融资难度的表现略好于下期融资需求。

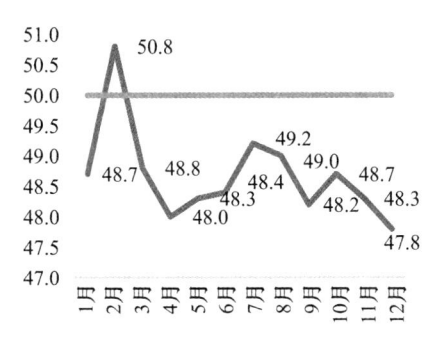

图4-80　2023年住宿餐饮业小微企业融资指数

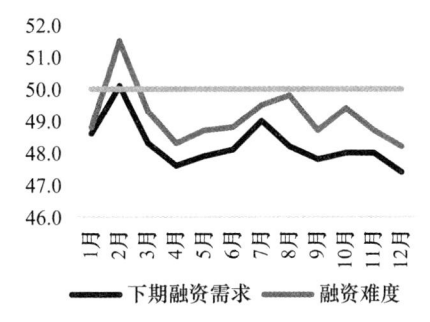

图4-81　2023年住宿餐饮业小微企业融资指数细项

2023年住宿餐饮业小微企业的风险水平整体有所恶化，回款问题和负债率问题是经营风险的主要来源，流动资金周转方面的风险较为可控。

风险指数在2月达到全年最高值51.4，在4月、5月和12月达到全年最低值48.3。风险指数在2月处于景气区间，在8月恰好处于临界值，其余月份均处于不景气区间。1—2月，风险指数陡峭上行，从3月起至年末，风险指数先下降后上升，最后又缓慢下降，但基本处于不景气区间。

从细项看，流动资金周转情况第一季度、第三季度整体较好，而负债率和回款周期指数全年基本处于不景气区间。

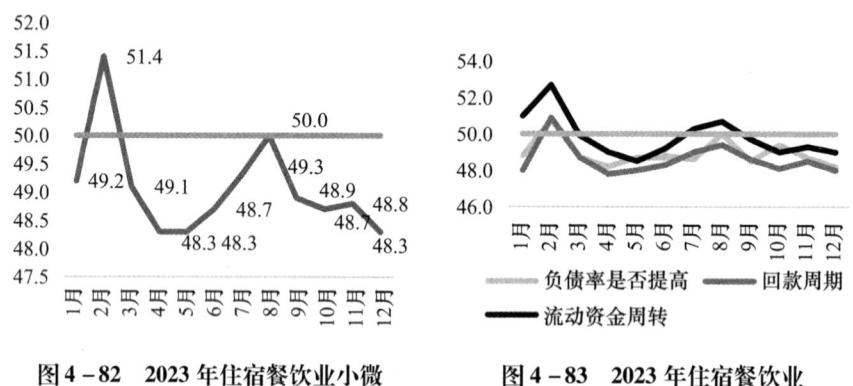

图4-82　2023年住宿餐饮业小微企业风险指数

图4-83　2023年住宿餐饮业小微企业风险指数细项

2023年，受运输费用影响，住宿餐饮业小微企业的整体经营成本表现并不乐观，成本表现不佳也是造成业绩相对于市场偏弱的重要原因。

成本指数在2月达到全年最高值48.2，在1月和4月达到全年最低值45.1，全年均处于不景气区间。指数收缩幅度在一季度先收窄后扩大，二季度又缓慢收窄，下半年指数小幅波动，无明显趋势。

从细项看，原料价格、员工平均薪酬和营销费用表现较为平稳，一季度从景气线以上跌至景气线以下，此后几乎在景气线以下保持稳定。平均运输费用和总体经营成本恶化情况较为严重，全年均较大幅偏离景气临界值。

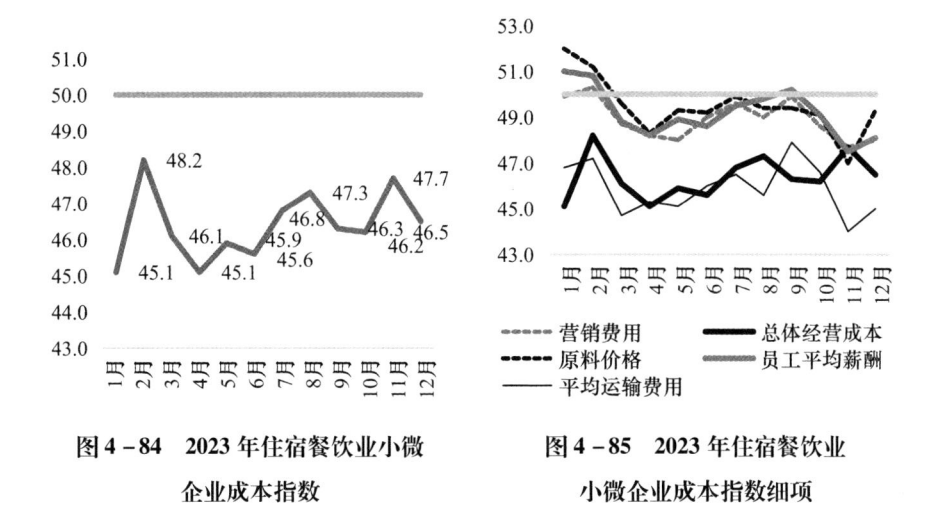

图 4－84　2023 年住宿餐饮业小微企业成本指数

图 4－85　2023 年住宿餐饮业小微企业成本指数细项

## 第六节　批发零售业小微企业运行特点

### 一　2023 年批发零售业小微企业除一季度外，总体运行平稳

2023 年批发零售业小微企业除一季度外总体运行平稳，生产经营情况在一季度显著修复，但受疫情后国内经济修复尚不稳定的影响，二季度以后的表现"不温不火"，无明显好转。从变化趋势看，1—2 月，疫情防控政策放松使各行业企业生产经营逐渐恢复，批发零售业小微企业运行情况快速回暖，但 3 月好转幅度迅速收窄，4 月走低至景气水平以下，7—9 月小幅回升，10 月起再次跌破景气水平。

总指数在 2 月达到全年最高值 53.0，在 4 月达到全年最低值 49.4，1—3 月和 7—9 月共 6 个月处于景气区间，其余 6 个月处于不景气区间。

### 二　分项监测

2023 年，批发零售业小微企业在市场需求方面和采购方面均有亮眼的表现。同其他行业一样，主要改善动力来自全面复工复产与

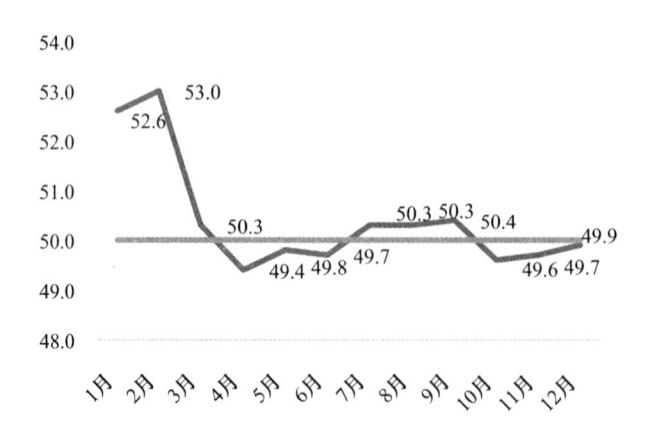

**图 4-86　2023 年批发零售业小微企业运行总指数**

季节性的消费需求。与此同时，批发零售业小微企业的成本大幅偏离景气值，较重的成本负担影响了经营绩效的改善，企业仍然面临一定的回款周期和负债率风险。

2023 年批发零售业小微企业市场运行情况有明显改善。从变化趋势看，批发零售业的市场需求改善程度在一季度逐渐收窄，这一方面源于春节假期带动的大量需求随着假期结束而消失，另一方面源于宏观经济修复初期的不稳定。4—7 月，市场表现平稳，8—9 月，市场表现在景气水平以上继续小幅上行，三季度后整体表现先下降后又小幅抬升。

市场指数在 1 月达到全年最高值 55.0，在 10 月和 11 月达到全年最低值 50.2，全年均处于景气区间。

从细项看，销售订单量和销售额的表现同步，全年均处于景气区间，一季度批发零售业小微企业的市场需求扩张幅度不断缩减，7—9 月略微抬升后，10 月再次收窄。

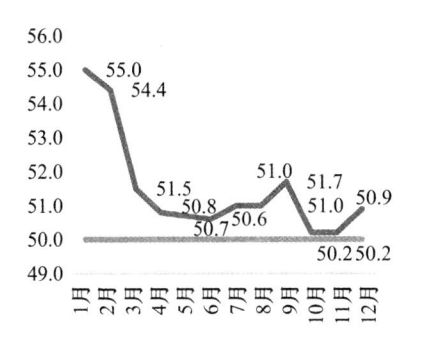

图 4-87　2023 年批发零售业小微企业市场指数

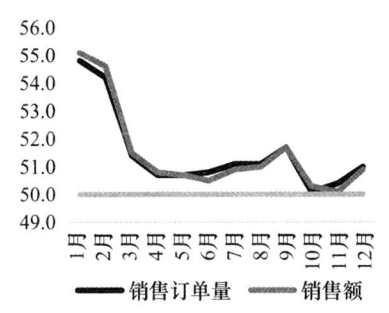

图 4-88　2023 年批发零售业小微企业市场指数细项

受市场带动，2023 年批发零售业小微企业采购表现总体较好。采购指数在 1 月达到全年最高值 55.2，在 4 月达到全年最低值 50.5，全年均处于景气区间。从变化趋势看，1—4 月，采购指数在景气区间出现大幅下行；4—9 月指数表现出波动抬升；10 月再次下跌，但仍保持在景气区间。

从细项看，进货量指标的表现与采购指数的表现基本同步。

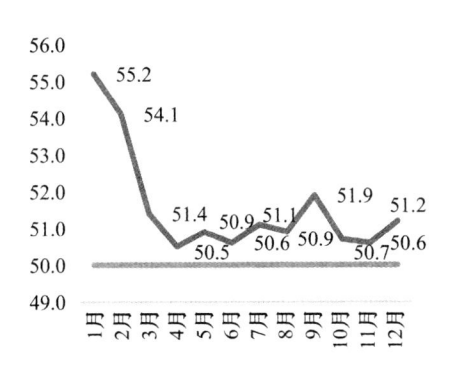

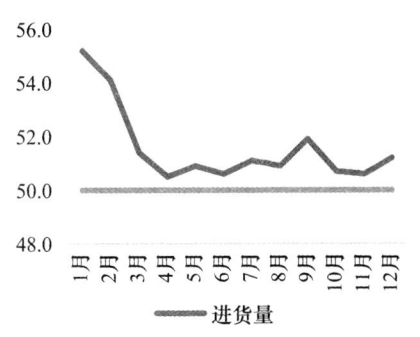

图 4-89　2023 年批发零售业小微企业采购指数

图 4-90　2023 年批发零售业小微企业采购指数细项

2023 年，批发零售业小微企业绩效表现在景气水平周围波动，经营业绩有所改善，但毛利率暂无明显好转。

绩效指数在 1 月达到全年最高值 53.8，在 4 月达到全年最低值

49.4，4月、6月以及10—12月共5个月处于不景气区间，剩余7个月处于景气区间。1—3月，市场需求的疲弱拉低批发零售业企业的经营绩效，绩效指数出现大幅下行，与市场指数的走势相一致；4月，绩效指数跌破临界值；随后，5—9月绩效指数波动上升至景气区间，10月起再次跌破临界值。

从细项看，批发零售业小微企业的利润指数基本处于景气区间，但毛利率指数在一季度之后基本处于不景气区间。

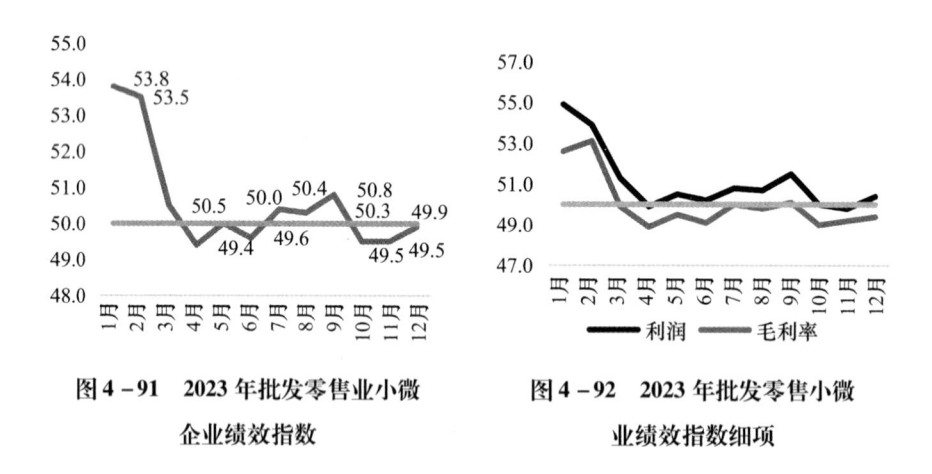

图4-91　2023年批发零售业小微企业绩效指数

图4-92　2023年批发零售小微业绩效指数细项

2023年，批发零售业小微企业扩张意愿不强烈，扩张需求较为疲软。

扩张指数在2月达到全年最高值50.3，在4月达到全年最低值47.4，除2月超过景气临界点之外，其余月份均处于不景气区间。

从细项看，人员变化和新增投资的变化趋势相同，新增投资指数略好于人员变化指数，但两个细分指数均仅在2月突破景气临界值。

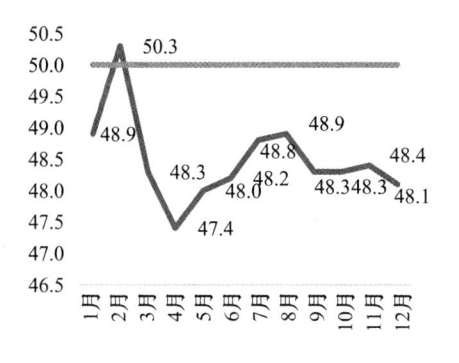

图 4－93　2023 年批发零售业小微
企业扩张指数

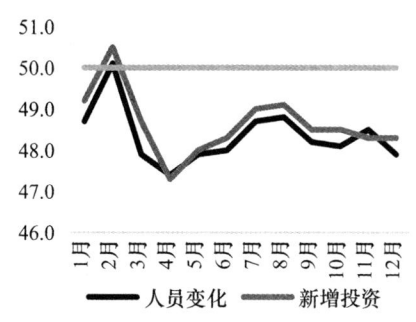

图 4－94　2023 年批发零售业小微
企业扩张指数细项

2023 年，疫情防控政策放松后，批发零售业小微企业表现出了积极的预期和信心。

信心指数在 2 月达到全年最高值 57.2，在 6 月达到全年最低值 52.0，全年处于景气区间。从趋势看，好转幅度在 2—4 月快速收窄，5 月以后信心指数在 52.0—53.0 小幅波动。

从细项看，企业家信心指数和对本行业信心指数均在 1—2 月迅速上行，又在 3—4 月快速下跌，5 月以后两个分项指标均保持平稳。

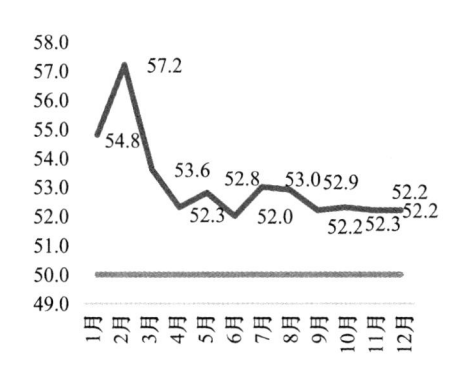

图 4－95　2023 年批发零售业小微
企业信心指数

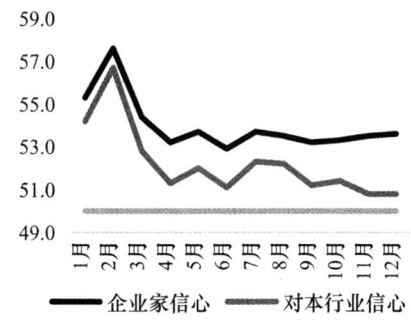

图 4－96　2023 年批发零售业
信心指数细项

2023 年，批发零售业小微企业融资情绪整体不高。

融资指数在 2 月达到全年最高值 50.7，在 4 月达到全年最低值

47.9，除 2 月处于景气区间外，其余月份均处于不景气区间。从变化趋势看，2—4 月融资指数迅速跌破临界线且降幅不断扩大，4—8 月降幅持续收窄，9 月及以后，融资指数在不景气区间小幅波动。

从细项看，融资难度和下期融资需求指数除 2 月超过景气临界值外，其余月份均处于不景气区间，融资难度指标的表现略好于下期融资需求。

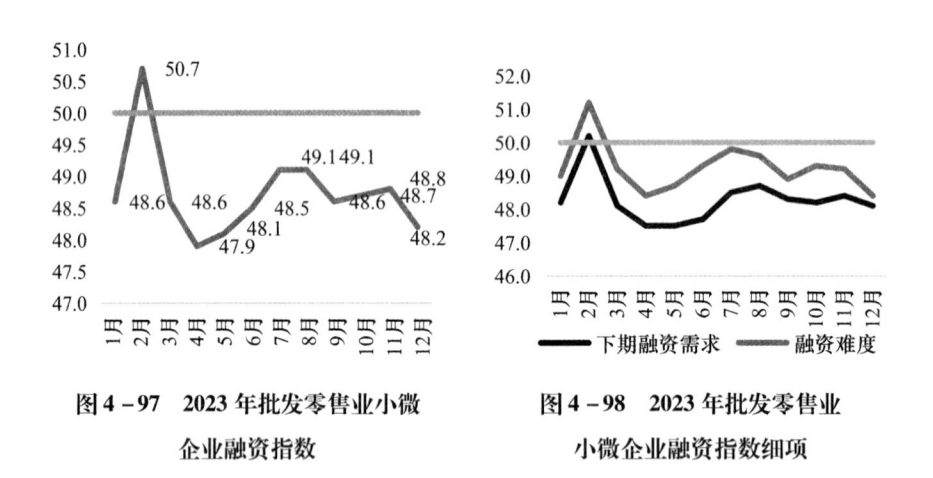

图 4-97　2023 年批发零售业小微企业融资指数

图 4-98　2023 年批发零售业小微企业融资指数细项

2023 年批发零售业小微企业的风险水平较高。风险指数在 2 月达到全年最高值 51.5，在 4 月达到全年最低值 48.2，除 2 月处于景气区间外，其余月份均处于不景气区间。2 月，批发零售业小微企业的经营风险因疫情防控政策放松而有所缓解，但这种缓解并未持续。在全年剩余月份中，企业风险指数均在景气线之下，其中 4—7 月指数在不景气区间小幅上升，8 月以后又逐渐偏离景气值。

从细项看，回款周期较长和负债率较高是批发零售业小微企业经营风险的主要来源。流动资金周转的表现较上述两方面略好，该指数在 1—2 月处于景气区间，此后在景气临界值附近波动。这表明，疫情防控政策放松后，批发零售业小微企业的正常生产经营有所恢复，流动资金周转方面的风险可控，但负债率和回款周期方面仍然存在一定风险。

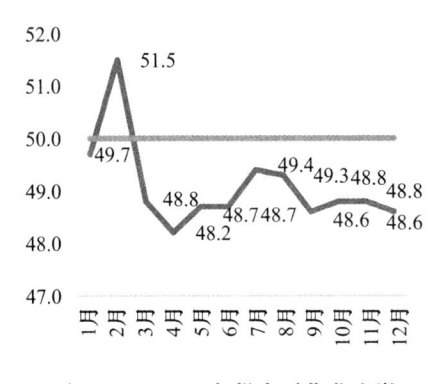

图4-99　2023年批发零售业小微
企业风险指数

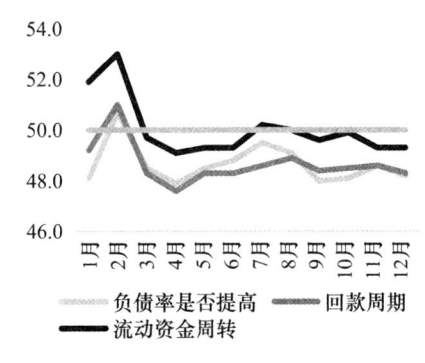

图4-100　2023年批发零售业
小微企业风险指数细项

2023年，批发零售业小微企业面临较高的经营成本。成本指数在2月达到全年最高值47.8，在1月达到全年最低值44.7。从变化趋势看，2—4月指数的下降幅度逐渐扩大，在4—8月降幅逐渐收窄，8月以后指数呈小幅波动状态。

从细项看，平均运输费用、进货价格、店铺租金和员工平均薪酬的表现比较接近，除1月和2月在景气值之上以外，其余月份均处于不景气区间。总体经营成本指数则全年低于景气值。

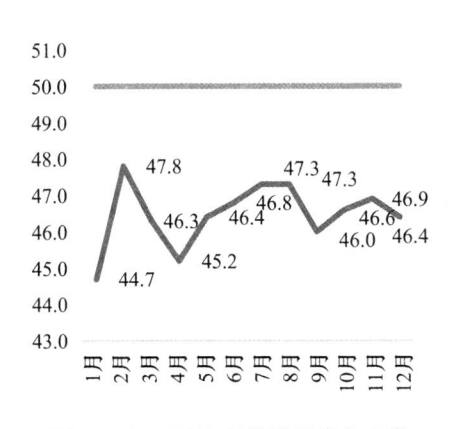

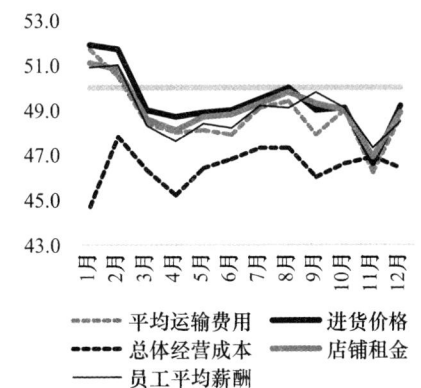

图4-101　2023年批发零售业小微
企业成本指数

图4-102　2023年批发零售业
小微企业成本指数细项

## 第七节　其他服务业小微企业运行特点

### 一　2023年其他服务业小微企业总体运行情况与整体小微企业相似

2023年其他服务业小微企业总体运行情况与整体小微企业相似。1—2月，复工复产叠加疫情影响日渐消退，小微企业增长动能持续强化，其他服务业小微企业运行情况的改善幅度迅速扩大；但2月以后，由于宏观经济修复不稳定，因此其他服务业小微企业总体表现趋差；3—6月，小幅下探不景气区间；7—8月，随着生产的持稳，内需改善较大助推经济回升，再次回暖，但随着暑期旅游季的结束，相关服务消费也出现回调，三季度开始再次回落。

2023年，总指数在2月达到全年最高值52.1，在5月达到全年最低值48.9，1月、2月、7月和8月共4个月处于景气区间，剩余8个月处于不景气区间。

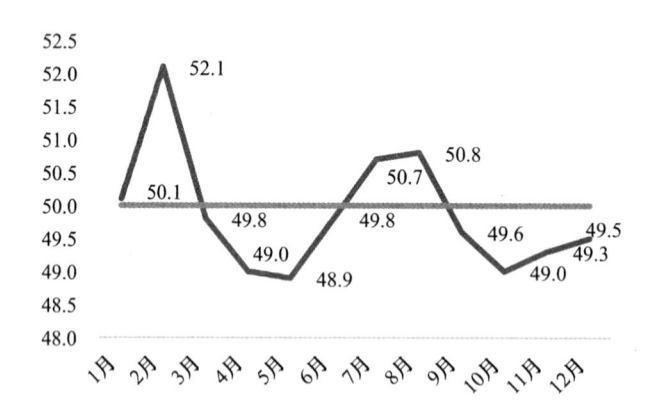

图4-103　2023年其他服务业小微企业运行总指数

### 二　分项监测

2023年2月的全面复工复产和7—9月的暑期消费需求拉动，使2023年其他服务业小微企业整体运行情况呈现出两个明显的波峰。但同其他行业一样，宏观经济修复成果的不稳定与整体偏弱的经济区域使企业缺乏长期扩张和融资的意愿，同时各行业也面临较重的成本负担和一定的经营风险，绩效表现波动较大。

2023年，其他服务业小微企业市场运行表现整体较好。从变化趋势看，1—2月，疫情消散叠加复工复产带来了大量市场需求和积极的市场预期；3—4月市场表现改善幅度收窄，5月跌至景气水平以下；但6月以后，受暑期旅游旺季的影响，市场需求再次被拉动；8月市场表现达到全年次高峰；三季度开始重回不景气区间，但短暂下探后在12月又回升至景气区间。

市场指数在2月达到全年最高值53.3，在5月和10月达到全年最低值49.5，除5月、10月和11月处于不景气区间外，全年剩余9个月均处于景气区间。

从细项看，主营业务收入、业务量和业务预订量的表现基本一致，全年表现出2月和8月两个明显波峰。除5月和10月外，大部分时间里各分项指标均处于景气区间。

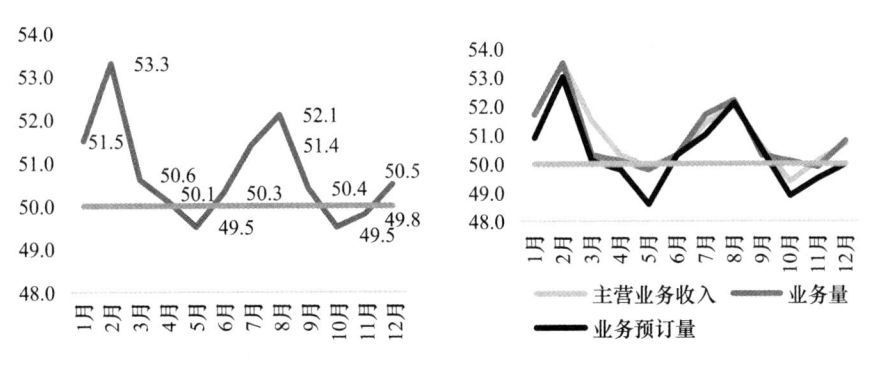

图4-104　2023年其他服务业小微企业市场指数

图4-105　2023年其他服务业小微企业市场指数细项

2023年，随着需求的回暖，其他服务业小微企业在不断去库存的同时也扩大了采购规模。采购指数在2月达到全年最高值51.1，在5月达到全年最低值48.2，2月、7月和8月共3个月处于景气区间，剩余 9 个月处于不景气区间。从变化趋势看，1—2 月，采购指数大幅上行至景气区间；3 月指数迅速下行至临界值以下，且下行幅度在 3—5 月不断扩大；6—8 月采购指数在市场需求的拉动下快速抬升，但随着暑期结束，采购指数再次下行。

从细项看，原材料采购指数大部分月份处在景气区间，原材料库存指数稳定在不景气区间。

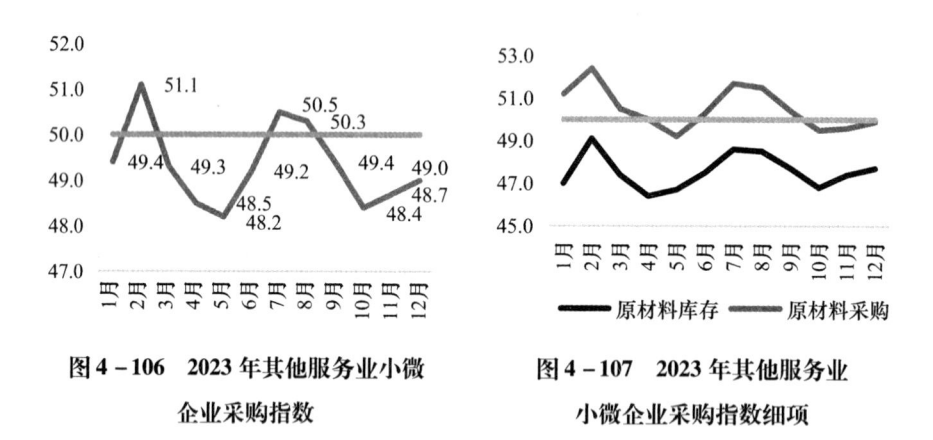

图 4-106 2023 年其他服务业小微企业采购指数

图 4-107 2023 年其他服务业小微企业采购指数细项

2023 年，宏观经济修复的不稳定使其他服务业小微企业全年绩效表现较不稳定。绩效指数在 2 月达到全年最高值 52.0，在 4 月达到全年最低值 48.8，4 月、5 月和 10—12 月共 5 个月处于临界值以下，剩余 7 个月均处于景气区间。1—2 月，绩效指数大幅上行，说明疫情防控政策的放松使其他服务业小微企业的经营绩效环比明显好转；3 月以后绩效指数下行并突破临界线；6—9 月绩效表现有所好转，指数重回景气区间；但 10 月绩效指数再次跌破临界线。

从细项看，利润指数和毛利率指数的变化趋势与绩效指数基本同步，2 月全面复工复产和 6—9 月的消费旺季拉动毛利率指数和利润指数上行至景气区间。

2023 年，受宏观经济修复不稳定的影响，其他服务业小微企业并无明显扩张意向。

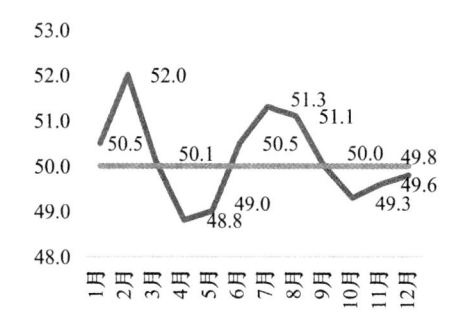

图 4－108　2023 年其他服务业小微企业绩效指数

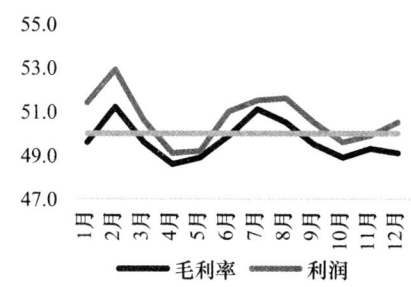

图 4－109　2023 年其他服务业小微企业绩效指数细项

扩张指数在 2 月达到全年最高值 50.1，在 5 月达到全年最低值 47.7，除 2 月超过景气值之外，其余月份均处于不景气区间。

从细项看，人员变化在 2 月上行至景气区间，此后在不景气区间波动，新增投资指数则全年处于不景气区间。

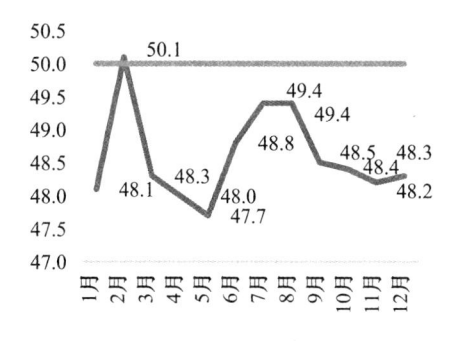

图 4－110　2023 年其他服务业小微企业扩张指数

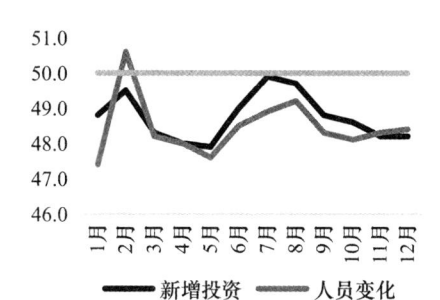

图 4－111　2023 年其他服务业小微企业扩张指数细项

2023 年，疫情防控政策放松后，其他服务业小微企业的信心显著修复，但宏观经济的不确定性使企业不能坚持长期的积极预期，好转幅度逐渐收窄。

信心指数值均在景气线以上，但信心指数呈下降趋势。信心指数在 2 月达到全年最高值 57.9，在 10 月达到全年最低值 51.0，全年处于景气区间。

从细项看，企业家信心指数和对本行业信心指数均在 1—2 月上行，后续月份中好转幅度收窄。

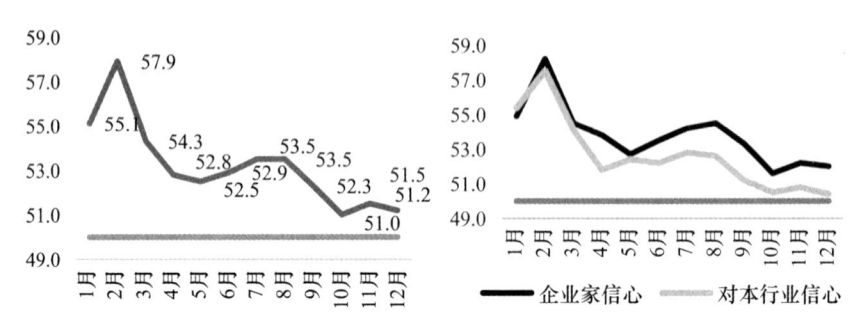

图 4－112 2023 年其他服务业小微企业信心指数

图 4－113 2023 年其他服务业小微企业信心指数细项

2023 年，阶段性的需求冲击对企业的融资行为有一定的拉动作用，但作用效果并不如意，本质原因是宏观经济的不稳定抑制了其他服务业小微企业的融资需求。

融资指数在 2 月达到全年最高值 50.9，在 4 月和 12 月达到全年最低值 48.0，除 2 月外，其余月份均处于不景气区间。融资指数和扩张指数的走势基本一致，全年表现出 2 月和 7 月两个波峰的状态，但是年中的波峰尚未突破景气临界值。

从细项看，融资难度在 2 月达到景气值以上，其余月份处于不景气区间，下期融资需求全年处于不景气区间。

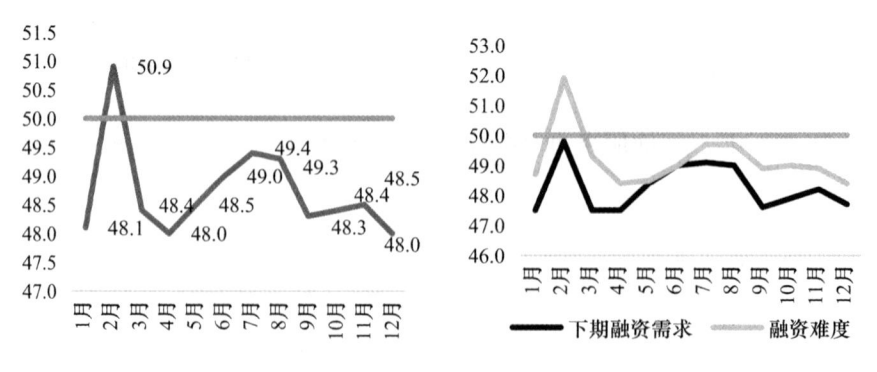

图 4－114 2023 年其他服务业小微企业融资指数

图 4－115 2023 年其他服务业小微企业融资指数细项

2023年其他服务业小微企业的经营风险较高，回款周期拖长、负债率升高以及流动资金周转率不高均是其他服务业小微企业经营风险的来源。

风险指数在2月达到全年最高值51.2，在4月达到全年最低值47.8，除2月处于景气区间外，其余月份均处于不景气区间。由于疫情消散叠加复工复产因素，其他服务业小微企业的经营风险在年初得到缓解，但在此之后，企业风险指数均在景气线之下，收缩幅度在3—4月快速扩大，5—7月收窄，8月以后再次扩大。

从细项看，2月，无论是从负债率、回款周期还是流动资金周转的角度看，其他服务业小微企业的风险都有所缓解，但3月以后大部分分项指数波动下行至景气线以下。

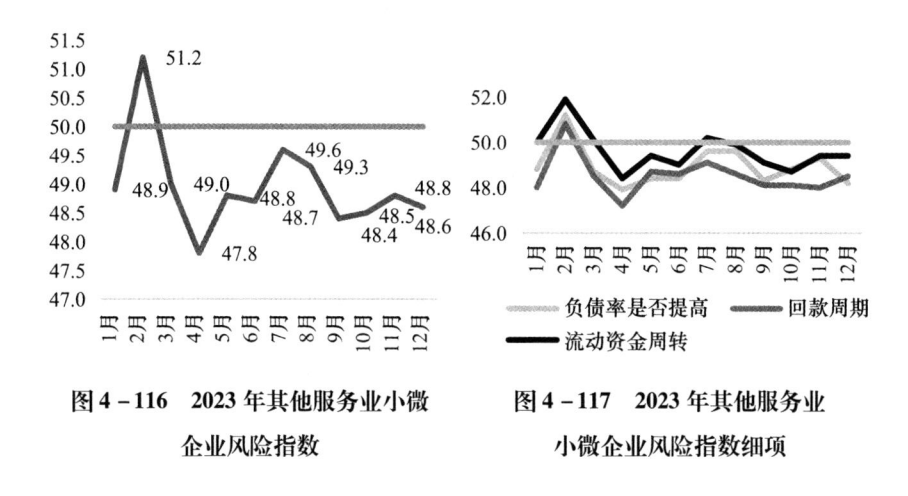

图4－116　2023年其他服务业小微企业风险指数

图4－117　2023年其他服务业小微企业风险指数细项

2023年，其他服务业小微企业面临较高的经营成本。成本指数在2月达到全年最高值48.1，在1月达到全年最低值45.4。从变化趋势看，1—2月指数大幅抬升，3—6月指数出现先下降后上升的趋势，至7月达到全年次高峰，7月以后指数再次下跌。

从细项看，2月疫情防控政策的放松给市场带来了积极冲击，原料价格、员工平均薪酬和营销费用方面有小幅好转，但平均运输费用和总体经营成本仍然处于不景气区间，此后各成本分项均在景气线之下波动。

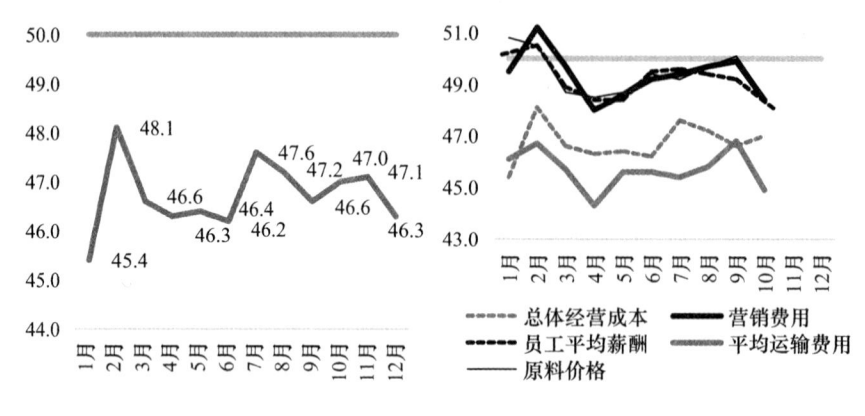

图4-118　2023年其他服务业小微企业成本指数

图4-119　2023年其他服务业小微企业成本指数细项

# 第五章

# 各地区小微企业发展态势和特点

## 第一节 六大地区整体小微企业发展走势简述

2023年一季度，受解除疫情防控措施影响，各地区小微企业运行景气度由降转升。小微指数由不景气区间上升至景气区间。各地区指数均在2月达到最高值。中南地区、西南地区小微指数一季度均在景气区间运行；华北地区、华东地区和西北地区小微指数由不景气区间上升至景气区间；东北地区小微指数由不景气区间上升至景气区间，又回落至不景气区间。

2023年二季度，各地区小微企业运行整体较为低迷。小微指数整体在不景气区间运行。华北地区小微指数由不景气区间上升至景气区间；西北地区小微指数由景气区间下降至不景气区间，又回升至景气区间；东北地区、华东地区、中南地区和西南地区小微指数则持续在不景气区间运行。

2023年三季度，各地区小微企业状况不断改善。小微指数整体在景气区间运行。华北地区、中南地区、西南地区和西北地区小微指数均在景气区间；华东地区小微指数由景气区间下降至不景气区间；东北地区小微指数持续在不景气区间运行。

2023年四季度，各地区小微企业运行状况下行。小微指数重回不景气区间。中南地区小微指数由不景气区间上升至景气区间；西北地区小微指数由景气区间下降至不景气区间；华北地区、东北地区、华东地区和西南地区小微指数则持续在不景气区间运行。

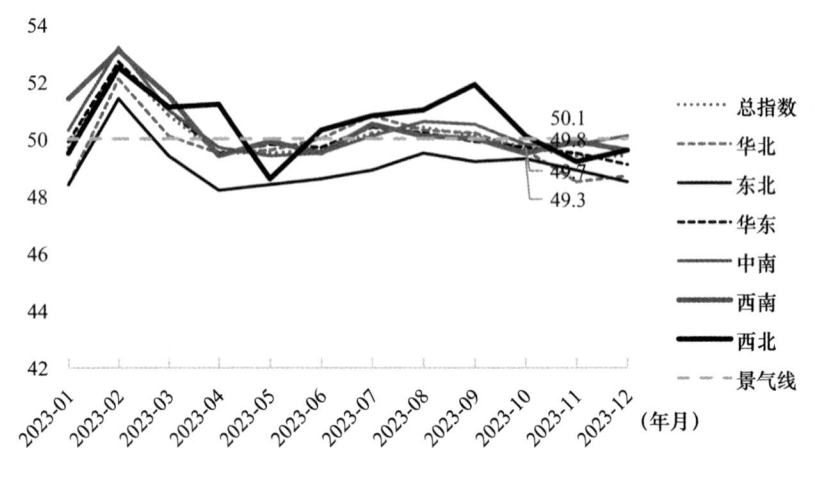

图 5－1　各地区小微企业总指数发展趋势

## 第二节　华东地区小微企业运行态势和特点

整体而言，2023 年华东地区小微企业运行总体先扬后抑，波动相对较小，年终有下行趋势。

2023 年一季度，华东地区小微企业运行向好，这是疫情防控放开带来的效应。小微企业市场运行向好、绩效改善、企业家信心不断回升；为应对需求回暖，采购水平上升。扩张信心提高，融资环境改善，风险问题有所好转，但三者均未能持续。同时，成本问题较为突出，压力持续增大。

小微指数由不景气区间上升至景气区间，且 2 月达到一年内最高值，从分项指数来看，市场指数、绩效指数、信心指数在景气区间运行；采购指数由不景气区间上升到景气区间；扩张指数、融资指数和风险指数上升到景气区间后又回落至不景气区间；成本指数持续在不景气区间运行。

具体而言，2月，复工复产叠加疫情影响日渐消退，经济进入稳步恢复状态。同时出口订单下行压力进一步缓解，积压订单得到释放，供需两端发力叠加纾困支持政策带动企业预期乐观，信心提振。华东地区是中国小微企业集聚重地，疫情管理也相对科学，经济恢复速度在各地区中相对较快。各项指数均有所上升，除成本指数外，其他指数均上升至景气区间，其中市场指数升幅最大，说明小微企业市场需求大幅好转。反映营业收入的市场指数增幅大于反映利润的绩效指数增幅，说明企业经营成本压力较大。受市场需求增加带动，采购指数升幅较大，从不景气区间上升至景气区间，说明企业采购水平上升，原材料采购量和原材料库存均有上升。

3月，经济恢复处于关键期，但恢复基础尚不牢固，需求收缩、供给冲击、预期转弱三重压力仍然较大。该地区各项指数均出现回落，其中融资指数、扩张指数和风险指数由景气区间回落到景气线以下，表明新增投资和人员雇用出现下降，反映小微企业对未来预期不足，整体复苏未能持续。成本指数在不景气区间下行，说明企业成本提高的趋势扩大；其他指数继续在景气区间运行，相应指标持续改善，但增幅收窄。

2023年二季度，华东地区小微企业运行趋弱。市场运行仍在好转，采购水平提升，企业家信心不断回升；但成本上升，利润减少，且由于利润未能持续增长，叠加风险增加，扩张动力减弱，融资需求下降。

小微指数持续在不景气区间运行，从各分项指数来看，市场指数、采购指数和信心指数在景气区间运行；绩效指数、扩张指数、融资指数、风险指数和成本指数持续在不景气区间运行。

具体来说，4月，小微指数恢复低于预期，主要是经济恢复内生动力不足，市场价格也持续下降，抑制产能释放，同时国外需求加速下降，国际市场遇冷。各项指数均有下降，绩效指数从景气区间下降到不景气区间，企业利润水平由升转降。采购指数降幅最大，但仍在景气区间，说明因市场需求提高，企业采购水平仍有所提升。5月，各项指数"五升一平两降"，其中成本指数涨幅最大，风险指数、扩张指数有所上升，但都未回升至景气区间，说明中小企业经营成本问题、风险问题和扩张信心虽然下行但有所收窄。6月，各项指数"五升三降"，其中信心指数降幅最大，市场指数降幅较大，但都仍在景气区间，说明企业家信心提升和市场运行好转的趋势收窄。

2023年三季度，华东地区小微企业运行表现不佳。市场需求仍在向好，带动采购水平提升、绩效改善，企业家信心不断回升；但扩张动机仍然不足，融资需求较低，新增投资下降，经营成本问题仍然突出，运营风险提高。

小微指数由景气区间下降至不景气区间，从分项指数来看，市场指数、采购指数、绩效指数、信心指数在景气区间运行；扩张指数、融资指数、成本指数和风险指数持续在不景气区间运行。

具体来看，7月，受暑期经济消费需求提高影响，内需改善较大，助推经济回升，企业生产提高。同时，前期一系列扩内需政策开始发力见效，国内市场需求景气度继续改善。内需好转也带动企业主动补库意愿有所回升，价格持续回暖。华东地区各项指数均有提升，小微企业总指数和绩效指数由不景气区间上升到景气区间，企业运行状况改善，经营利润提高。其中市场指数增幅最大，反映小微企业市场需求改善趋势不断扩大；成本指数、扩张指数和融资指数增幅较大，但仍运行于临界值之下，反映企业成本提高、扩张减弱和融资困难的趋势收窄，问题有所好转。

8月，外需不足、投资下降、信心减弱是整个宏观经济面临的问题，影响小微企业持续复苏。分项指数"一升一平六降"，其中市场指数降幅最大，但仍在景气区间运行，说明虽然中小企业营业收入增幅收窄，但继续向好。9月，分项指数"三升五降"，小微企业总指数由景气区间回落到不景气区间，总体运行状况由升转降。其中信心指数仍然运行于景气值之上，说明企业家信心不断增强，只是增幅有所收窄。风险指数降幅最大，说明企业运营风险增加的趋势扩大，其中应收账款回收速度进一步变慢。扩张指数和融资指数降幅也较大，反映了企业扩张意愿减弱、融资需求不足的趋势扩大。

2023年四季度，华东地区小微企业运行较为低迷。市场需求仍然向好，企业家信心不断回升，但企业采购水平由升转降，成本上升，运营风险提高，导致绩效水平降低，扩张信心减弱，新增投资下降，融资需求不足。

小微指数整体在不景气区间运行，12月下降至全年最低值，下行趋势扩大，从分项指数来看，市场指数和信心指数仍在景气区间运行；采购指数由景气区间下降至不景气区间；绩效指数、扩张指数、融资指数、成本指数和风险指数持续在不景气区间运行。

具体而言，10月，各分项指数"四升四降"，其中绩效指数跌破景气线，下降至不景气区间，反映企业绩效水平由升转降。信心指数降幅最大，但仍在景气区间，说明企业家对本企业信心、对本行业信心仍较乐观。成本指数升幅最大，但仍处于不景气区间。虽然企业成本问题加剧，但有向好的趋势。11月，各分项指数"二升一平五降"，其中采购指数降幅最大，且由景气区间下降至不景气区间，说明企业采购水平由升转降，市场需求拉动作用下降。12月，各分项指数"二平六降"，其中融资指数降幅最大，说明小微企业融资需求不足的趋势扩大；信心指数降幅较大，但仍在景气区间，说明企业家信心整体向好，但有下行趋势。

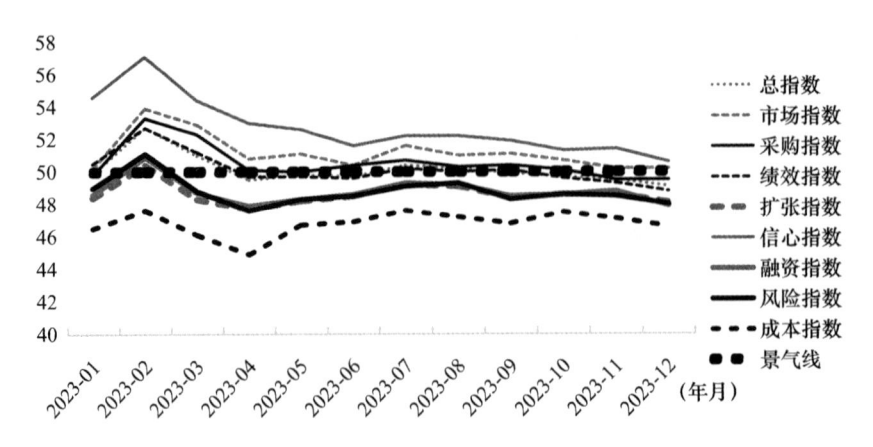

图 5-2 华东地区小微企业总指数及分项指数发展趋势

## 第三节 中南地区小微企业运行态势和特点

整体而言，2023年中南地区小微企业运行良好，小微指数短期下行后年终恢复景气。

2023年一季度，中南地区小微企业复苏态势向好。市场需求回暖，带动采购水平提升和绩效改善，企业家信心不断回升，但扩张意愿仍然不足，融资需求受限，且应收账款回收问题仍然较大，经营成本问题较为突出，压力持续增大。

小微指数在景气区间运行，且2月达到一年中的最高值。从分项指数来看，市场指数、采购指数、绩效指数和信心指数均在景气区间运行；融资指数、扩张指数、风险指数由不景气区间上升到景气区间，3月又回落至不景气区间；成本指数持续在不景气区间运行。

具体而言，2023年一季度，疫情防控放开，复工复产有序推进，供求两复苏，企业预期乐观，经济主体信心增强。2月，各项指数均有所上升，除成本指数外，均上升至景气区间，其中信心指数升幅最大，说明疫情防控放开使小微企业家信心大幅回升，企业家对本企业信心和对行业信心均不断增强；市场指数的升幅较大，反映小微企业市场需求回暖。反映营业收入的市场指数增幅大于反映利润的绩效指数增幅，说明成本压力仍在。

3月，经济恢复基础尚不牢固，需求收缩、供给冲击、预期转弱三重压力仍然较大。在2月报复性反弹基础上，3月八个分项指数均有下降。融资指数、扩张指数和风险指数回落到景气线以下，表明新增投资和人员雇用出现下降，账款回收等风险增加。成本指数在不景气区间下行，其他指数持续改善，但增幅收窄。

2023年二季度，中南地区小微企业运行下行。小微企业市场需求仍在好转，企业家信心不断回升，但采购水平逐步降低，成本增加导致利润减少，且经营风险增加，扩张动力减弱，融资需求不足。整体来看，小微企业需求虽然好转，但生产方仍处于去库存阶段，且不确定性增加，扩张意愿不足。

小微指数持续在不景气区间运行，并在5月达到一年中的最低值。从分项指数来看，市场指数、信心指数在景气区间运行；采购指数、绩效指数、扩张指数、融资指数、风险指数和成本指数持续在不景气区间运行。

具体来说，4月，除成本指数外，各项指数均有下降，采购指数、绩效指数从上月的景气区间下降到不景气区间，说明企业采购水平、绩效水平由升转降；市场指数降幅最大，但仍在景气区间，说明市场需求仍在好转。5月，各项指数"四升四降"，其中成本指数涨幅最大，融资指数和扩张指数有所上升，但都未回升至景气区间，说明中小企业经营成本问题、融资问题和扩张信心的下行趋势收窄。6月，各项指数"五升三降"，其中成本指数升幅最大，虽未到景气区间，但成本问题有望缓和；信心指数降幅最大，但仍在景气区间，说明企业家信心提升的趋势收窄。二季度未能延续一季度的回升态势，说明经济恢复基础尚不牢固、内生动力不足，小微企业还面临不少困难。

2023年三季度，中南地区小微企业运行回暖。市场需求继续提高，带动采购水平提升和企业家信心不断回升，但成本仍然较高，经营风险增大，扩张动力不足，融资热情不高。

小微指数恢复并持续在景气区间运行。从分项指数来看，市场指数、采购指数、信心指数在景气区间运行；绩效指数也由不景气区间上升至景气区间；但扩张指数、融资指数、成本指数和风险指数持续在不景气区间运行。

具体来看，7月，前期一系列扩内需政策开始发力见效，内部市场需求继续改善。内需好转也带动企业主动补库意愿有所回升，价格持续回暖。中南地区小微企业总指数由上月的不景气区间上升到景气区间，企业运行状况改善。除绩效指数外，各项指数均有提升，信心指数增幅最大，反映企业家对本企业和行业信心向好趋势不断扩大。受市场需求影响，采购指数升幅较大，由上月的不景气区间上升到景气区间。8月，分项指数"五升一平两降"，其中市场指数升幅最大，且在景气区间运行，说明小微企业营业收入增幅扩大；绩效指数增幅较大，由不景气区间上升至景气区间，说明利润情况稳中向好。9月，分项指数"三升五降"，其中市场指数、采购指数和绩效指数在景气区间上行，说明市场需求继续好转。市场需求带动采购水平提升，企业利润增加的趋势扩大；信心指数仍然运行于景气值之上，说明企业家信心不断增强，但增幅有所收窄。融资指数降幅最大，反映融资需求不足，这受扩张动力不足影响；成本指数降幅较大，反映了企业成本问题突出。

2023年四季度，中南地区小微企业运行由降转升，逐渐好转。市场需求继续向好，并带动采购水平不断提高和企业家信心持续回升，利润有所回升，但成本提高，经营风险增大，扩张信心减弱，融资需求不足。

小微指数先下降后回升，由不景气区间上升至景气区间。从分项指数来看，市场指数、采购指数和信心指数在景气区间运行；绩效指数也由不景气区间上升至景气区间；扩张指数、融资指数、成本指数和风险指数持续在不景气区间运行。

具体到各月，10月，小微指数开始跌破景气线，各分项指数"二升一平五降"，绩效指数由景气区间下降至不景气区间，市场指数降幅最大，但仍在景气区间，说明企业市场回暖趋势变缓，同时成本压力增大。11月，各分项指数"三升一平四降"，其中采购指数降幅最大，但仍在景气区间运行，说明企业采购水平仍不断提高，但增幅收窄。12月，各分项指数"四升四降"，其中绩效指数升幅最大，且由不景气区间上升至景气区间，绩效水平由降转升；成本指数降幅最大，说明小微企业成本问题突出的趋势扩大。这一时期，中南地区小微指数总体呈现恢复的趋势，未来有望继续向好。

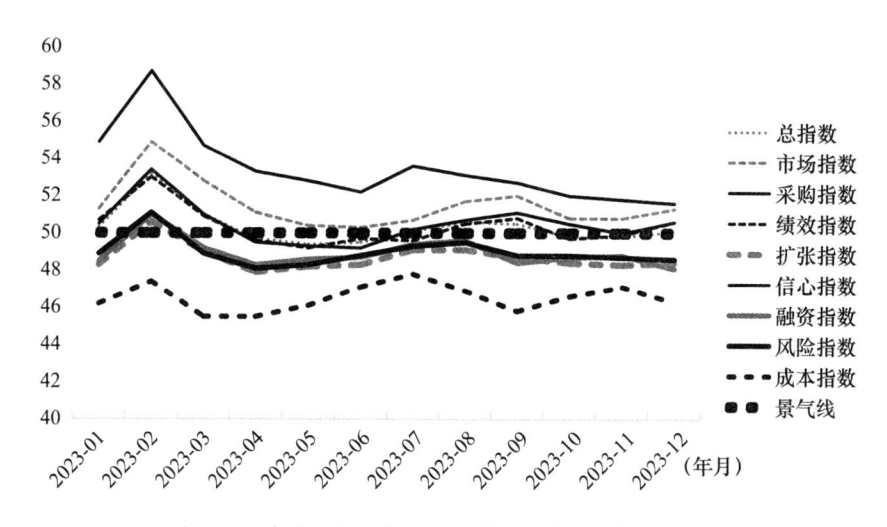

图5-3 中南地区小微企业总指数及分项指数发展趋势

## 第四节 华北地区小微企业运行态势和特点

整体而言，2023年作为复苏之年，华北地区小微企业经过年初的复苏，到年终再次呈现下降趋势。

## 第一篇　小微企业年度运行情况

2023年一季度，华北地区小微企业运行回暖。企业家信心不断回升，市场需求回暖，带动采购水平、绩效水平由升转降，企业融资需求不大，风险问题短期内有所好转，但应收款回收放慢等因素仍然在放大经营风险。扩张情况较为低迷，经营成本问题突出。整体上看，一季度并未出现持续性报复性回调，需求收缩、供给冲击、预期转弱三重压力仍然较大。

小微指数由不景气区间上升至景气区间，且2月达到一年中的最高值。从分项指数来看，信心指数持续在景气区间运行；市场指数、采购指数和绩效指数由不景气区间上升至景气区间。融资指数、风险指数由不景气区间上升到景气区间，后又回落至不景气区间；扩张指数、成本指数持续在不景气区间运行

具体到各月，2月，复工复产叠加疫情影响日渐消退，供需两端发力叠加纾困支持政策，同时外贸企业生产运输持续恢复，前期积压外贸订单进一步释放。各项指数均有所上升，并且除成本指数和扩张指数外，其他指数均上升至景气区间，其中市场指数升幅较大，由不景气区间上升至景气区间，说明小微企业市场需求改善；采购指数升幅最大，反映需求带动下企业原材料采购和补库存意愿增强；成本指数降幅收窄，小微企业经营成本压力有所缓和，但仍然较大，导致绩效指数上升不大。3月，各项指数均有下降，融资指数和风险指数回落到景气线以下，扩张指数和成本指数在不景气区间下行，表明新增投资下降，对应融资需求不大。其他指数在景气线以上持续改善，但增幅收窄。

2023年二季度，华北地区小微企业恢复情况得以持续。市场需求继续回暖，企业家信心不断回升，采购水平和利润水平由降转升，但扩张动力仍然不强，融资需求不足，经营成本和风险在上升。

小微指数先跌入不景气区间后逐步上升回景气区间。从分项指数来看，市场指数和信心指数在景气区间运行；采购指数和绩效指

数由不景气区间上升至景气区间；扩张指数、融资指数、风险指数和成本指数持续在不景气区间运行。

具体到各月，4月，各项指数均有下降，信心指数降幅最大，但仍在景气区间，说明企业家信心增幅收窄；成本指数在不景气区间降幅较大，反映企业经营成本上升的幅度扩大，经营压力增大，带动采购指数和绩效指数从景气区间下降到不景气区间。5月，小微企业运行有所恢复，各项指数"六升两降"，其中融资指数、风险指数和成本指数涨幅最大，但都未回升至景气区间，说明小微企业经营成本、风险和融资需求的下行趋势收窄，未来有望好转。6月，政策效益的持续释放，小微企业景气水平小幅回升，但恢复低于预期。小微指数由不景气区间回升到景气区间，小微企业运行向好，各分项指数"五升三降"，其中采购指数、绩效指数由不景气区间上升至景气区间，说明企业原材料采购水平提升，绩效改善，企业市场需求状况呈回升态势；信心指数和风险指数降幅最大，说明企业家信心提升的趋势收窄，业务扩大也带来企业风险的提升。

2023年三季度，华北地区小微企业运行景气。市场需求提高，引导采购水平提升、绩效改善和企业家信心不断回升，但扩张动力不足，融资需求不大，经营成本问题突出，运营风险提高。积极政策效果初显，但华北地区企业面临问题仍然很多。

小微指数在景气区间运行。从分项指数来看，市场指数、采购指数、绩效指数和信心指数在景气区间运行；扩张指数、融资指数、成本指数和风险指数持续在不景气区间运行。

具体到各月，7月，华北地区各项指数均有提升，其中成本指数增幅最大，反映小微企业成本问题有缓和趋势；信心指数和风险指数增幅较大，反映企业家信心持续提高，虽然风险指数仍运行于临界值之下，但反映企业运营风险升高的趋势收窄，问题有好转趋势。8月，分项指数"三升五降"，其中绩效指数降幅最大，但仍在景气区间运行，说明虽然小微企业绩效改善的增幅收窄，但稳中向好。9月，分项指数"三升五降"，其中成本指数降幅最大，说明企业经营成本压力增加的趋势扩大；信心指数降幅较大，但仍在景气区间运行，反映了企业家对本企业信心、对行业信心仍较乐观。

2023年四季度，华北地区小微企业运行走低。小微企业家信心仍然较大，但市场需求不足，主营业务收入下降，企业绩效水平降低，扩张动力不足，融资需求下降，经营成本问题突出，运营风险提高。整体来看，华北地区四季度小微企业运营情况不太乐观，全年未能延续持续复苏。

小微指数重回不景气区间。从分项指数来看，仅有信心指数持续在景气区间运行；市场指数由景气区间下降至不景气区间；采购指数、绩效指数、扩张指数、融资指数、成本指数和风险指数持续在不景气区间运行。

具体到各月，10月开始，小微指数由上月的景气区间下降至不景气区间。各分项指数"三升五降"，其中市场指数降幅最大，但仍在景气线以上；采购指数、绩效指数跌破景气线，反映企业采购水平、利润水平由升转降；成本指数升幅最大，但仍处于不景气区间。11月，各分项指数"二升六降"，其中市场指数降幅最大，且由景气区间下降至不景气区间，说明企业市场需求由升转降；与需求相适应，采购指数降幅较大；成本指数升幅最大，但仍处于不景气区间，虽然企业成本问题加剧，但有向好趋势。12月，各分项指数"四升一平三降"，其中采购指数增幅最大，反映企业采购水平降幅收窄；成本指数降幅最大，说明小微企业成本问题加剧的趋势有所扩大。

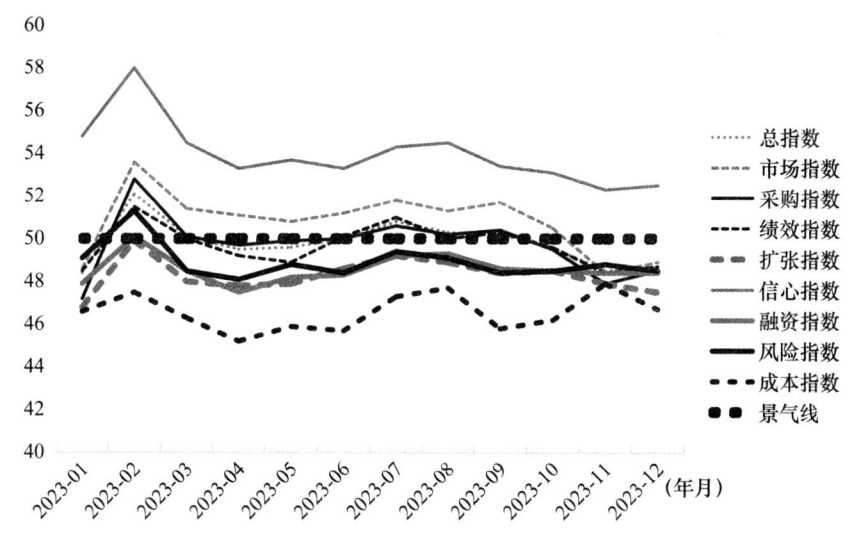

图 5-4 华北地区小微企业总指数及分项指数发展趋势

## 第五节 西北地区小微企业运行态势和特点

整体而言，2023年西北地区小微企业运行情况和整体相似，呈M形变动。

2023年一季度，西北地区小微企业复苏提速。疫情防控放开后，经济进入稳步恢复状态，同时叠加一系列稳经济政策，使得供求两复苏。小微企业市场需求向好，带动绩效改善和企业家信心回升。但复苏未能持续。企业采购水平因应市场需求而有所提升，但去库存使其提升有限。扩张动力短期有所增长，但未能持续，融资需求仍然不足，应收账款等老问题短期好转后再次恶化，经营成本问题较为突出。反映了经济恢复基础尚不牢固，需求收缩、供给冲击、预期转弱三重压力仍然较大。

小微企业运行指数由不景气区间上升至景气区间，且2月达到一年中的最高值。从分项指数看，市场指数、绩效指数、信心指数在景气区间运行；采购指数、扩张指数、融资指数由不景气区间上升到景气区间，又回落至不景气区间；风险指数由景气区间下降到不景气区间；成本指数持续在不景气区间运行。

具体到各月，2月，各项指数均有所上升，除成本指数外，其他指数均上升至景气区间，其中信心指数升幅最大，说明企业家信心因疫情防控放开而大幅提高。市场指数升幅较大，反映小微企业市场需求复苏。反映营业收入的市场指数增幅大于反映利润的绩效指数增幅，说明小微企业成本仍然较高。3月，在八个分项指数中，采购指数、融资指数、扩张指数和风险指数回落到景气线以下，表明企业采购水平下降，新增投资和人员雇用出现下降，融资需求不足，经营风险扩大，向好趋势未能持续。

2023年二季度，西北地区小微企业运行景气度由降转升。企业家仍对本企业和本行业充满信心，但小微企业市场需求好转未能持续，对应的采购和绩效水平也伴随波动。不确定性影响小微企业扩张意愿，企业经营风险增大，融资需求不足。

小微指数由景气区间下降到不景气区间，之后又回升到景气区间，且在5月达到一年中的最低值。从分项指数来看，信心指数始终在景气区间运行；市场指数、采购指数、绩效指数由景气区间下降到不景气区间，又回升到景气区间；扩张指数、融资指数、风险指数和成本指数持续在不景气区间运行。

具体到各月，4月，各项指数"三升一平四降"，采购指数从不景气区间上升到景气区间，企业采购水平由降转升；成本指数降幅最大，在不景气区间下行，反映企业经营成本上升的幅度扩大；融资指数在不景气区间降幅较大，说明企业融资需求不足。5月，各项指数"二升六降"，成本指数升幅最大，但仍在不景气区间，反映企业经营成本提高幅度收窄；市场指数降幅最大，带动绩效指数降幅较大，二者都跌破了景气值，说明企业主营业务收入下降，市场需求低迷，企业利润减少；采购指数也由景气区间下降至不景气区间，说明企业采购水平由升转降。6月，各项指数"七升一降"，其中市场指数升幅最大，说明市场再次回暖；成本指数降幅最大，在不景气区间下行，反映小微企业成本增幅较大。二季度各月不同分项指数的实际表现存在不同程度差异，变化方向也不尽相同，但多项指数出现连续上升，有逐步向好的态势。总体来看，西北地区在六大地区中表现较好。

2023年三季度，西北地区小微企业运行状况向好。市场需求持续好转，带动绩效改善和企业家信心不断回升，但企业采购水平由降转升，融资、成本等老问题仍然未能好转。这一时期经济内生动力趋强，生产需求同步回升，长期扩张意愿有待巩固、提高。

小微企业指数持续在景气区间运行。从分项指数来看，市场指数、绩效指数、信心指数在景气区间运行；采购指数也由不景气区间上升至景气区间；但是，扩张指数、融资指数、成本指数和风险指数持续在不景气区间运行。

具体到各月，7月，西北地区各项指数"五升三降"，其中采购指数与6月相比降幅最大，跌破景气值。信心指数增幅最大，绩效指数增幅较大，都在景气区间上行，反映小微企业信心回升、绩效好转趋势扩大。8月，分项指数"四升四降"，采购指数升幅最大，从不景气区间回升到景气区间，说明企业采购水平上升；受市场指数升幅较大影响，市场需求向好趋势扩大；信心指数虽然有所下降，但仍在景气区间运行，说明小微企业家信心仍稳中向好。9月，分项指数"四升四降"，小微总指数持续在景气区间上行，总体运行状况向好的趋势扩大。其中市场指数增幅最大，在景气区间上行，带动采购指数在景气区间升幅较大。但企业融资需求仍然不大，融资指数降幅最大，在不景气区间下行。成本指数在不景气区间降幅较大，反映企业随着投入的增加，成本提高。总体来看，扩张意愿不大反映了企业长期的谨慎态度。

2023年四季度，西北地区小微企业运行走弱。小微企业市场需求仍然持续向好，企业家信心持续回升，采购水平有所波动，但有望提高，与此同时，企业扩张信心和融资需求不足、经营成本和风险较高问题仍然突出。

小微指数由景气区间下降至不景气区间。从分项指数来看，市场指数和信心指数在景气区间运行；采购指数由景气区间下降至不景气区间，又回升至景气区间；由于成本提高，企业绩效指数由景气区间下降至不景气区间；扩张指数、融资指数、成本指数和风险指数持续在不景气区间运行。

具体到各月，10月，各分项指数"一升七降"，市场指数降幅最大，采购指数降幅较大，但仍都在景气区间，说明企业市场运行和采购水平虽有波动，但向好基本面不变。11月，企业小微指数由景气区间下降至不景气区间，各分项指数"二升六降"，其中采购指数和绩效指数降幅最大，且都由景气区间下降至不景气区间。12月，各分项指数"五升三降"，其中市场指数升幅最大，说明企业市场主营业务收入增幅扩大，并带动采购指数升幅较大，且由不景气区间上升至景气区间；融资指数降幅最大，说明小微企业融资需求不足问题仍然显著。总体来看，四季度小微企业整体回落，但西北地区恢复趋势明显好于其他大多数地区。

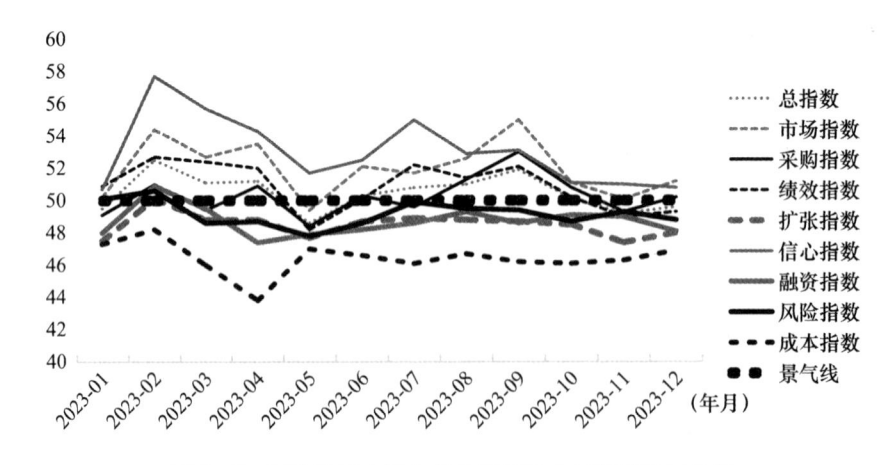

图5-5　西北地区小微企业总指数及分项指数发展趋势

## 第六节　西南地区小微企业运行态势和特点

2023年西南地区小微企业表现好于整体，一、三季度大幅好转，市场表现和信心水平的回升是推动整体运行表现好转的主要原因。

2023年一季度，西南地区小微企业运行明显好于全国小微企业平均水平。市场需求好转，采购水平提升，绩效改善，企业家信心不断回升，应收款、负债等经营风险有所好转，但扩张意愿仍然不稳定，经营成本持续提高。整体来看，一季度西南地区小微企业运行水平大幅回升，主要源于市场需求复苏拉动，但经济恢复的基础尚不牢固，长期扩张意愿不足问题仍然存在。

小微指数持续在景气区间运行，且2月达到一年中的最高值。从分项指数来看，市场指数、采购指数、绩效指数和信心指数均在景气区间运行；风险指数由不景气区间上升到景气区间；扩张指数、融资指数由不景气区间上升到景气区间，又回落至不景气区间；成本指数持续在不景气区间运行。

具体到各月，2月，各项指数均有所上升，除成本指数外，其他指数均上升至景气区间，其中信心指数升幅最大，在景气区间上行；成本指数升幅较大，虽然仍在不景气区间运行，但说明小微企业经营成本压力有所缓和。3月，各分项指数均出现下降，其中融资指数和扩张指数回落到景气线以下，表明企业融资扩张意愿减弱。成本指数降幅较大，在不景气区间下行，小微企业成本问题进一步突出。成本、风险和需求不确定性仍是大问题。

2023年二季度，西南地区小微企业运行遇冷。企业市场需求仍在好转，企业家信心在回升，但企业扩张和融资需求不足。这一时期小微企业恢复水平低于预期，主要是因为经济恢复内生动力不足，企业谨慎性经济行为增加。

小微指数未能延续一季度的发展态势，持续在不景气区间运行，并在4月达到一年中的最低值。从分项指数来看，市场指数、信心指数在景气区间运行；但成本指数和风险指数持续在不景气区间运行，影响了绩效指数由景气区间跌入不景气区间，且采购指数由不景气区间上升至景气区间又回落至不景气区间；扩张指数、融资指数持续在不景气区间运行。

具体到各月，4月，除成本指数外，其他各项指数均有下降，总指数、采购指数和风险指数由上月的景气区间下降至不景气区间；市场指数降幅最大，但仍在景气区间，说明企业市场需求在上升，但增幅下降；融资指数降幅较大，在不景气区间下行，反映企业融资需求不足。5月，除绩效指数外各项指数均有上升，其中融资指数涨幅最大，但未回升至景气区间；采购指数涨幅较大，且由不景气区间上升至景气区间，说明需求拉动下企业采购水平有所提升。6月，各项指数"四升四降"，其中市场指数降幅最大，但仍在景气区间，说明市场需求仍在好转。采购指数降幅较大，并从景气区间回落到不景气区间。成本指数升幅最大，虽仍在不景气区间，但企业经营成本提高趋势收窄，成本问题有望好转。

2023年三季度，西南地区小微企业运行景气。内需持续改善较大助推经济回升，前期一系列扩内需政策开始发力见效。企业市场需求增加，绩效改善，企业家信心不断回升，但企业"去库存"、扩张信心减弱，融资难度提升，新增投资下降，经营成本问题突出，运营风险提高。

小微指数在景气区间运行。从分项指数来看，市场指数、绩效指数、信心指数在景气区间运行；采购指数、扩张指数、融资指数、成本指数和风险指数持续在不景气区间运行。

具体来看，7月，西南地区各项指数均有提升，小微企业总指数由不景气区间上升到景气区间，企业运行状况改善。绩效指数增幅最大，且由不景气区间上升到景气区间，反映小微企业绩效改善、利润提高，也带动信心指数增幅较大。8月，分项指数"一升二平五降"，其中绩效指数降幅最大，但仍在景气区间运行，说明虽然小微企业利润增幅收窄，但稳中向好。9月，分项指数"二升二平四降"，其中市场指数和绩效指数在景气区间上行，反映企业营业收入和利润提高的趋势扩大。融资指数降幅最大，在不景气区间下行，说明企业融资需求不足；风险指数降幅较大，说明企业运营风险增加的趋势扩大。三季度后半段小微指数普遍下降，恢复比较缓慢，原因是企业成本和风险压力较大，企业预期仍有波动。

2023年四季度，西南地区小微企业运行景气度回落。说明小微企业市场需求向好，企业家信心不断回升，是小微企业运行恢复最主要的动力，但由于成本、风险、不确定性等问题，对采购、绩效、扩张、融资拉动作用有限。

小微指数在不景气区间运行。从分项指数来看，市场指数和信心指数在景气区间运行；采购指数和绩效指数由不景气区间上升至景气区间，之后又回落至不景气区间；扩张指数、融资指数、成本指数和风险指数持续在不景气区间运行。

具体到各月，10月，小微指数由景气区间下降至不景气区间。各分项指数"三升一平四降"，虽然市场指数在景气线上，但绩效指数降幅最大，跌破景气线；虽然成本指数升幅最大，但由于成本较高，仍处于不景气区间。11月，小微指数有所好转，各分项指数"五升三降"，其中采购指数和绩效指数由不景气区间上升至景气区间；扩张指数升幅最大，但仍处于不景气区间；成本指数降幅最大，反映企业成本问题仍然突出。12月，指数再次回落，各分项指数"二升六降"，其中采购指数和绩效指数由景气区间下降至不景气区间；扩张指数降幅最大。这一时期西南地区小微指数有所波动，发展趋势向下，市场需求的提高未能有效拉动各项指标。

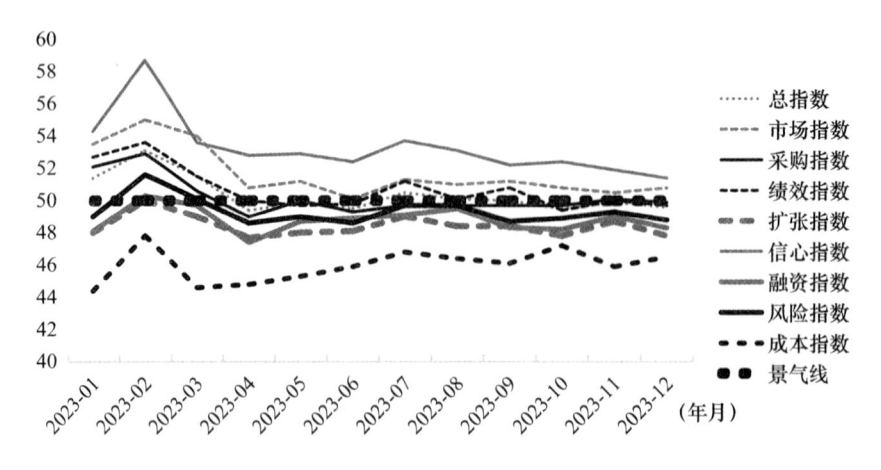

图 5－6　西南地区小微企业总指数及分项指数发展趋势

## 第七节　东北地区小微企业运行态势和特点

2023 年东北地区小微企业运行低迷，疫情管控放开短期带来景气，但也加剧了人口和资金持续流出的动力。除了 2 月疫情放开后在景气线以上，其余月份全部在景气线下运行。

2023 年一季度，东北地区小微企业运行态势波动较大。疫情管控放开，市场需求回暖，小微企业家信心不断提升，但融资需求不足，经营成本问题仍较为突出，从小微指数趋势看持续性不高。

小微指数由不景气区间上升至景气区间，但 3 月快速回落至不景气区间。小微指数在 2 月达到一年内最高值。从分项指数来看，信心指数持续在景气区间运行；市场指数由不景气区间上升至景气区间；采购指数、绩效指数、扩张指数和风险指数由不景气区间上升到景气区间，又回落至不景气区间，各项指数改善并未持续；融资指数、成本指数持续在不景气区间运行。

具体到各月，2 月，各项指数均有所上升，除融资指数和成本指数外，其他指数均回升至景气区间，其中市场指数升幅最大，且从不景气区间上升至景气区间，说明小微企业市场需求转暖。扩张指数和信心指数升幅较大，扩张指数从不景气区间上升至景气区间，说明企业扩张意愿由降转升，企业家信心和行业信心增强的趋势扩大。反映营业收入的市场指数增幅大于反映利润的绩效指数增幅，说明成本提高较多。3月，各分项指数均下降，总指数、采购指数、绩效指数、扩张指数和风险指数回落到景气线以下。总体来看，需求收缩、供给冲击、预期转弱三重压力在东北地区更加突出。

2023年二季度，东北地区小微企业运行低迷。小微企业家信心仍然较高，但企业市场需求下行，采购水平降低，企业利润减少，扩张动机减弱，融资需求不足，风险和成本增加。东北地区小微企业运行呈现恢复态势，但低于预期，主要是由于经济恢复内生动力不足，企业生产活动放缓，市场价格也持续下降，抑制产能释放。

小微指数持续在不景气区间运行，并在4月达到一年中的最低值。从分项指数来看，信心指数在景气区间运行；但市场指数、采购指数、绩效指数、扩张指数、融资指数、风险指数和成本指数均持续在不景气区间运行。

具体到各月，4月，各分项指数均有下降，其中市场指数降幅最大，从景气区间下降到不景气区间；采购指数和绩效指数伴随降幅较大，说明产需同时下降。5月，除采购指数外，各项指数均有所上升，其中成本指数涨幅最大，风险指数、信心指数有所上升，但成本指数和风险指数都未回升至景气区间，说明小微企业经营成本和风险提高；只有信心指数仍在景气区间高位运行。6月，各项指数"六升一平一降"，其中扩张指数升幅最大，但未回升到景气区间，说明企业扩张意愿降幅收窄。

2023年三季度，与其他地区不同，东北地区小微企业运行不佳。企业市场需求减少，采购水平降低，企业利润减少，风险和成本增加，扩张动机减弱，融资需求不足。市场需求这一最大动力开始出现不足，推动企业运行各层面全面回落。

小微指数仍低于景气值。从分项指数来看，与上一季度情况相同，信心指数在景气区间运行，市场指数、采购指数、绩效指数、扩张指数、融资指数、风险指数和成本指数均持续在不景气区间运行。

具体到各月，7月，东北地区各项指数"五升一平二降"，小微指数普遍回升，但除信心指数外，仍处于不景气区间。其中，信心指数升幅最大，说明企业家信心提升的趋势扩大；融资指数升幅较大，但仍运行于临界值之下，反映企业融资需求下降的趋势收窄。8月，各分项指数"五升二平一降"，绩效指数升幅最大，但仍在不景气区间，说明企业利润下降的趋势收窄；市场指数和采购指数升幅较大，说明企业市场需求下行、采购水平降低的趋势收窄。9月，分项指数均有下降，其中信心指数降幅最大，但仍然运行于景气值之上；风险指数降幅较大，说明企业运营风险增加的趋势扩大。

2023年四季度，东北地区小微企业运行不佳。市场需求持续下行，采购水平降低，企业利润减少，成本和风险提高，扩张动机减弱，融资需求不足。小微企业老问题在东北地区尤为显著。

小微指数仍持续在不景气区间运行，并且是各地区最低。从分项指数来看，信心指数在景气区间运行，除信心指数外，市场指数、采购指数、绩效指数、扩张指数、融资指数、成本指数和风险指数均处于不景气区间。

具体到各月，10月，各分项指数"六升一平一降"，风险指数升幅最大，但仍处于不景气区间，反映企业风险增加的趋势收窄；采购指数和扩张指数的升幅较大，但仍处于不景气区间。11月，各分项指数"一平七降"，其中采购指数和信心指数降幅最大，说明企业采购水平降幅扩大，信心指数虽然仍运行于景气区间，但向好的趋势收窄；扩张指数降幅较大，反映企业扩张动力依旧不足。12月，各分项指数"一升一平六降"，其中市场指数降幅最大，说明小微企业主营业务收入降幅扩大；采购指数和绩效指数伴随降幅较大，供给需求都出现收缩。这一时期东北地区小微指数持续下行，且有下行幅度扩大的趋势。

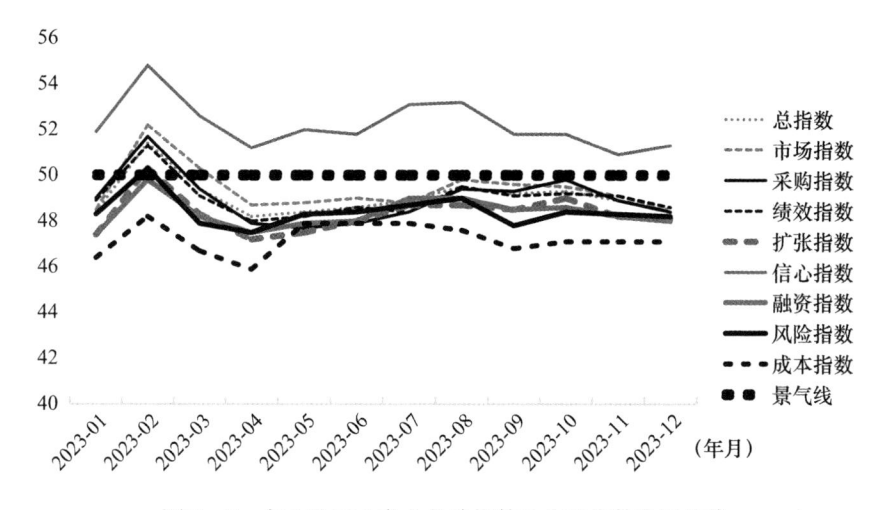

图 5-7 东北地区小微企业总指数及分项指数发展趋势

# 第二篇

## 专精特新企业年度运行情况

# 第六章

# 专精特新企业存在和发展的理论基础

## 第一节 专精特新概念内涵及核心特征

习近平新时代中国特色社会主义经济思想是大力发展专精特新中小企业的理论依据,习近平总书记高度重视中小企业发展,强调"中小企业能办大事",并指出"小微企业联系千家万户,是推动创新、促进就业、改善民生的重要力量"。[①] 党中央、国务院高度重视中小企业发展。"十四五"规划中明确提出了"推动中小企业提升专业化优势",鼓励中小企业走"专业化、精细化、特色化、创新型"发展道路,提升企业创新能力。

中国中小企业在前期发展过程中,对专业化分工与协作重视度并不高,由此产生了不少问题:一是"小而全",产品批量小,设备利用率较低,重复建设严重;二是"小而差",企业规模小,技术设备落后,经营管理水平低下,产品成本高,质量差;三是"小而散",中小企业在空间布局上极不合理,生产场地远离原料、燃料产地或市场,不能形成集聚效益。此外,中国中小企业发展还面临产学研协同创新能力不足、创新能力分布高度不均衡、创新成果

---

① 《习近平经济思想研究文集(2022)》,人民出版社2023年版,第429页。

质量较低、核心技术的对外依存度偏高以及研发投入与高收入国家尚存差距等问题。面对中小企业的发展困境，在习近平新时代中国特色社会主义经济思想的指导下，工业和信息化部、财政部、国家发展和改革委员会等各部门牵头，鼓励支持专精特新中小企业的高质量发展。

专精特新可拆解为中小企业专业化、精细化、特色化和新颖化："专"指专业化与专项技术，企业专注并深耕于产业链中某个环节或某个产品；"精"指精细化，企业精细化生产、精细化管理和精细化服务；"特"指产品或服务的独特性与特色化，产品或服务具有行业或区域的独特性、独有性、独家生产的特点；"新"指自主创新与模式创新的新颖化。促进中小企业向专精特新发展，正是依据专业化分工、专有化投资、特色化竞争以及创新活力对企业和市场的积极作用所做出的正确战略部署。

## 一 专业化

专业化指中小企业长期专注并深耕于产业链中某一环节或某一产品，采用专项技术或工艺，通过专业化生产制造专用性强、专业特点明显、市场专业性强的产品，中小企业基于自身比较优势从事专业化生产，并通过专业化生产的规模经济实现边际报酬递增。

专业化企业的典型特征之一为专注主业。可以通过关注企业的主要产品种类和所属领域，计算企业的主营业务收入占营业收入的比重，从而辨析中小企业的主营业务是不是公司收入的最重要来源。专业化企业的典型特征之二为长期深耕。关注企业从事特定细分市场的年限，企业从什么时候开始进入某一产品市场，是否持续经营至今，目前该细分市场处于何种发展阶段，企业在细分市场中处于何种市场地位。专业化企业的典型特征之三为强化配套。这一特征要求企业基于自身专业背景，及时捕捉和分析市场信息，寻找产业链供应链空隙，紧盯产业链供应链关键环节，必要时在与有价值的"战略匹配关系"的新业务上开展布局，在产业链关键环节发挥"补短板""锻长板""填空白"的作用。

2019年以来，工业和信息化部已先后开展五批专精特新"小巨人"企业培育工作，截至2023年9月，累计培育专精特新中小企业10.3万家、"小巨人"企业1.2万多家，创新型中小企业21.5万家，优质中小企业梯度培育工作取得积极成效。

其中，1.2万多家"小巨人"企业中，制造业企业超1万家。超四成"小巨人"企业聚集在新材料、新一代信息技术、新能源及智能网联汽车领域；超六成深耕工业基础领域。[①]

2021年11月6日，国务院促进中小企业发展工作领导小组办公室印发《提升中小企业竞争力若干措施》（以下简称《措施》），《措施》又一次强调通过加强财政资金支持，引导地方加大对"专精特新"中小企业的支持力度，完善中小企业公共服务体系和融资服务体系，以支持中小企业提升专业化水平。2021年12月，工业和信息化部与国家发展和改革委员会等共十九部门联合印发《"十四五"促进中小企业发展规划》，文件提出要支持中小企业集聚集约化发展，针对细分市场或专门客户群体，开发专项技术或生产工艺，形成比较优势。在习近平新时代中国特色社会主义经济思想的指导下，多部门出台的政策和措施均强调专业化生产对企业发展的重要意义，并从多个方面支持中小企业开发专项技术，形成市场竞争中的比较优势。

从空间分布上看，专精特新"小巨人"企业空间分布与全国制造业企业分布基本一致，空间集聚性较强，呈现东密西疏、南多北少的态势。

另外，各区域培育"小巨人"企业的路径也有所不同。东部地

---

[①]《工信部：我国专精特新"小巨人"企业达1.2万家》，央视网，2023年7月27日，https://jingji.cctv.com/2023/07/27/ARTI8GOOfGMSLVthNKreJsyP230727.shtml。

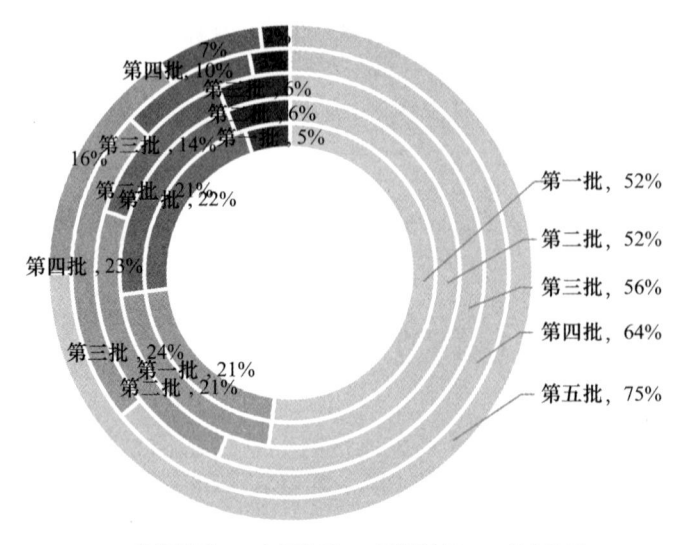

图 6-1 专精特新"小巨人"企业各批次区域分布情况

区以强化关键核心技术创新为重点方向，中部地区以承接新兴产业布局和转移为重点方向，东北地区以加快传统优势产业改造升级为重点方向，西部地区以有序承接东部地区新能源产业转移为重点方向。[1]

## 二 精细化

精细化指企业采用先进技术或工艺，按照精益求精的理念，建立精细、高效的管理制度和流程，通过精细化管理和精心设计，生产精良产品。精细化强调的是中小企业在生产和管理过程中应当注重细节，不断精进，提高产品和服务质量，增强市场竞争力。

精细化企业的典型特征之一为产品品质精良。在产品售出之前，企业需要按照国家规定和行业协会的通行标准，经过严格的质

---

[1] 《36氪研究院 | 2023年中国专精特新"小巨人"企业发展洞察报告》，36氪研究院，2023年7月4日，https://www.36kr.com/p/2328157183991428。

量检验，确保产品无重大品质缺陷；在产品售出之后，关注消费者的使用和体验反馈，及时跟进售后服务。精细化企业的典型特征之二为高技术标准。中小企业在精细化生产经营的过程中需要重视技术标准，企业是否符合国家和行业相关的生产规定，是否已经形成了规范化生产管理的内部技术标准，在现行技术标准下产出的产品能达到怎样的品质。精细化企业的典型特征之三为管理规范。除了生产过程中的严格标准外，企业在实施精细化管理的过程中也需要遵循管理规范，包括产品研发管理、材料采购流程管理、生产车间管理、产品质检管理、销售过程管理以及售后服务管理。

《"十四五"促进中小企业发展规划》中提出，要推动中小企业智能化升级，促进中小企业生产过程柔性化及系统服务集成化，建设智能生产线、智能车间和智能工厂，实现精益生产、敏捷制造、精细管理和智能决策。在中小企业专业化的基础之上，精细化的生产和管理流程能够进一步提升产品和服务质量，激发企业的"工匠精神"，有利于提高企业绩效，促进企业发展，并在国内外市场上形成良好的品牌声誉。

"经济日报—中国邮政储蓄银行小微企业运行指数"课题2023年一季度调研数据显示，受访企业中，有72.13%的企业已经开始进行数字化转型，53.85%的企业处于探索起步阶段，15.81%的企业部分业务已经开展数字化转型。从企业规模来看，小型企业的数字化转型进度更快；微型企业的数字化转型进度有所提高。

中国工业互联网研究院2022年以来的调查也显示，整体来看，"专精特新"中小企业数字化转型程度较未被认定的中小企业转型程度更加深入，处于中小企业数字化转型领军梯队。

### 三 特色化

特色化指采用独特的工艺、技术、配方或特殊原料研制生产的，具有地域特点或特殊功能的产品，有较高知名度的自主品牌。

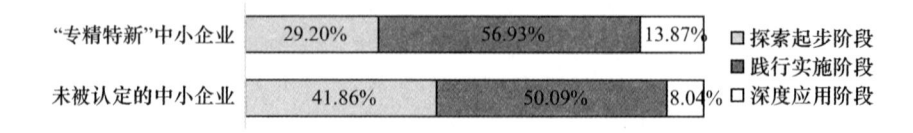

| | | | | |
|---|---|---|---|---|
| "专精特新"中小企业 | 29.20% | 56.93% | 13.87% | □探索起步阶段 |
| 未被认定的中小企业 | 41.86% | 50.09% | 8.04% | ■践行实施阶段<br>□深度应用阶段 |

**图 6-2 专精特新企业数字化转型情况**

特色化是企业在市场竞争中的绝对优势，能够提高产品和服务的不可替代性，是企业价值的根本来源。

2021年6月，习近平总书记在青海考察时强调，"推动高质量发展，要善于抓最具特色的产业、最具活力的企业，以特色产业培育优质企业，以企业发展带动产业提升"。① 习近平总书记强调"优先培育和大力发展一批战略性新兴产业集群"，②"打造有国际竞争力的先进制造业集群"③。党的二十大报告也指出，要推动战略性新兴产业融合集群发展，构建新一代信息技术、人工智能、生物技术、新能源、新材料、高端装备、绿色环保等一批新的增长引擎。《"十四五"促进中小企业发展规划》中也提出，要"引导各地立足县域经济、乡村经济特点，培育一批民族手工业、农牧加工业等县域特色产业集群"，"推进专业化配套服务机构与中小企业特色产业集群对接联动"，在强调聚焦细分领域"补短板""锻长板"的同时，也鼓励中小企业聚焦新一代信息技术、新能源、新材料、高端装备等关系国家安全和制造业核心竞争力的重点领域，针对基础零部件、基础元器件、基础材料等方面细分需求多、产品差异大的特点，深耕细分市场，掌握独门绝技。着眼未来科技和产业发展制高点，瞄准人工智能、先进制造、新型材料等前沿必争领域，发挥中小企业机动灵活、单点深入的优势，培育一批"瞪羚企业"和

---

① 《坚持以人民为中心深化改革开放 深入推进青藏高原生态保护和高质量发展》，《人民日报》2021年6月10日第1版。
② 《习近平谈治国理政》第三卷，外文出版社2020年版，第247页。
③ 习近平：《论把握新发展阶段、贯彻新发展理念、构建新发展格局》，中央文献出版社2021年版，第442页。

创新"尖兵"。

立足"中国制造2025"十大重点产业领域,专精特新"小巨人"企业规模虽小,但行业领域特色鲜明,在强链、补链、固链、延链中发挥着不可替代的作用。根据工业和信息化部数据,来自十大重点产业领域的专精特新"小巨人"数量占比由第一批的74.2%增至第四批的81.1%。第五批中,超八成专精特新"小巨人"企业属于战略性新兴产业及相关服务业。在前四批实际入选的8997家专精特新"小巨人"企业中,在新材料、新一代信息技术、高端机械设备(含电子装备、农机装备、高档数控机床和机器人)、节能与新能源汽车等领域,企业数量分别达到2156家、1881家、1536家、718家。

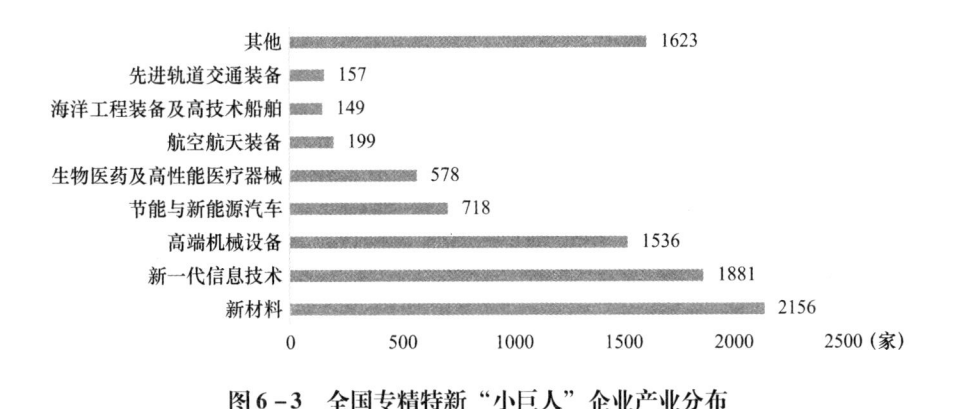

| 产业领域 | 企业数量 |
| --- | --- |
| 其他 | 1623 |
| 先进轨道交通装备 | 157 |
| 海洋工程装备及高技术船舶 | 149 |
| 航空航天装备 | 199 |
| 生物医药及高性能医疗器械 | 578 |
| 节能与新能源汽车 | 718 |
| 高端机械设备 | 1536 |
| 新一代信息技术 | 1881 |
| 新材料 | 2156 |

图6-3 全国专精特新"小巨人"企业产业分布

特色化生产一方面能够发挥企业当地传统技艺和自然资源禀赋的优势,成为企业的独特"生产要素",提高产品的不可替代性;另一方面,也能促进市场的多样化,立足地域特点和技术特性,引导中小企业形成特色产业集群,引导市场资源分散向信息技术、新能源、高端制造等重点领域流动。

## 四 新颖化

对新颖化的追求,要求企业依靠自主创新、转化科技成果、联合创新或引进消化吸收再创新的方式研制、生产具有自主知识产权的高新技术产品。

2014年11月，习近平主席出席2014年亚太经合组织（APEC）工商领导人峰会并发表了题为《谋求持久发展，共筑亚太梦想》的主旨演讲，习近平主席强调，我们全面深化改革，就要为创新拓宽道路。如果说创新是中国发展的新引擎，那么改革就是必不可少的点火器，要采取更加有效的措施把创新引擎全速发动起来。我们致力于发挥创新驱动的原动力作用，更多支持创新型企业、充满活力的中小企业，促进传统产业改造升级，尽快形成新增长点和驱动力。[1]

习近平总书记指出，"创新是一个民族进步的灵魂，是一个国家兴旺发达的不竭源泉，也是中华民族最鲜明的民族禀赋"[2]。习近平总书记强调要继续支持中小企业创新发展，支持创新型中小微企业成长为创新重要发源地。党的二十大报告指出，要加快实施创新驱动发展战略，加快实现高水平科技自立自强，以国家战略需求为导向，集聚力量进行原创性引领性科技攻关，坚决打赢关键核心技术攻坚战。

中小企业是创新的主体。随着全球新一轮科技革命和产业变革的深入发展，大量新技术、新产业、新业态、新模式都源自中小企业。科技部高新技术企业专利数据显示，中国中小企业专利授权数量占全部高新技术企业的比重已从2017年的67.53%提升到2019年的72.44%。中国中小企业发展促进中心、中国信息通信研究院、中国工业互联网研究院联合发布的《专精特新中小企业发展报告（2022年）》，也印证了专精特新企业研发投入水平高、创新活力强劲的特点。报告显示，截止到报告发布，"小巨人"企业共设立国

---

[1] 习近平：《论坚持推动构建人类命运共同体》，中央文献出版社2018年版，第177页。
[2] 《新中国70年大事记（1949.10.1—2019.10.1）》（下），人民出版社2020年版，第1547页。

家级、省级研发机构超1万家，平均研发人员占比达28.7%，平均研发强度（研发费用占营业收入的比重）达8.9%，平均拥有有效发明专利15.7项。此外，"小巨人"企业还参与制修订标准13000余项。约半数"小巨人"企业的主导产品国内细分市场占有率为10%—30%，其中有235家企业的主导产品国内细分市场占有率在90%以上。数据显示，截至2022年6月，第四批已公示的9279家专精特新"小巨人"企业，累计创造了15.16万件授权发明专利，平均每家"小巨人"企业发明专利数达到16.33件。

通过进一步激发中小企业的创新活力，切实增强中小企业的创新能力，一方面能催生出更多专精特新"小巨人"企业，提高经济活跃度；另一方面也能极大地推动国家的科技创新水平，带动更多的产业融合和经济发展。因此，引导广大的中小企业群体向"新颖化"的方向发展，对于中国的技术进步和经济发展有重大意义。

## 第二节 专精特新企业发展的经济学解释

在全球产业链和供应链加快重构、数字技术广泛应用、消费理念和模式深度升级、科技革命持续涌现等背景下，广大中小企业的生存和发展模式正面临重大机遇与挑战。如何通过专精特新道路实现企业高质量、可持续发展，成为中国中小企业的重要战略选择。在学术理论上，企业专一化战略、差异化战略和创新发展的重要性方面已有较多研究。从基础理论看，企业聚焦战略、差异化战略、创新发展、核心能力、价值共创、内生成长等理论，以及协同发展和梯度发展理论可以较好地解释中小企业专精特新发展的底层逻辑。

### 一 聚焦战略理论

战略管理学者波特教授把企业的竞争战略分为总成本领先战

略、差异化战略和聚焦战略三种。其中，聚焦战略是指企业把经营重点放在一个特定的目标市场，并集中资源为该目标市场提供产品和服务。这是一种典型的专业化发展战略思维，其基本假设在于企业拥有的资源利用能力是有限的，只有将有限的资源配置服务于某一特定的细分市场，才能更高效地服务好目标客户，以实现更优异的市场绩效。否则，如果将有限的资源和能力服务于较宽泛的市场范围或客户群体，会形成大而弱的资源配置格局，在特定的细分市场上没有充分的资源来服务好客户需求，最终难以创造出优异的市场绩效。所以，对于中小企业来说，聚焦战略往往是一种更具现实可行性的战略选择，从而构筑起在特定市场领域的独特竞争优势。

企业选择服务特定的细分市场而不是宽泛的市场，可以集中资源深度服务市场，在细分市场领域形成产品和服务差异化或特色化优势。但是，由于细分市场的空间往往相对较小，不太具有由大规模生产所形成的规模经济性，企业的成本领先优势较难产生。所以，聚焦战略大多通过企业提供特色化的产品和服务来提高企业的附加值，最终提升企业的议价能力。

企业实施聚焦战略需要具备一定的内外部条件。在外部条件方面，企业需要存在特定细分市场的需求缺口，也就是说，市场中某一细分客户群的需求尚未得到充分满足。在整体市场都得到有效满足的情况下，聚焦战略没有实施的可能性。但是，即使在高度发达的市场环境中，由于市场需求总处于变化之中，或快或慢，一般会存在一些利基市场仍有待发现和满足。从竞争状况看，由于不同企业采取不同的战略思维和措施，采用总成本领先战略的企业习惯于规模化生产经营，即使已经看到细分的市场缺口，也会不太感兴趣，这为一些企业实施聚焦战略提供了机会。

从内部条件看，企业需要具备深度服务细分市场的耐心和技能，尤为重要的是，企业要能够有效识别特定细分市场的需求及其变化，并围绕这些"小众"市场定制产品和服务，在深度服务特定客户群体中形成专精能力，包括产品研发、生产制造、品质与渠道管理等，持续提高产品和服务的价值，与大众市场的产品和服务形成较高的区隔。也就是说，企业必须拥有在细分市场中构筑较强的进入群体的能力，否则，该细分市场也会被潜在的竞争对手渗透。

成功地实施聚焦战略，可以使企业在细分市场拥有较强的防守能力，获得较高的盈利水平。但是，由于企业的生产经营活动限定在特定的细分市场中，意味着企业要放弃其他的市场机会。如果既有细分市场的需求发生较大程度的减少，实施聚焦战略的企业往往可能陷入难以持续发展的困境。为此，企业需要敏锐地深度洞察细分市场的需求变化，持续创新产品和提升服务水平，不断提高客户价值创造能力，增强客户对企业的依赖度和忠诚度。同时，企业需要主动挖掘细分市场的衍生需求，探索满足相关市场需求的机会，避免市场突变带来的风险。

（一）分工理论

分工理论最早由亚当·斯密提出，他认为分工促进劳动生产力的原因有三：第一，劳动者的技巧因专业而日进；第二，由一种工作转到另一种工作，通常需损失不少时间，有了分工，就可以免除这种损失；第三，许多简化劳动和缩减劳动的机械发明，只有在分工的基础上方才成为可能。最早的分工理论是站在劳动者的视角提出的，随着社会经济的不断发展，企业成为市场的参与主体，分工理论对于企业个体而言也同样适用。

企业作为一种可以取代市场机制的资源调节方式，是因为通过成立一个组织、允许某一权威（企业主）指导资源配置，可以节约某些成本，包括外部生产成本和交易成本。外部生产成本是市场中完成这些活动的生产成本，交易成本则包括搜寻成本、谈判成本、监督成本等。而如果企业在内部完成这些活动，则会发生两种成本：生产成本和协调成本。生产成本包括劳动力成本和购买机器、厂房等的投入成本，而协调成本则包括内部各部门之间进行沟通协调、达成一致意见的成本。

那么，一项活动到底是由企业来完成还是由市场来完成，就取决于成本比较，交易成本的高低也成了决定企业纵向边界的最重要因素之一。当从市场购买的成本大于内部制造的成本时，企业就会进行纵向一体化发展以达到内部生产的目的，此时企业的纵向边界趋于扩大；反之，如果外部购买的成本小于内部生产的成本，企业则会放弃内部生产转而从市场中购买，此时企业的纵向边界趋于缩小。诺贝尔经济学奖得主奥利弗·威廉姆森指出了市场交易成本对企业边界的影响，交易成本大则会将业务合并入企业，否则交给市场。交易成本主要来自市场交易主体间的有限理性，使双方难以形成完全契约，容易形成"敲竹杠"现象。而资产专用性越强、交易频率越低、不确定性越强，"敲竹杠"现象就会越频繁。此时，企业选择将业务纳入企业内部，不利于专业化分工形成。

马歇尔从企业内部职能部门和外部关联企业两个维度理解专业化分工给企业带来的效率提升，企业内部专业化分工的结果是新的职能单位的形成，每个职能单位以提高效率为目标，从而向更加专业化的方向发展。在企业外部，专业化分工形成了不同的产业与行业，企业在自身所处的领域深耕，形成企业的核心竞争力。

德国著名管理学家赫尔曼·西蒙教授提出了"隐形冠军"概念。西蒙教授认为，隐形冠军企业的主要特征是实行经营专业化与竞争全球化战略，产品经营是专业化的，市场开拓是全球化的。以工匠精神著称的德国制造，在全球市场有口皆碑。数不胜数的隐形冠军企业成绩斐然。隐形冠军企业获得成功的秘诀就是经营专业化，不盲目扩张业务范围。企业的资源有限，而市场方向是无限的，当一个隐形冠军企业选择多元化经营，必然会面临资源分配的问题，影响企业创新的深度。因此隐形冠军企业会通过业务聚焦和深耕，关注一个狭窄的细分市场，深入研发，来获得产品的独特优势和不可替代性。因此专业化和精细化是中国广大中小企业群体不断发展成为"隐形冠军"的必由之路。

（二）资产专用性理论

根据 Williamson-Grossman-Hart 的理论，资产专用性（Asset Specificity）是在不牺牲其生产价值的条件下，某项资产能够被重新配置于其他替代用途或是被替代使用者重新调配使用的程度，即当某种资产在某种用途上的价值大大高于在任何其他用途上的价值时，那么这种资产在该种用途上就是具有专用性的。新制度经济学理论认为，资产专用性与产品市场竞争具有内在联系，产品市场竞争程度越高，市场细分程度就越高，要求公司提供产品的差异化程度也越高，进而，对公司资产专用性的要求也越高。资源基础观认为专用性或异质性的资源是公司组织所拥有的有价值资源，是公司获取核心竞争力和维持可持续竞争优势的主要来源之一。已有很多实证研究发现，公司盈利能力与公司资产专用性呈正相关。企业研发投入等专用性资产的增加，能够提升企业的无形资产以及产品附加值，从而使企业在市场上更具竞争力，获得更高的利润。在竞争激烈的市场中，更高的资产专用性，能够提高企业横向并购后的绩效。

作为构成市场经济主体中数量最大、最具活力的群体，中国的中小企业占企业总数的90%以上，并容纳90%以上的新增就业。庞大的中小企业群体将带来更激烈的市场竞争，为了在高度竞争性的市场中获得有利地位，中小企业应当向精细化和特色化方向发展，发挥自身比较优势，聚焦细分市场，进行更多的专有化投资，形成对应专用资产，在细分的竞争赛道中不断深耕，提供差异化、精细化的产品和服务。

（三）比较优势理论

比较优势理论最早应用于国际贸易话题的讨论中，大卫·李嘉图在《政治经济学及赋税原理》一书中，提出了比较优势贸易理论。该理论认为，国际贸易的基础是生产技术的相对差别（而非绝对差别），以及由此产生的相对成本的差别，国际贸易并不要求商品货物出口国对于出口对象具有绝对的成本优势，每个国家都应根据"两利相权取其重，两弊相权取其轻"的原则，集中生产并出口其具有"比较优势"的产品，进口其具有"比较劣势"的产品，从而在国际贸易中获得好处。

比较优势理论在中小企业发展的问题中同样适用。相比于大企业，中小企业的资金实力和生产规模都不占优势，通常无法获得生产的规模经济，生产成本较高，在市场竞争中处于绝对劣势。但是，中小企业的轻体量也带来生产经营的灵活性和组织管理的高效性，大企业在多元化经营时可能会面临资源无法集中的困境，而中小企业可以进行专业化生产，聚焦主业，在某一个细分领域不断深耕精进从而实现专业化，获得该领域的比较优势，并通过能力交换对接，从专业化生产的规模经济中获得报酬递增。

### 二 差异化战略理论

聚焦细分领域只是专精特新企业战略布局的一个维度，还有另一个维度同样不容忽视——市场应用场景的多元化。战略布局的最佳选择要求既能规避"过度专业化"或"过度多元化"两极极端化的弊端与风险，又能最大限度发挥"专精"与"特新"相生相克的张力互补作用，推动企业实现既强又快的健康发展。

略加分析不难看出，"专精特新"不是四条并行的发展战略，而与波特教授三大竞争战略中的两个——"聚焦战略"与"差异化战略"——高度吻合："专精"对应"聚焦战略"，而"特新"对应"差异化战略"。"专精特新"可以视为"聚焦"与"差异化"两大战略的整合。不仅如此，通过以上两大竞争战略与技术、市场两大维度进一步整合，我们可以提出更加独特的重要洞见。例如，企业可以选择在技术领域采用聚焦战略，而在市场领域采用差异化战略；也可选择在技术领域采用差异化战略，而在市场领域采用聚焦战略；还可以在两个领域同时采用聚焦战略与差异化战略。下面将对差异化战略的相关理论进行介绍。

在同类产品中展开特色化竞争被称为垄断竞争，是市场形式的一种重要类型。垄断竞争的主要特征是：第一，市场中具有众多的生产者和消费者，而且消费者具有明显的偏好，商品与服务"非同质"；第二，市场的进入与退出完全是自由的；第三，各生产者提供的众多商品有差别，但并没有本质区别。"非同质"是垄断竞争市场的关键特征，差异化、特色化的产品和服务能够帮助企业占有一部分市场份额，形成自然的"垄断"地位，获得垄断利润。当企业在该特色领域持续深耕精益求精后，还有可能改变部分消费者的偏好，扩大自身市场份额，获得更多的垄断利润。

差异化、特色化是重要的企业战略。竞争战略理论是由迈克尔·波特于20世纪80年代初提出的，其核心观点是，竞争战略的选择主要依赖所处的行业，不同行业的进入壁垒不同，因此会产生不同的成本。企业的主要竞争优势是低成本和差异化，因此企业建立竞争优势的策略为差异化战略和总成本领先战略。前者追求产品、服务及包装的特殊性与差异化，创造与行业中其他企业的不同，从而达到差异化的效果；后者追求的是规模经济，使成本整体下降，由此显示出竞争优势。

差异化战略可实施于广阔范围市场或狭窄范围市场。在狭窄范围市场的情形下，差异化战略付诸实行的对象是一小群有特别需要或嗜好的消费者，所以又称为聚焦式的差异化战略。应当指出，虽然采用一般战略可以帮助企业建立竞争优势，但此种优势并不一定能持久地维持下去。一方面，现存的市场竞争者可以通过模仿来打破差异化的优势；另一方面，受垄断利润的诱惑，越来越多的主体会进入市场参与竞争，挤占市场份额和利润空间。已有实证研究发现，在差异化战略下，创新研发投入能够提高企业绩效。虽然低成本战略和差异化战略均能给企业带来短期竞争优势，但采用差异化战略的企业短期获利能力显著高于采用低成本战略的企业。

中国的中小企业作为最庞大的市场参与主体，具有实行差异化战略、开展特色化竞争的优势。鼓励企业向专精特新方向发展，聚焦细分赛道，提供差异化的产品和服务，能够帮助提高中小企业的经营绩效，提升市场活力。

### 三 创新发展理论

熊彼特是创新理论的鼻祖，他认为创新有别于发明，只有当技术发明被应用到经济活动中才可称之为创新。创新是企业家对生产要素所做的新的组合，以此把各项生产要素转向新用途，把生产引向新方向的一种杠杆和控制手段，具体包括五种情况：其一，生产出一种新的产品；其二，采用一种新的生产方法；其三，开辟一个新的市场；其四，获得一种原料或半成品的新的供应来源；其五，实行一种新的企业组织形式。以上五种情况分别被归纳为产品创新、技术创新、市场创新、资源配置创新和组织创新。从经济学视角而言，创新就是要"建立一种新的生产函数"，重新创造一个"投入—产出"的黑匣子，使得要素投入在新的环境下带来更多更好的产出。创新已经被许多学者采用实证研究证明了，对企业个体和整体经济的发展具有积极作用。

### 四 核心能力理论

企业要想立足市场并实现可持续发展，除了受政策、科技、市场、社会等宏观环境以及产业生命周期、市场竞争态势等行业环境的影响，很大程度上还取决于企业自身是否具有竞争力。企业的竞争力可以是多元的，如领先的科技创新能力、突出的品牌影响力、高效的组织管理水平等，也可以是单一的，如卓越的产品性价比。

美国战略管理学者普拉哈拉德和加里·哈默尔认为，企业持续竞争优势来源于企业的核心能力。企业的核心能力是企业在长期生产经营中形成的相关知识的积累和组合。由于每家企业有其独特的背景和发展历程，发展过程中积累起来的资源也各具特色，所以，由企业拥有的特色资源构建起来的能力体系是一致性的。这种差异化的能力要素会使企业产出不同的产品和服务，进而帮助企业形成独特的竞争优势。

许多研究对企业核心能力的概念、内涵与理论进展等进行了深入探索。企业的核心能力主要具有如下基本特征。一是价值性。企业的核心能力应该有助于企业实现客户价值，进而助力企业盈利。如果企业的核心能力不是顾客价值导向的，就无法支持企业为客户创造价值，这种能力要素就缺乏必要的价值性。二是难以模仿性。企业核心能力的形成往往与企业发展的特定过程、背景紧密相关，是在企业长期生产经营活动中逐步积累起来的。由于不同企业的发展历程有所差别，所以企业核心能力的形成往往具有很强的情境嵌入性和因果模糊性，竞争者一般难以模仿，这可以帮助企业赢得竞争优势。三是稀缺性。企业核心能力是一种相对竞争者而言较为稀缺的能力要素，竞争者难以从市场上交易获得或通过内部培养等途径来形成类似的能力要素，所以这种核心能力就构成企业差异化竞争优势的重要基础。四是持久性。企业核心能力可以帮助企业在较长时间内维持竞争优势，而不只是实现短时期的竞争优势。

企业可以采用企业价值链分析方法来识别和培育核心能力。战略管理学者波特教授认为，企业价值链分析以企业活动为基础，将企业活动分为主要活动和辅助活动两大类。两大类活动各自又可以细分出具体的活动类型，需要分析企业所有活动中哪些具体活动对企业的竞争优势发挥着关键性作用，以及如何组合一系列活动帮助企业建立竞争优势。也就是说，企业价值链分析可以帮助企业识别出对企业产品和服务的价值创造起到核心关键作用的活动类型。由于不同企业的核心价值活动不同,企业核心能力也各具特色,例如,有些企业的核心能力在于管理,包括组织管理、战略管理、人力资源管理等方面;有些企业强在核心技术能力,如技术创新能力、生产制造能力等;有些企业则擅长市场能力,如产品品牌、市场营销等。

企业核心能力的构建并非一劳永逸,而且核心能力可能会使企业形成较强的路径依赖和能力刚性,无法很好地适应环境变化。由于企业面对的外部商业和科技等环境处于快速变化之中,这就要求企业对既有的核心能力进行重塑,以适应新的外部环境,尤其是形成与客户价值变化动态匹配的能力要素,否则容易陷入"能力陷阱"。所以企业需要建立高效的组织学习机制,不断洞察内外部环境的变化,持续获取新的知识元素,并将新旧知识元素进行有机组合,形成符合环境变化要求的新的能力要素,最终促使企业实现可持续发展。

### 五 价值共创理论

企业的生存和发展建立在为客户创造价值的基础之上。在生产者主导优势显著的时代,价值主要由企业单向创造,客户不是价值的主要创造者,仅是价值的使用者。在此背景下,客户对产品和服务并不具有太大的选择权和议价权,企业提供什么样的产品和服务基本上决定了其价值的大小。现如今,市场环境发生了很大变化,客户不再只是产品和服务的被动消费者,而可以与企业共同定义产品及其价值,已经成为产品和服务价值的决定者。现实中,企业自身提供的产品再好,如果得不到客户的认可,其价值也就无法产生或达到预期的水平。

市场环境从生产者导向转向客户导向,消费者主权正在不断增强。著名战略管理学者普拉哈拉德提出了价值共创理论,即企业未来的竞争力依赖于由消费者与企业共同创造的价值。消费者乐意将自身的相关知识和技能与企业共享，积极参与企业的产品设计、研发、生产、消费、服务等过程，协助企业创造产品和服务。学者们对价值共创的理论逻辑和研究进展等进行了相关研究，为指导企业实践提供了很好的参考。

一方面，价值共创可以帮助企业与客户互动，深度理解客户需求，增强企业的竞争优势。企业让客户共同参与设计、研发和生产产品，帮助企业改进现有产品，发现新的产品和市场机会，建立以客户为中心的组织体系和文化，提升产品的品质和品牌影响力。客户需求导向的产品和服务，往往更受客户青睐，可以帮助企业实现更优的运营增效。另一方面，价值共创可以提高客户的满意度和忠诚度，客户有机会参与产品的创造过程，把自身的偏好、意愿、知识和技能等融入价值创造过程中，这会使其产生独特的体验感和成就感，进而增强其购买的意愿。所以，价值共创不仅可以发挥企业和客户双方的积极性和创造性，还可以在双方交互协作的过程中增强彼此的情感，叠加创造出新的价值。

价值共创主要发生在产品的设计研发、生产制造和消费服务等环节。在产品的设计研发环节，企业可以主动吸引潜在客户参与产品创意、原型设计等活动，充分听取和积极吸纳客户的建议，并在双方互动中不断优化产品设计，研发出真正符合客户需求的产品。这个环节对企业创新发展至关重要，尤其是处于从生产者中心向客户中心转型的企业。因为真实把握客户的需求是企业赢得市场的前提条件，脱离或远离客户需求的企业，其生产经营活动是无效的，会让企业陷入虚耗资源的窘境。在生产制造环节，企业可以邀请客户担任兼职工程师等，若后者对生产制造活动感兴趣且具备一定的知识和技能，则可为企业提出一些合理化建议，帮助企业提升产品生产制造的效率和品质。在消费服务环节，包括产品销售渠道、物流配送、售后维修，客户若提出与优化产品消费和服务交互相关的友好界面或方式，可增强消费体验感，有利于帮助企业打造基于客户价值的竞争优势。

尽管价值共创在理论上有助于提升客户对企业的满意度和忠诚度，进而促进企业持续发展，但让客户参与价值共创过程绝非易事，需要企业具备相当强的能力素养。例如，企业需要真正坚持以客户为中心的理念和行为。现实中，一些企业习惯于通过不断强化生产者导向来增强企业的市场实力，以主导市场发展趋势，弱化客户的议价权。与此不同，价值共创理论要求让价值的决定权最终掌握在客户手中，生产经营活动要以客户为中心，需要企业对组织文化、决策机制、管理体系等进行深度变革，这很容易遭到组织惯性和既有利益者的阻碍。

## 六　内生成长理论

实现持续成长是企业经营管理的一个重要目标。一般来说，企业成长机制主要包括内生成长机制、外部成长机制和网络化成长机制等类型。不同理论流派对企业成长问题进行了深入解释。例如，根据分工理论，企业成长与专业化分工协作水平有很大关系，高水平的专业化分工有助于提高企业的生产经营效率。也就是说，企业通过专业化分工聚焦在自己所擅长的业务领域，不仅可以持续提高在该业务领域的运营效率，还可以通过扩大该业务的规模来实现规模经济性。根据新古典经济学，企业根据边际收益与边际成本之间的关系来调整生产规模，当两者相等时可以实现最佳的生产规模，最终实现利润最大化。根据新制度经济学，企业成长的基础动力是减少交易费用，外部交易费用与内部交易费用的对比决定着企业的边界。当外部交易费用较低时，企业将相关业务环节委外；当外部交易费用较高时，企业把更多的业务环节纳入内部的生产经营体系。这些为解释企业为什么需要成长以及如何实现成长提供了较好的理论基础。

著名学者蒂思·潘罗斯提出了"企业资源—企业能力—企业成

长"的分析思路，认为企业资源和能力是企业成长的基础因素。企业是由土地、机器、设备、工人和经理等一系列生产资源组成的集合。由于企业内部存在着未被充分利用的相关资源，利用这些未充分利用的资源可以帮助企业获得更多的利润，这也就成为企业成长的关键动力。

根据"企业资源—企业能力—企业成长"这一企业内生成长机制分析框架，企业内部拥有的资源状况决定了企业的能力水平，企业的人力资源状况影响了企业物质资源的作用大小，因为管理团队的知识和经验有助于企业发现和利用市场机会，市场机会则为企业利用物质资源的功效提供了可能。所以，企业的管理能力决定了企业成长的速度和方式等。管理能力越强，企业越能够将各种内部资源加以有机组合和有效利用，此时资源的功效越可能最大化。

基于企业内生成长理论，企业的成长模式往往是渐进式的。因为企业成长的速度高度依赖企业内部资源和能力的累积与调整，这种累积和调整的过程往往是逐步展开的，而无法在较短时间内快速扩张资源和提升能力水平。从企业实践看，企业内生成长大多是对既有业务的逐步深化和拓展，专业化发展是优先的战略选择。值得指出的是，企业内生成长理论更多地强调企业内部拥有的资源和能力的重要性，较少考虑外部环境因素对企业成长的影响，虽然也意识到了外部市场机会对企业成长的作用。企业往往处于动态环境之中，市场机会也在不断变化，相关研究逐渐认识到企业家发现和利用潜在机会的关键性作用。所以，企业资源是企业能力的基础，企业的管理能力和企业家能力对企业成长起决定性作用。

## 七 协同发展理论

在大中小企业协调发展与协同创新的过程中，存在着利益、目标、策略不同的多主体之间的相互关联。这种关联反映在利益共享、风险共担和企业发展定位等多个领域，体现出不同需求之间的博弈，当传统的理论方法和管理经验不能平衡或者协调不同主体、不同价值之间的利益需求时，就必然产生大中小企业协调发展过程中的个体意愿冲突和矛盾。大企业与中小企业在协调发展进程中的参与动机存在差异，在现有的协调机制下，难以形成有效的资源与收益分配框架和制度保障体系，协同风险高，协作主体表现出意愿不高或者敷衍态度。本部分将从企业定位理论、博弈理论和梯度发展理论等方面进行分析。

迈克尔·波特教授在《什么是战略》一文中，强调了"战略就是去创建一个定位"。基于波特的企业战略定位观，战略定位意味着竞争空间的选择，以及如何在一个竞争空间中通过优化价值链产生竞争优势。定位理论强调竞争位置的重要性，关注由外而内的竞争思路，其核心在于寻找并构建差异化的战略格局。不少企业在进行自身战略规划的时候，受到定位理论的影响，更多地思考外部竞争环境的结构，来决策自身的战略定位。而当前产业链协调发展与协同创新的新格局要求不同企业通过优势互补、资源共享等方式加强协同合作，共同塑造一个更为健康的行业生态。从竞争到有合作的竞争，再到融通共享的新格局，企业需要不断调整自己的战略定位以及对行业整体环境的认识方式。在产业链协调发展初期，这种认识不足带来的阵痛与失衡的影响是巨大的。

大中小企业协调发展促进了跨界融合与协同创新，虽然各方比较容易达成协调发展带来的经济、社会和文化价值应该由生态内所有利益关联主体共享这一共识，但是当前尚没有明确的利益分配框架和相应的制度保障。根据博弈理论，博弈双方会根据自身利益最大化做出决策，并基于此猜测另一方的行为，这往往会导致不合作决策，放弃系统最优决策，即陷入"囚徒困境"。一般来说，"龙头企业"需要发挥引领作用，带动中小企业发展，而在协调发展进程中，大企业担忧通过资源共享促进行业内其他企业发展，反过来会威胁自身的竞争优势位置，降低自身的议价权，而中小企业担忧大企业会侵吞自己的创新成果，或在合作过程中逐渐丧失自主权。在协调发展实践进程中，大中小企业的融通合作格局由于企业合作意愿低而难以达成，或者企业间仅达成了表面合作状态，实则貌合神离，并没有深层的协同共享行为，这背后的逻辑正是博弈理论所描述的"囚徒困境"，在没有外界影响或者透明有效的信息沟通渠道的情况下，博弈双方必然无法从全局最优的视角发出进行决策。因此，不能依赖企业自发融入协调发展进程，而应通过顶层设计建立起包含标准、责任、评价、共享和可持续性等要素的利益共享协调机制，保障大中小企业在协调发展过程中的利益能够得到公平分配，从而摆脱"囚徒困境"，提升企业协作意愿。

在供应链协同程度加深、产业链融通创新过程中，随着产业链中企业合作广度和企业间合作深度的不断增加，企业之间的关系会变得比以往更为紧密。社会网络理论研究既定的社会行动者所形成的一系列关系和纽带，将社会网络系统作为一个整体来解释行为，可从宏观层面探究包括企业间关系、组织联盟、网络治理等在内的问题。社会网络理论的研究表明，与正常的网络关系相比，富有嵌入性的社会网络关系，因行动者的高度信任、频繁的信息交互和问题解决的能力而更强劲有力。而这种高嵌入性的协作伙伴关系，需要在一个战略框架协议下，实现信息透明、收益共享和风险共担。在这三个目标中，最为关键的是信息透明，信息是一切决策合理性的基础，而收益共享和风险共担则是信息透明的前提。前文已经进行了收益共享机制的相关分析，值得注意的是，在产业链协调发展与协同创新的进程中，收益的产生往往伴随风险。而非对称风险的存在，则会在很大程度上打击企业协作的积极性，降低高风险承担方的合作意愿。只有秉持着风险共担的基本原则，处理产业链协调发展与协同创新进程中面临的各种风险，才能维护高嵌入性的社会网络关系，形成有效的产业链协调发展合作格局。为了实现产业链有效合作必须充分协调好合作参与者之间的关系，在协调合作伙伴关系上最有效的工具是契约。以供应链契约为例，在风险共同分担的基本管理原则下，利用整个供应链体系中的每一位企业成员或者整个企业自身所具有的各种优势人力资源和其他的核心综合竞争力资源来实现整个供应链经济效益的最大化，同时实现供应链上的企业也能获得相应的利益。

与协同发展类似的还有梯度发展理论。在国际经济学中，日本学者赤松要曾提出"雁型模式"理论，用以描述不同国家产品结构和产业差异现象，主要表现为高技术引领的发达国家和地区以及提供原材料及承接落后生产能力的国家和地区逐步地梯度转移。在一国内部，不同地区也存在产业发展的梯度现象，比如中国东、中、西部梯度发展现状。在专精特新企业发展过程中出现了和地区发展高度类似的现象。东部地区技术创新引领发展模式明显，以关键核心技术创新引领；中西部地区则布局新兴产业（如新能源经济）；东北地区则以传统制造业升级为特色。

## 第三节 专精特新中小企业发展的影响因素

专精特新中小企业成长和发展的影响因素既包括外部的经济社会环境和市场竞争状况，也包括内部的领导者素质与企业经营管理能力等。

### 一 内部影响因素

根据已有研究，可以将影响中小企业成长和发展的内部因素主要总结为四个方面：领导者素质与企业经营管理能力、技术研发与创新能力、社会关系网络、企业数字化水平。

（一）领导者素质与企业经营管理能力

领导者素质对中小企业成长和发展有明显的决定作用。企业能够保持高速增长离不开企业家对市场和战略的选择，以及企业家较强的事业心和进取心。已有众多实证研究分析了企业家精神对中小企业创新的影响，发现经营能力、创业能力、创新精神和责任精神在一定程度上对中小企业创新投入起到巨大作用，培养和发挥企业家正能量精神有助于中小企业的持续发展和成长。在经济不确定的环境下，企业家精神对企业创新行为的影响尤为重要。

经营管理能力对中小企业成长和发展有重要影响。大量实证研究显示，经营管理能力（包括战略管理、供应链管理、生产运营管理、营销管理、风险管理等）在提升企业绩效、促进企业创新、推动企业健康发展等方面发挥着重要作用。中小企业战略管理能力决定其生存与发展，而战略管理诊断与分析，是制定前瞻性战略规划的前提。众多中小企业因为忽视前期的战略诊断环节或者战略管理诊断分析能力不足，弱化了企业战略能力的发挥，制约了企业健康发展。营销能力能够显著缓解企业融资约束对企业投资的负面影响，促进企业的持续发展。企业可以通过发挥营销能力与供应链上的合作者建立良好关系，从而获得商业信用，降低对信贷资金的依赖程度。企业还可以通过发挥营销能力提升企业的品牌价值和市场地位，提升投资者和银行对企业的评价，增加企业获得的信贷资金。

（二）技术研发与创新能力

技术研发与创新能力对中小企业发展至关重要，大量实证研究都证明了这一点。技术创新是中小企业实现差异化发展的生命线，中小企业需要通过融入一个区域性、产业性的开放性创新网络来实现技术创新，从而促进中小企业健康可持续发展。

调查和统计分析显示，技术人员投入越多、研发技改投入越多、创新转化效率越高、有技术背景的高管人员和专利数量越多的中小企业，其技术创新能力越强。

技术创新是科技"小巨人"企业成长的动力源泉，对科技"小巨人"企业价值的提升有积极作用。技术创新环境和能力对科技"小巨人"企业的生存与发展至关重要。

（三）社会关系网络

社会关系网络能推动中小企业的成长和发展。社会关系网络是获取社会资源的重要渠道，良好的社会关系网络有助于企业家获取新的市场和技术领域的知识，促进企业组织学习，提升企业产品绩效。实证研究大都发现企业家、社会资本与企业创新绩效正相关。同时，中小企业社会关系网络是影响其"走出去"意愿、国际化发展的关键因素。

企业家社会关系网络虽然在提升资源获取能力、降低创新交易成本等方面发挥了积极作用，但当企业家社会关系网络维系成本超出创新溢出时，企业家社会关系网络的创新效用将呈下降趋势。

（四）企业数字化水平

数字化水平是影响中小企业成长与发展的关键因素。数字化为企业创新赋予了更丰富的内涵：在创新方式上，数字技术通过连接物、连接人促进生产要素重组；在创新模式上，数字化触及技术发现和价值链接多个环节，以代际开发实现企业迭代创新。

利用数字技术进行生产是企业可持续发展的基础。在数字化广泛推行的时代，创新主体、产品生产过程、营销手段都发生了重大改变。实证研究大都发现数字化在供需双侧赋能创新。在供给侧，数字化影响企业生产组织、资源配置和供应方式，促进制造技术智能化转变；在需求侧，数字化使企业聚焦于用户价值，促进交易便利化、体验场景化和交互动态化，催动商业模式调整。

## 二　外部影响因素

既有研究总结了影响中小企业成长和发展的外部因素，包括经济政策、国际环境、基础设施、区位交通、公共服务体系、法律法规、权益保护等。

（一）经济政策

经济政策对中小企业的成长和发展至关重要。比如对科技型中小企业的研发支出实施税收抵免政策，会促进企业研发活动开展，增加企业创新产出。

国家的扶持政策推动了中小企业向"专精特新"转型。从政策工具视角来看，相较于需求型政策，供给型政策和环境型政策显著促进了中小企业转型升级。其中，供给型政策有效缓解中小企业资源困境，需求型政策仅在竞争激烈行业中稳定市场预期，而环境型政策则专注于营商环境的改善。进一步基于异质性视角研究发现，扶持政策对高新技术行业和富有企业家精神的企业促进作用显著。

研究显示，专精特新企业支持政策通过提高企业营业外收入、缓解企业融资约束等渠道，促进"小巨人"企业增加研发投入。同时，投入增加也会显著增加企业成本费用，以致研发投入无法在短期内转化为盈利能力，从而经营绩效在短期没有显著变化。

(二) 外贸环境与国际政治环境

外贸环境与国际政治环境影响中小企业成长与发展。国内外研究显示，外贸环境与国际政治环境对企业绩效、企业持续发展有着不可忽视的作用。

实证研究大都发现，当中国与主要国家间政治关系改善时，会显著促进中国出口和对外直接投资，有利于提升企业的国际化经营水平。优化国际营商环境促进了中国企业技术创新，而且这种促进效应体现在技术创新质量提升。这一效应主要通过成本、出口和竞争三种渠道发挥作用。

(三) 基础设施与区位交通

基础设施与区位交通对中小企业成长和发展具有重要推动作用。大量实证研究证明了基础设施投资建设、区位交通选择对企业生产效率、企业绩效有显著正向效应。

对中国的研究发现，高等级公路建设显著降低了中国制造业企业库存资金占用，尤其对沿海制造业发达地区影响更大。有研究显示，信息基础设施作为生产所需的重要要素资源对企业生产率和创新转型都有影响。比如，"宽带中国"战略通过降低企业代理成本、促进企业间良性互动助推企业转型升级。

（四）公共服务体系

公共服务体系在中小企业成长和发展过程中发挥了重要作用。公共服务平台在产业集群发展过程中产生了积极推动作用，增加了中小企业之间的沟通和交流，并为中小企业营造了良好的发展环境，从而推动了地方经济发展。

公共服务供给是帮助中小企业获取各类资源以及提升企业创新绩效的重要手段，基础性公共服务供给与科技创新平台服务供给均能有效促进企业资源获取，推动企业创新绩效的提升。科技创新平台服务供给对企业创新绩效的影响更重要。

（五）法律法规与权益保护

法律法规与权益保护是影响中小企业成长与发展的关键因素。在数字经济发展背景下，通过明确的法律机制建立起数据财产权，对于推动数字商务相关企业发展至关重要。

有研究显示，企业社会保险缴费率、社保征收体制与中小企业全要素生产率之间存在关联。企业社会保险缴费率的提高降低了中小企业员工当期可支配收入，并与中小企业生产率显著负相关。但从长期看，由于倒逼机制，社保费用对中小企业生产率的提高存在显著促进作用。

环境保护的法规一直是影响中小微企业成本的重要因素。研究显示，2014年《中华人民共和国环境保护法》修订后，增加了企业生产经营成本、提高了外部融资难度，但同时也优化了企业环境战略决策和改善创新决策效率，促进了重污染企业绿色技术创新。

# 第七章

# 专精特新中小企业发展态势和特点

专精特新企业是中国增强经济韧性、激发创新活力的重要力量。中国邮政储蓄银行利用小微指数调研系统，每月通过概率比率（PPS）抽样方法选取 300 家左右具有代表性的专精特新企业进行入户调研，并构建了专精特新企业运行指数。对其进行总结分析，不仅可以从各个阶段反映专精特新企业当前运行态势、展现企业经营预期，而且可以与小微企业运行指数进行对比观察，能够全方位反映出专精特新企业的经营态势。

## 第一节　专精特新企业整体发展态势

### 一　2023 年专精特新企业整体发展优于小微企业

整体而言，2023 年专精特新企业整体发展良好，且基本优于整体小微企业。

从各月看，2023 年 1 月，疫情防控优化措施广泛落地，稳经济措施效果显现，经济低位反弹，恢复基础强化，活力逐步回升。专精特新企业活力回升。2023 年 2 月，多地疫情高峰结束，春节后复工复产推进，叠加一系列大力度、可持续的促进政策，经济稳步恢复，专精特新企业景气度持续走高。2023 年 3—6 月，专精特新企业复苏稍又遇冷，主要影响因素是后疫情阶段经济修复动力切换，商品消费强劲修复阶段逐渐结束，经济恢复内生动力不足，企业生产活动放缓。2023 年 7 月，前期一系列扩内需政策开始发力见效，内部市场需求景气度继续改善，内需好转也带动企业主动补库意愿有所回升，价格持续回暖，助推专精特新企业景气度回升。2023 年 7—10 月，企业运行景气度连续四个月高位运行于景气区间，专精特新企业整体发展稳中向好。2023 年 11 月，临近秋旺尾声，制造业内外需继续同步下行，受部分制造业行业进入传统淡季等因素影响，专精特新企业景气水平下降，短暂回落。2023 年 12 月，专精特新企业运行景气度由降转升，再度回归景气运行。

2023 年，专精特新总指数基本运行于景气线以上，也显著高于小微企业运行指数。

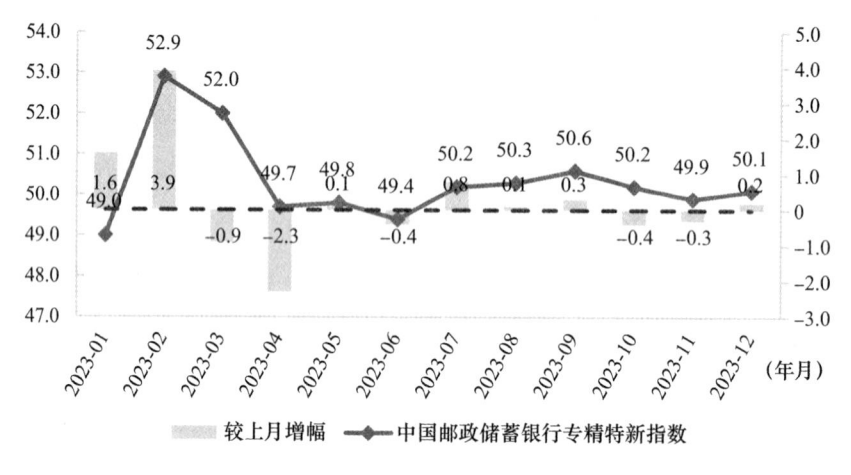

图 7-1 2023 年中国邮政储蓄银行专精特新运行指数

## 二 2023 年专精特新企业整体运行表现优于 2022 年

2022 年，受疫情大环境影响，专精特新企业运行态势整体表现欠佳。专精特新指数自 2022 年 3 月出现历史次高值以来，除 6—8 月外，基本运行于景气值以下。2022 年 12 月，因疫情传播扩散，专精特新运行指数出现历史最低值。

同比而言，2023 年，专精特新企业整体运行表现优于 2022 年。尤其是一季度，疫情防控放开，复工复产有序推进，供求两复苏，

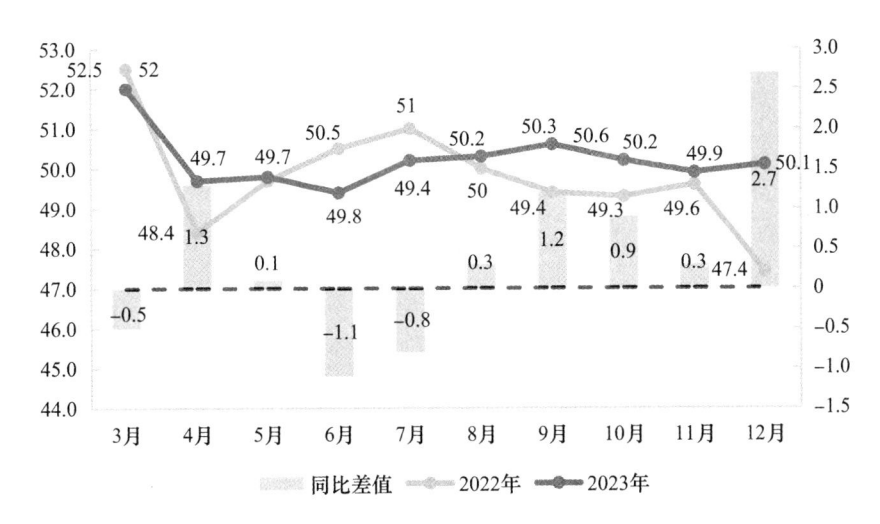

图 7-2 2023 年专精特新运行指数同比变化

企业预期乐观，经济主体信心增强，复苏效应显著。2023 年，专精特新在各项稳增长的针对性政策下，复苏趋势逐渐趋于稳健。尤其是 2023 年 8 月以来，专精特新总指数大部分时期高于 2022 年同期水平，同时 2023 年总指数波动幅度相对更小，运行更平稳。

## 第二节 专精特新分项表现分析

### 一 2023 年专精特新企业市场经营活动活跃、生产潜力较大

专精特新企业在各自领域有一定竞争优势，疫情防控放开后，其市场回暖比较迅速且持续。从各项指标运行的历史趋势来看，2022 年有几个疫情突发月份市场指数低于景气线。而 2023 年除了 1 月，专精特新市场指数整体运行于景气值以上。市场指数反映的内容包括产量、订单量及企业主营业务收入。这三个分项 2023 年整体除 1 月外都运行在景气区间，说明了专精特新企业市场需求复苏持续向好，市场需求旺盛。

受经济整体改善推动，专精特新企业从去库存，逐渐向补库存转变。采购指数反映的内容包括原材料采购及原材料库存。受市

需求回暖影响，2023 年采购指数同样基本运行于景气值以上，且后半年表现较为平稳。

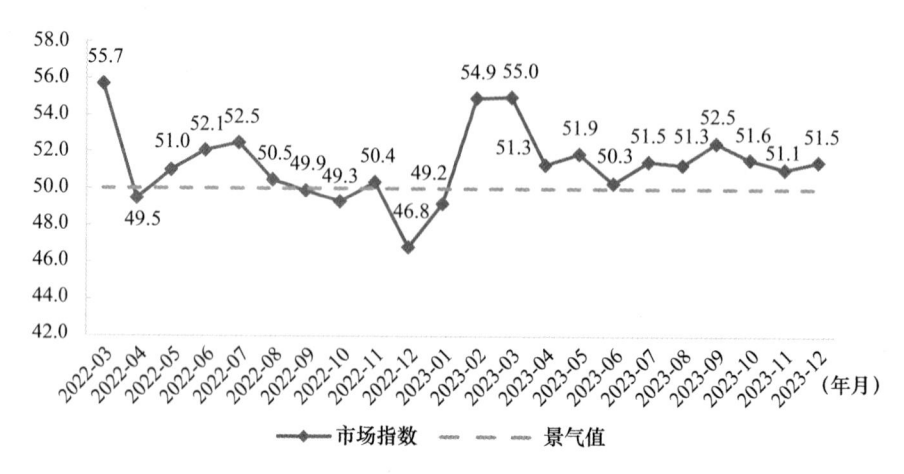

图 7-3 专精特新市场指数历史趋势

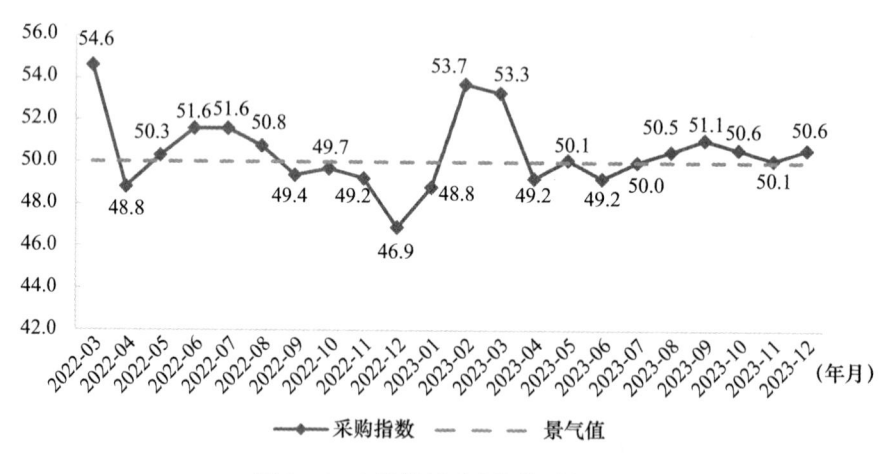

图 7-4 专精特新采购指数历史趋势

专精特新企业作为培育新动能的重要支撑点，市场发展前景广阔。2023 年以来，新动能回升较快，装备制造业、高技术行业改善显著；高耗能行业景气度回落；基础原材料行业加快收缩，消费品制造业增速有所回调。

为更好了解专精特新企业发展状况，2023年一季度，我们对全国31个省（自治区、直辖市）的1012家企业进行了调研。其中，国家级专精特新"小巨人"企业占比35.28%，省市级专精特新企业占比56.62%，两者皆非的企业占比8.10%。从调研情况看，专精特新企业主营业务市场份额占10%以下的比例达45.27%，也有5.91%的专精特新企业，其主营业务市场份额占比超过90%；客户类型相对

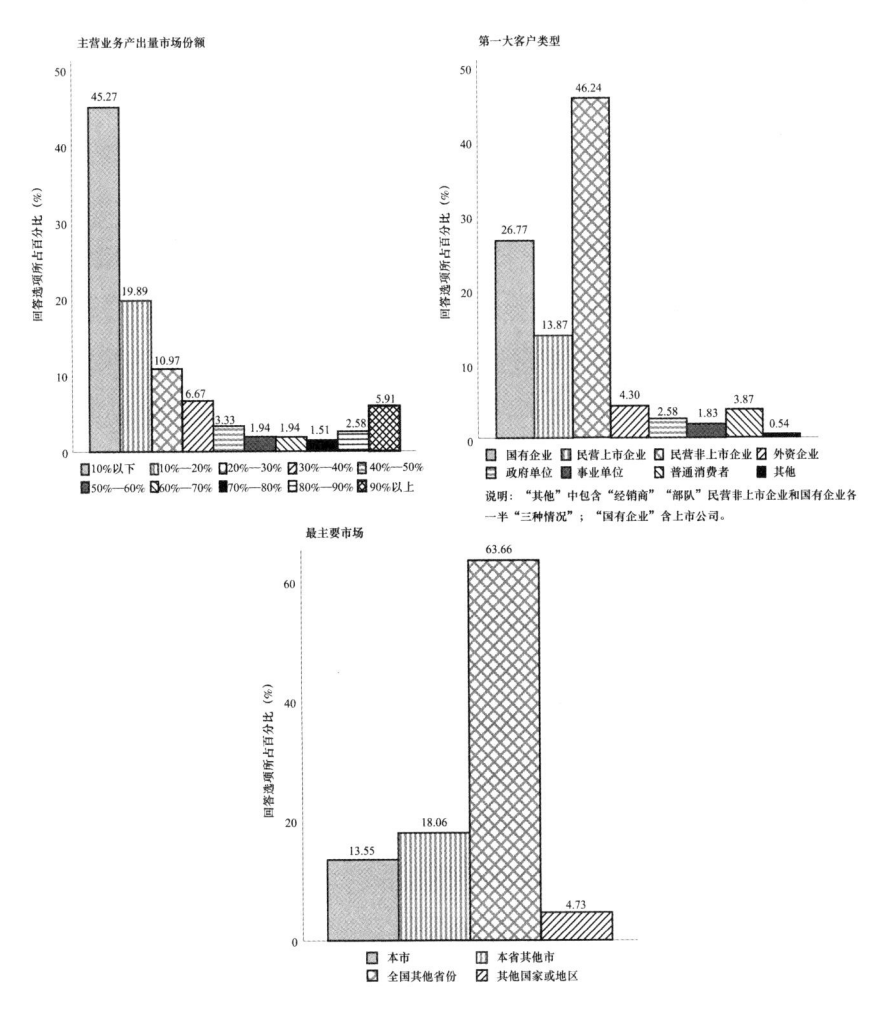

图7-5 专精特新企业总体市场经营情况

单一,第一大客户类型以民营非上市企业为主,占 46.24%;市场范围集中于国内,以全国其他省份为最主要,占 63.66%。

不同规模企业市场经营情况有所不同。中型企业行业头部占比相对更高;小型企业客户群体更为平衡,第一大客户类型为国有企业与民营非上市企业的占比基本持平;微型企业主要客户以民营非上市公司为主,市场本地化更强。

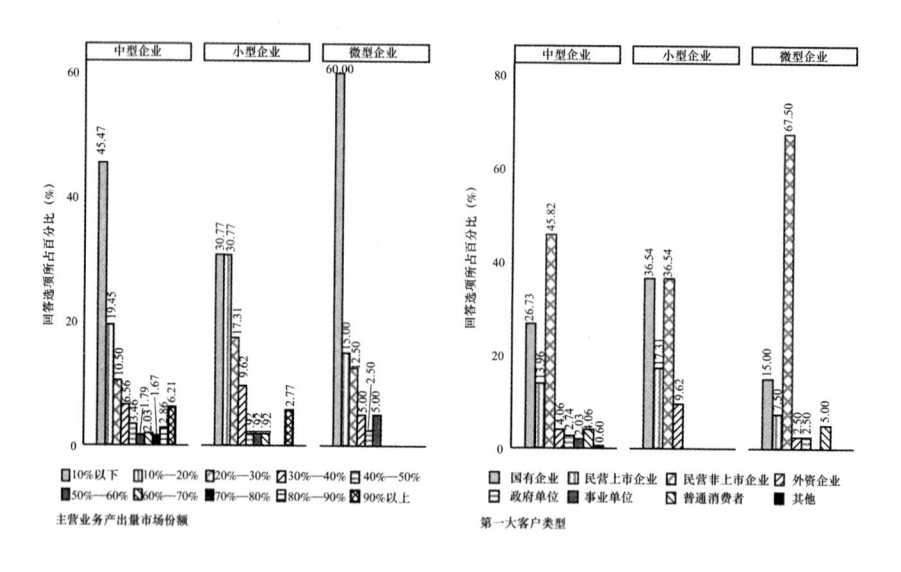

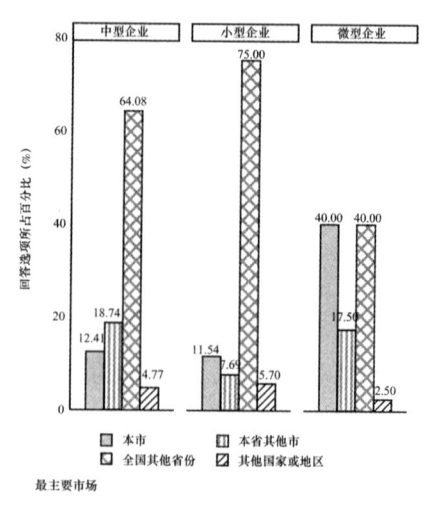

图 7-6 按企业规模:专精特新企业总体市场经营情况

## 二 2023 年专精特新企业融资问题、成本问题仍较明显

2023 年，专精特新企业融资问题依然较为突出，但随着金融供给的增多，专精特新企业的融资满足度有所提高。融资指数反映的内容包括融资难度和下期融资需求两项指标，2023 年，专精特新融资指数基本运行于景气值以下，并呈现出较大的波动。2023 年 1—2 月，融资指数出现较大回升，并出现历史最高值。2023 年 2 月以后，专精特新融资指数呈现波动下降趋势，直至 2023 年 5 月、6 月，连续两个月触底。经历 7 月、8 月短暂回升后，2023 年下半年持续低位运行于景气线之下。这是由于随着金融供给的增多，专精特新企业融资满足度较高、新增融资意愿低。

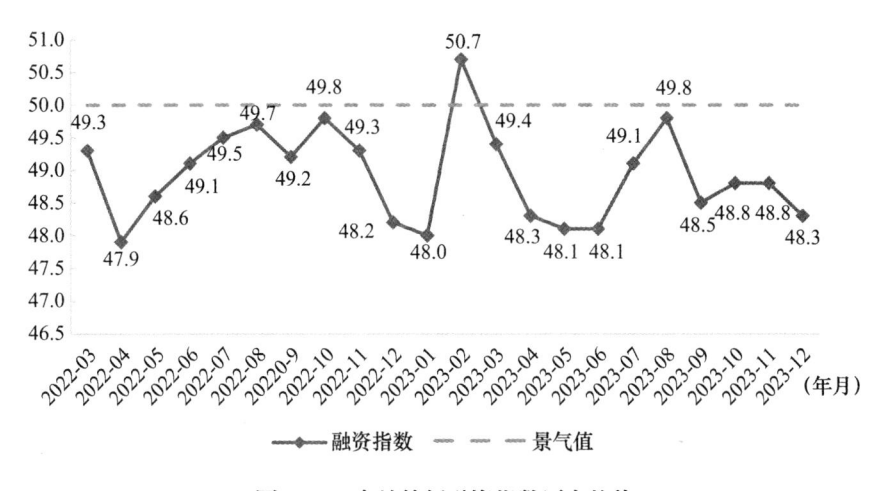

**图 7-7 专精特新融资指数历史趋势**

2023 年，专精特新中小企业面临更高的成本问题。这是由于行业特殊性及数字化转型初期高昂的软件和设备支出，且业务流程再造和管理模式变革对营销水平、员工素质水平等要求较高。随着复工复产的推进，企业的总经营成本也自然会上升。

成本指数反映的内容包括平均运输费用、营销费用、原料价

格、员工平均薪酬和总体经营成本。2023年，专精特新成本指数持续运行于景气线之下，且与景气水平差距较大。

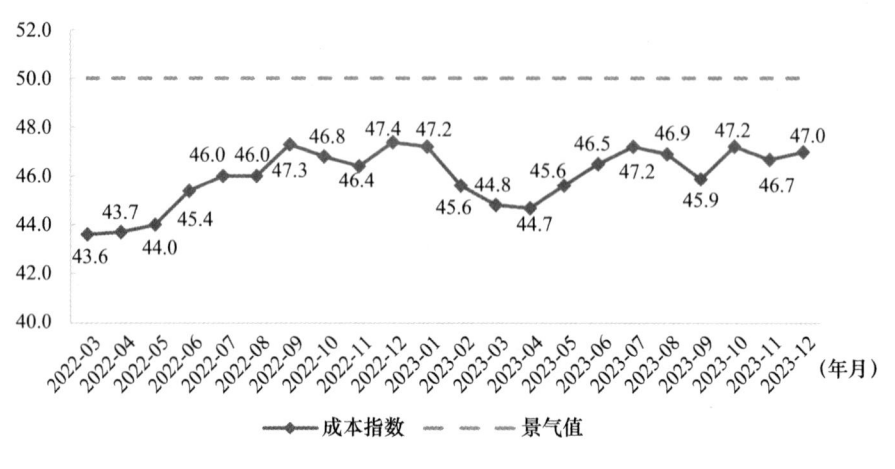

图 7-8　专精特新成本指数历史趋势

### 三　2023年专精特新企业扩张倾向较为保守，绩效水平呈现季节性

专精特新企业的扩张水平同样较为保守。一方面，专精特新企业技术人员岗位固定性较强；另一方面，受内外部不确定性因素影响，专精特新企业对于新增投资的观望态度仍较为显著。

扩张指数反映的内容包括人员变化和新增投资，2023年，专精特新扩张指数持续运行于景气线之下。

专精特新企业的绩效水平呈现出2023年年初、年终表现优于年中的态势，季节性较为显著。

绩效指数主要反映了专精特新企业的利润和毛利率水平。2023年二季度、三季度，专精特新企业绩效指数基本运行于景气线以下。专精特新企业同整体制造业一致，受季节性因素影响较为显著。

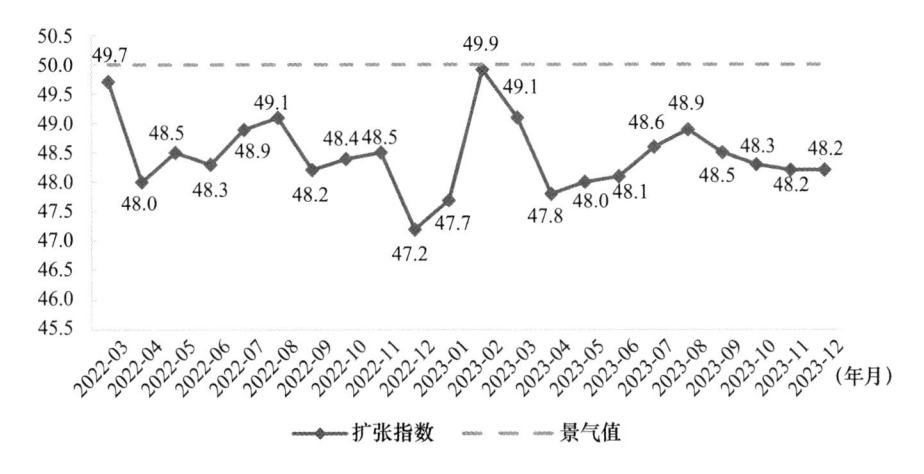

图 7 – 9 专精特新扩张指数历史趋势

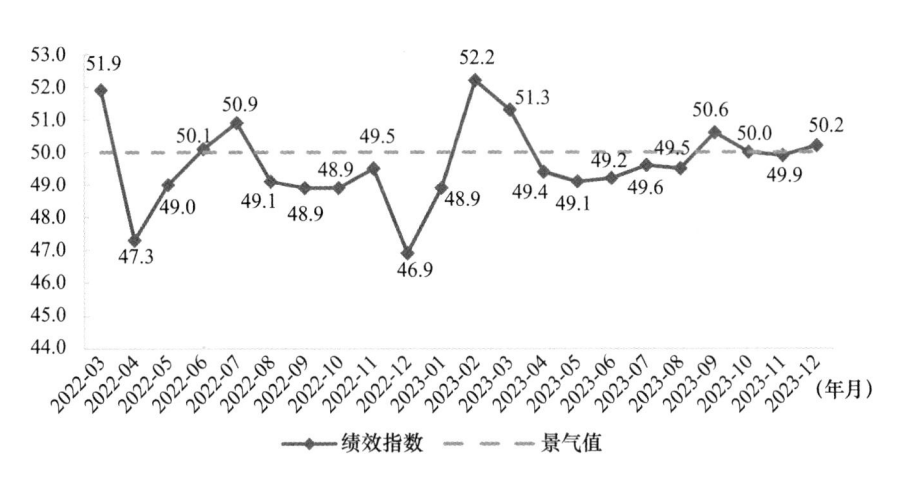

图 7 – 10 专精特新绩效指数历史趋势

## 四 2023 年专精特新企业面临一定风险，但整体发展仍较为乐观

2023 年专精特新企业的风险问题仍然较为突出，且主要表现在回款周期的继续延长上。小微企业整体应收账款占营收比长期维持在 20% 左右，部分行业（如制造业、建筑业）占比更高。近年来虽然出台了各种政策支持，但好转程度不及预期。

风险指数主要反映了专精特新企业的负债率是否提高、回款周期及流动资金周转情况。2023年，专精特新企业风险指数除2月外，其他月份均运行于景气值以下。

最醒目的是，专精特新企业对行业发展和自身发展整体较为乐观。在国家各项支持政策持续发力情况下，专精特新企业对未来充满信心。

自统计以来，专精特新企业信心指数一直高位运行于景气线以上，2023年历史最高值出现在2月，为58.5。

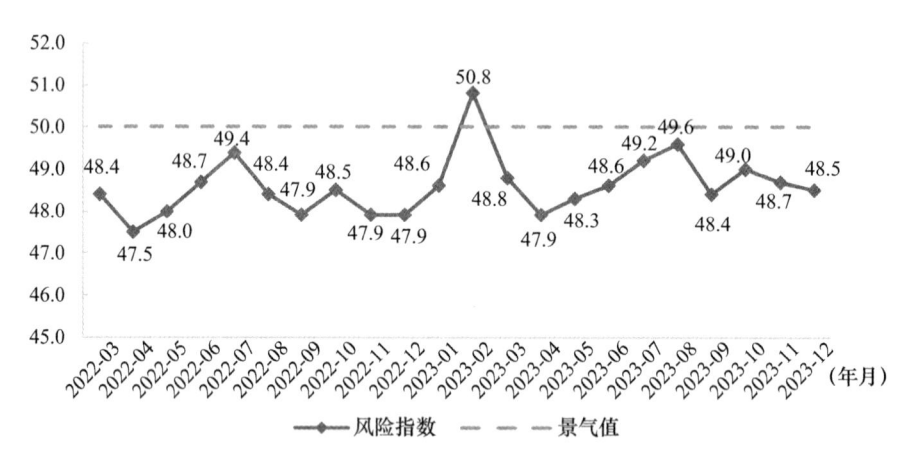

图7－11　专精特新风险指数历史趋势

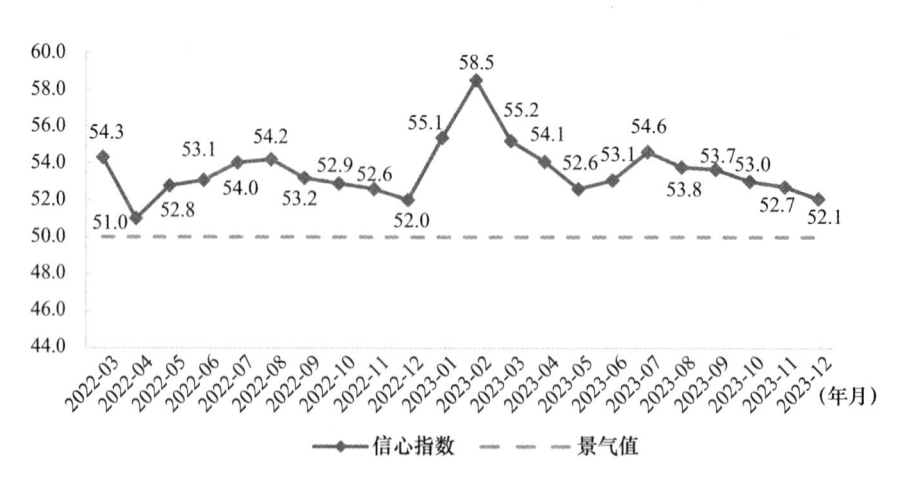

图7－12　专精特新信心指数历史趋势

**五 被评选为专精特新企业后，企业运营状况总体向好**

专精特新政策对企业是一个较大利好。2023年一季度调研数据显示，被评选为专精特新企业后，大部分企业的市场份额有所增长，8.92%的企业市场份额显著增长；37.96%的企业融资难度稍有下降，20.65%的企业融资难度显著下降；63.44%的企业获取产业链中大企业支持的状况稍有改善；认为"强链补链"作用有所增强的企业占69.78%。

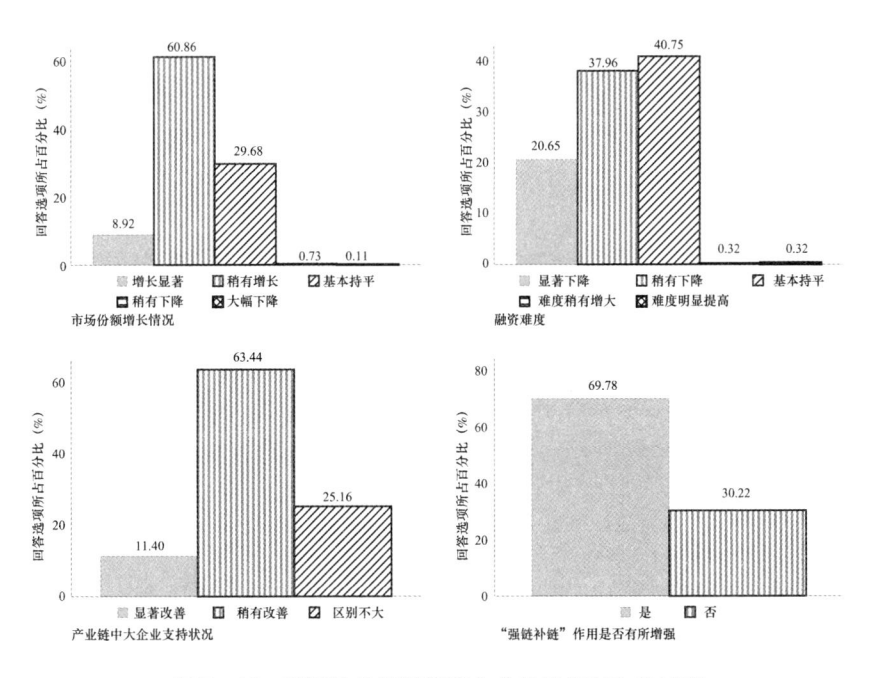

**图 7-13 获评为专精特新后企业的经营与合作情况**

此外，被评选为专精特新的企业，还对大部分企业的数字化转型起到了推动作用。无论是从整体还是被评为国家级"小巨人"和省市级专精特新，均有超六成企业认为企业内部数字化转型稍有进展，亦有一成左右的企业认为企业内部数字化转型显著进步。

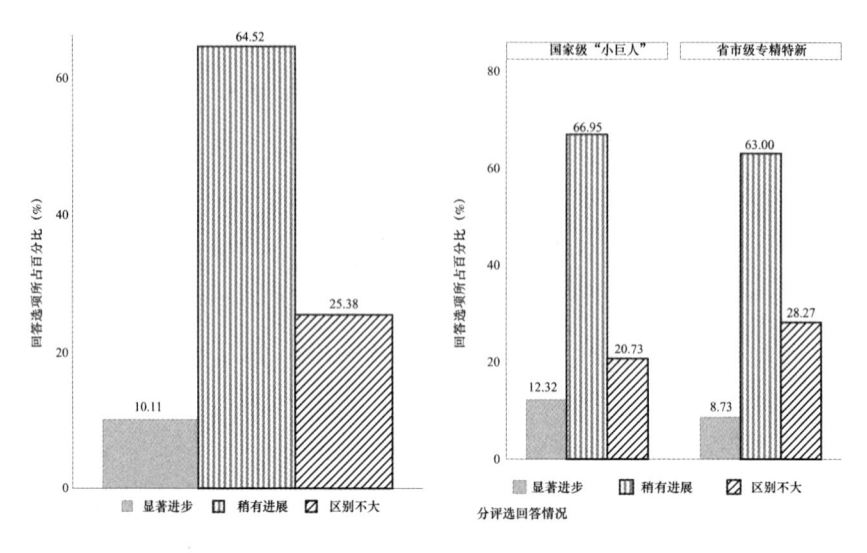

图 7-14 获评为专精特新后是否内部数字化转型有更大进展

## 第三节 专精特新企业区域发展趋势与比较

**一 珠三角地区专精特新企业整体表现最优**

按区域划分看，各大地区专精特新企业的发展趋势基本一致，但珠三角地区专精特新企业整体表现最优。

2023 年，各地区专精特新企业发展趋势基本一致，在 2 月复工出现企业运行景气度高峰后，全年围绕景气水平波动，超出景气水平的时间整体多于低于景气值的时间。整体上看，各地区专精特新企业上半年恢复更好。

2023 年 12 月，四大特色区域专精特新指数"两升两降"。其中，京津冀地区专精特新指数为 50，较上月上升 0.6 个百分点，重回景气区间；珠三角地区专精特新指数为 51.8，较上月上升 3.3 个百分点，升幅最大；长三角地区专精特新指数为 49.9，较上月下降 0.3 个百分点，跌落景气区间；长江经济带地区专精特新指数为 49.4，较上月下降 0.9 个百分点，降幅最大。

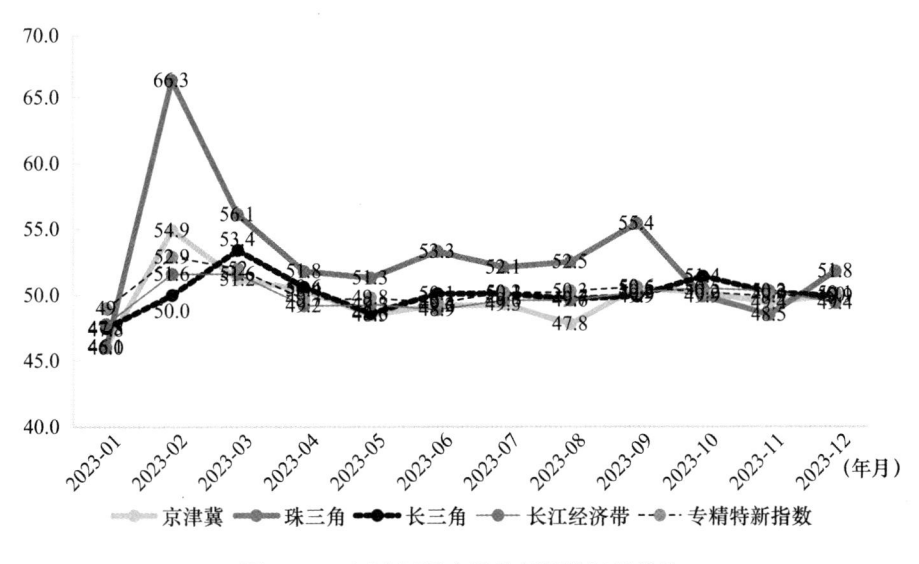

图 7-15　四大区域专精特新指数运行趋势

地区间横向比较可以发现，珠三角地区专精特新企业整体表现最优。相较之下，京津冀地区则表现出更大的波动性，复苏态势维持时间相对较短，低于景气水平的情况更为频繁，基本低于专精特新整体水平。由于区域特性及产业特性，长三角地区专精特新企业发展水平高于长江经济带地区，但是二者展现出一定的一致性。各个地区专精特新指数最高值出现于 2023 年 2 月，其中珠三角地区最高，为 66.3。

## 二　四大区域市场经营活动均较为活跃，珠三角地区表现更为突出

四大区域的市场经营活动均较为活跃，珠三角地区表现更为突出。对四大区域进行横向比较可以看到，其与整体趋势一致，无论是市场运行表现还是采购水平，大多数月份运行于景气区间。其中，珠三角地区专精特新企业在市场经营活动上的表现最为突出，这与地区经济基础发展成熟度及产业结构、产业集群有较大相关性。

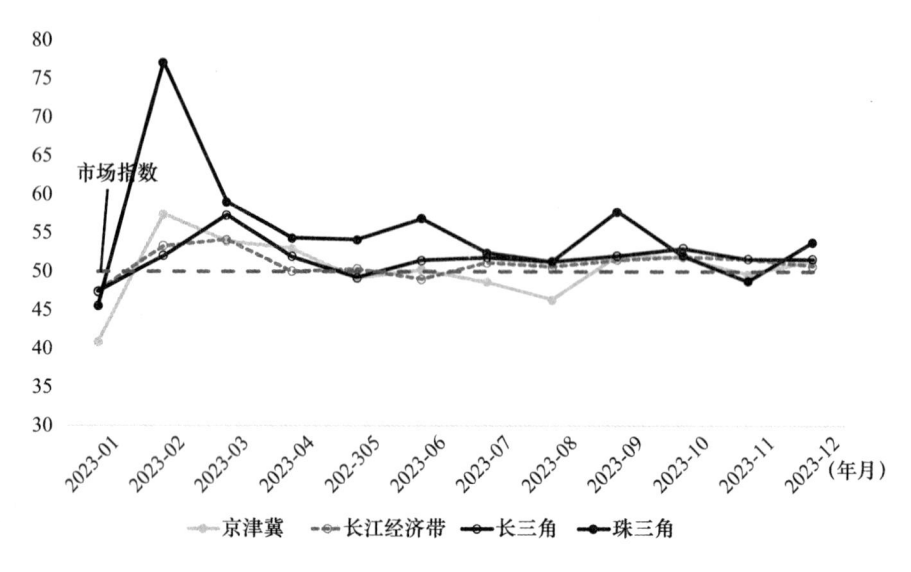

图 7－16　专精特新市场指数分区域历史趋势比较

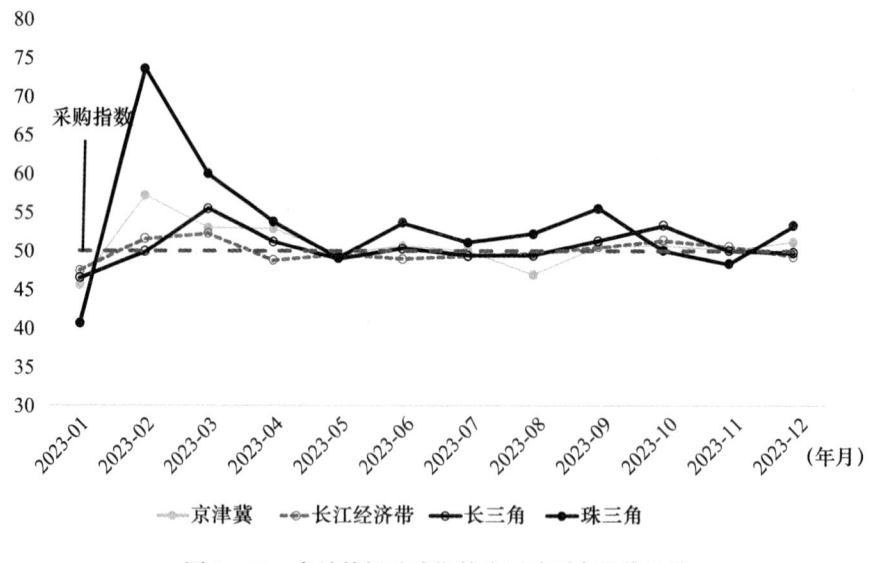

图 7－17　专精特新采购指数分区域历史趋势比较

### 三　四大地区融资问题、成本问题均较为突出

四大区域均面临较大的成本上升和融资需求不足问题，其中珠三角地区的成本上升相对更为突出。这主要是由于成本指数目前主

要衡量总经营成本，随着采购和生产的复苏，总投入成本也必然上升。

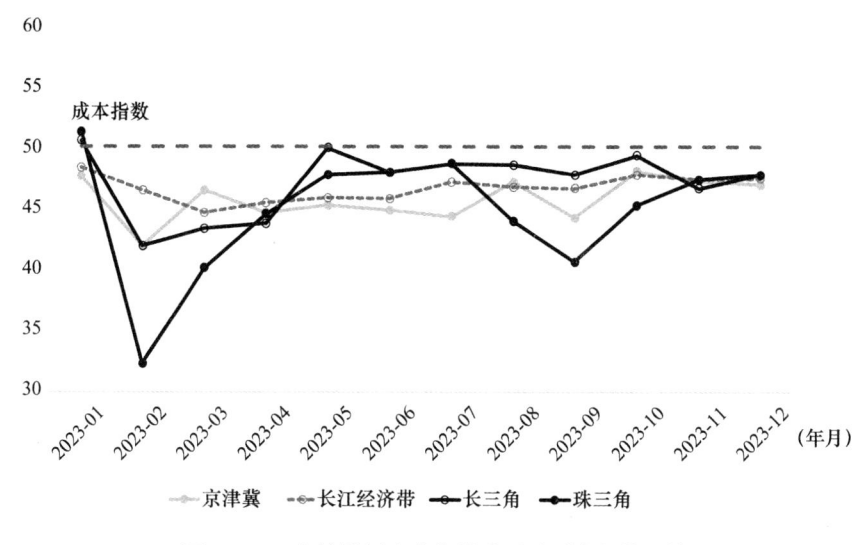

图 7－18  专精特新成本指数分区域历史趋势比较

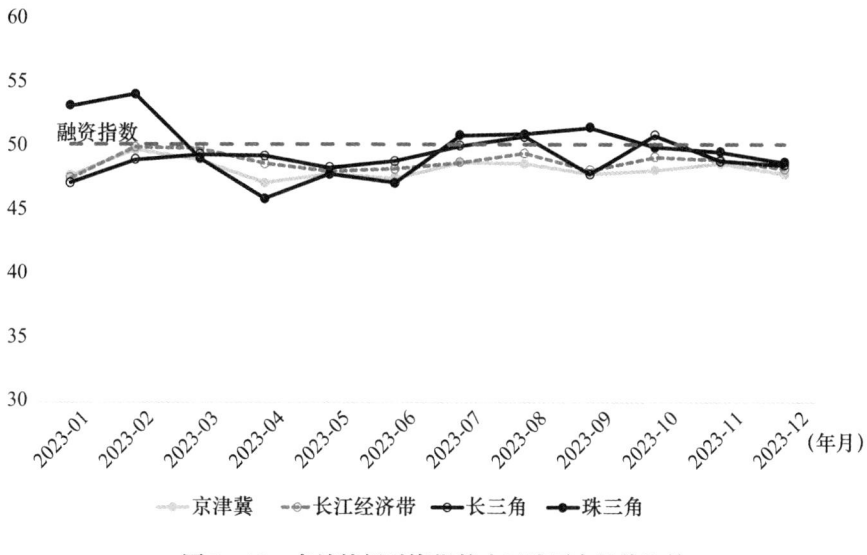

图 7－19  专精特新融资指数分区域历史趋势比较

## 四　珠三角地区扩张态势、绩效水平显著高于其他地区

2023 年，各大地区专精特新企业的扩张态势均较为保守，绩效水平基本景气。除了珠三角地区，其他三大区域扩张指数基本运行在不景气区间，绩效指数则在景气线附近波动。珠三角地区在表现出更积极的扩张态度和更良好的绩效水平外，也呈现出较大的波动性，在 2023 年后半段表现出收缩态度。

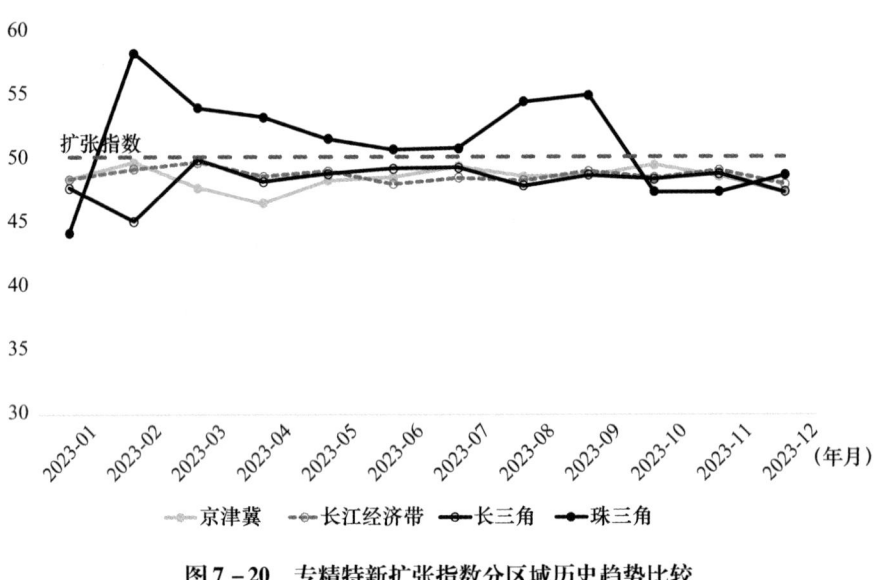

图 7-20　专精特新扩张指数分区域历史趋势比较

## 五　四大区域均面临一定风险问题，但整体信心高昂

各地区专精特新企业面临较大的风险问题，应收账款回收困难是最主要的原因。

除珠三角地区个别月份风险指数高于景气水平外，2023 年全年，四大区域风险指数基本低于景气值。

整体专精特新企业的行业和企业家预期仍较为积极。四大区域的信心指数整体均高位运行于景气值以上，且在 2023 年下半年，信心波动问题均有所缓解，整体运行逐渐趋稳。

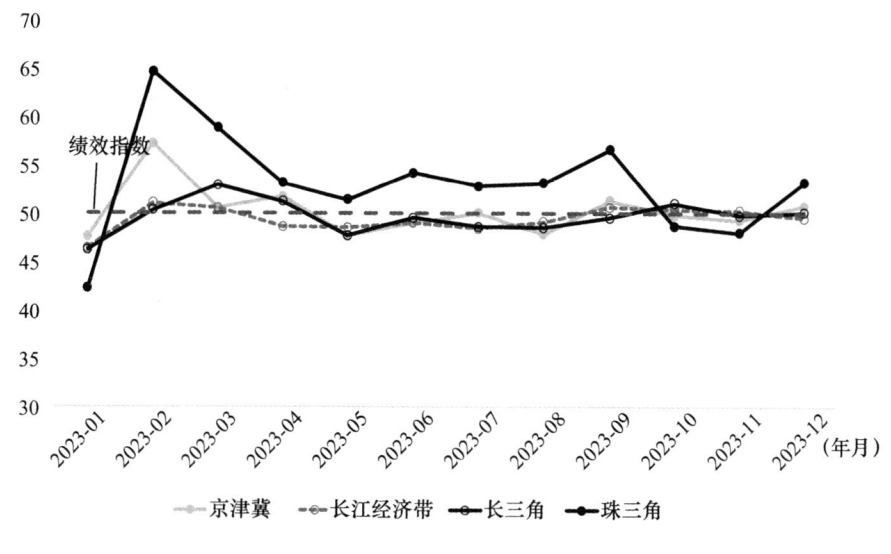

图 7-21　专精特新绩效指数分区域历史趋势比较

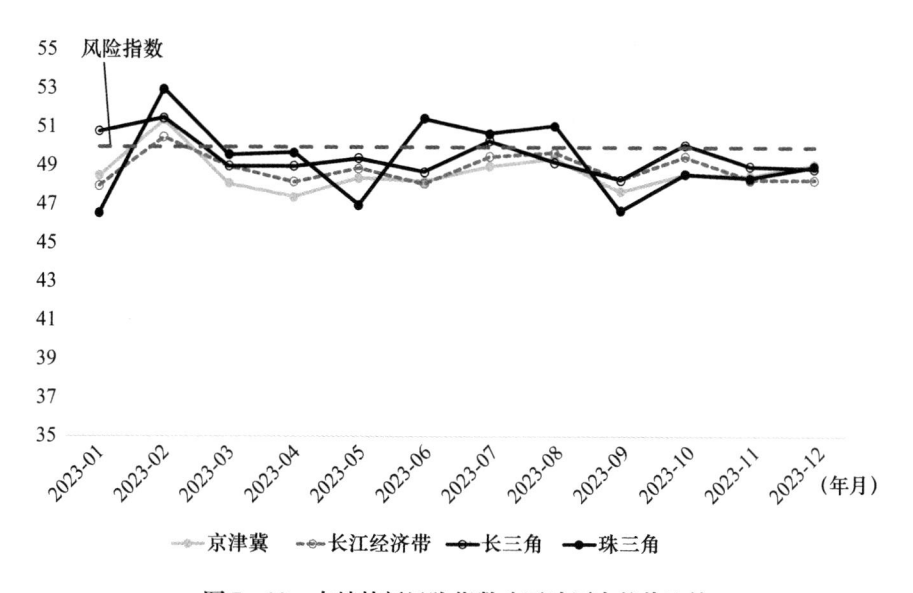

图 7-22　专精特新风险指数分区域历史趋势比较

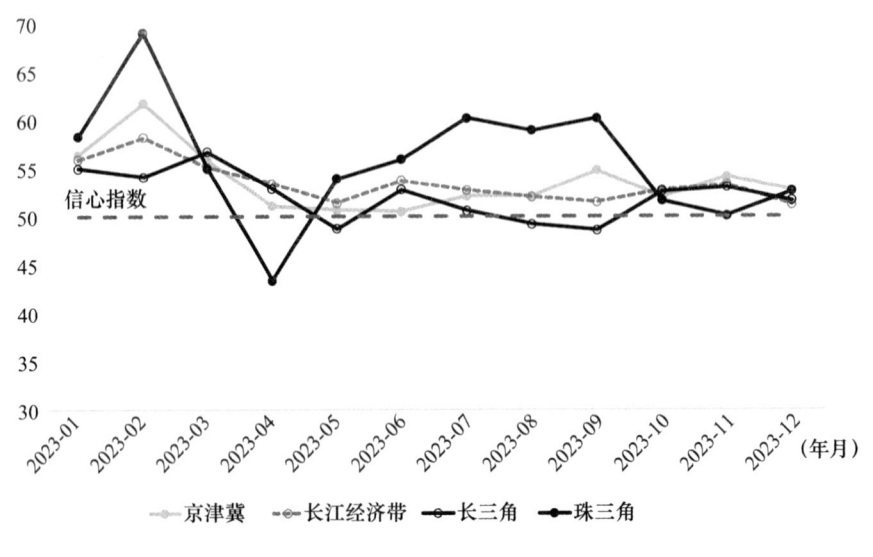

图 7-23　专精特新信心指数分区域历史趋势比较

## 第四节　专精特新企业运行水平与制造业对比

### 一　专精特新企业表现基本优于整体制造业企业

2023 年，专精特新企业表现基本优于整体制造业企业。专精特新指数全年基本高于制造业指数。2022 年专精特新指数总体显著高于制造业指数，2023 年以来二者基本保持相同的运行趋势。12 月，专精特新运行指数比制造业小微指数高 0.3 个百分点。

2023 年 12 月，专精特新企业整体表现较好，虽在扩张水平、风险水平上表现略逊于整体制造业企业，但对企业、行业的信心仍乐观，在采购水平、绩效水平和成本情况等市场经营活动上更为活跃。

与制造业指数相比，专精特新分项指数"五高两低一平"。信心指数比制造业信心指数高 0.5 个百分点；采购指数比制造业采购指数高 0.3 个百分点；绩效指数比制造业绩效指数高 0.4 个百分点；成本指数比制造业成本指数高 0.2 个百分点；市场指数比制造

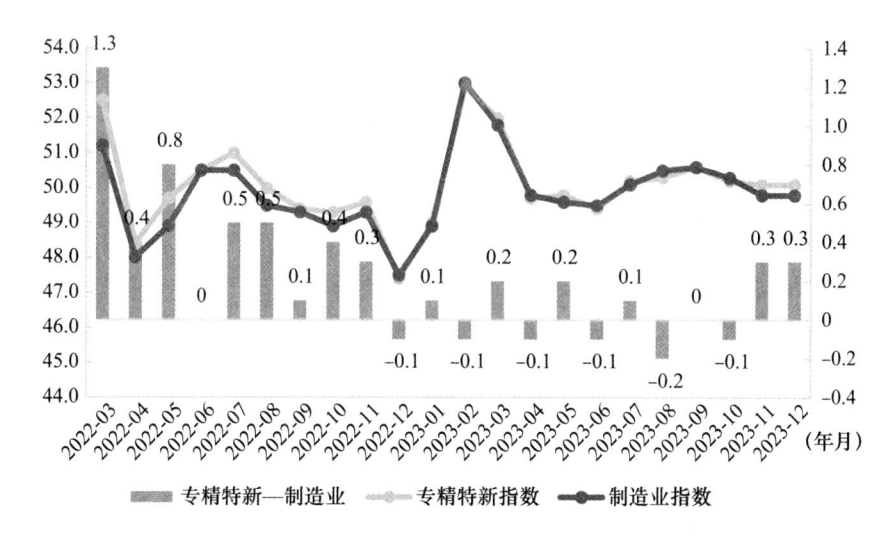

图 7-24 专精特新指数与制造业指数运行趋势

业市场指数高 0.5 个百分点；扩张指数比制造业扩张指数低 0.1 个百分点；风险指数比制造业风险指数低 0.1 个百分点；融资指数与制造业融资指数持平。

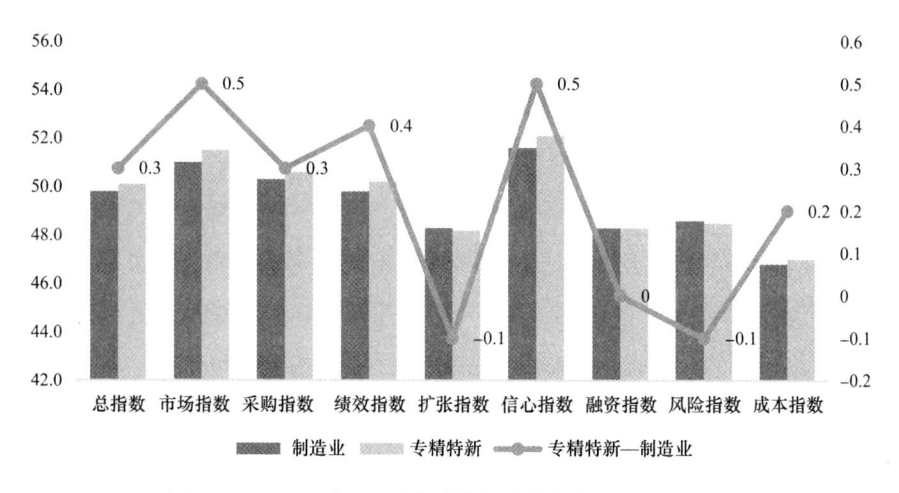

图 7-25 2023 年 12 月专精特新指数与制造业指数比较

## 二 从历史趋势看，专精特新企业各维度表现均强于整体制造业

2023 年以来，专精特新企业在市场经营活动上较整体制造业企

业更为活跃。从历史趋势来看，2022年3—12月，受疫情影响，专精特新市场指数和制造业市场指数整体呈现下降趋势。2023年1月以来，二者都呈现先上升再下降的趋势，2023年下半年整体均平稳运行。虽然都受到疫情影响，但专精特新企业需求变动相对稳定，受影响相对较小。

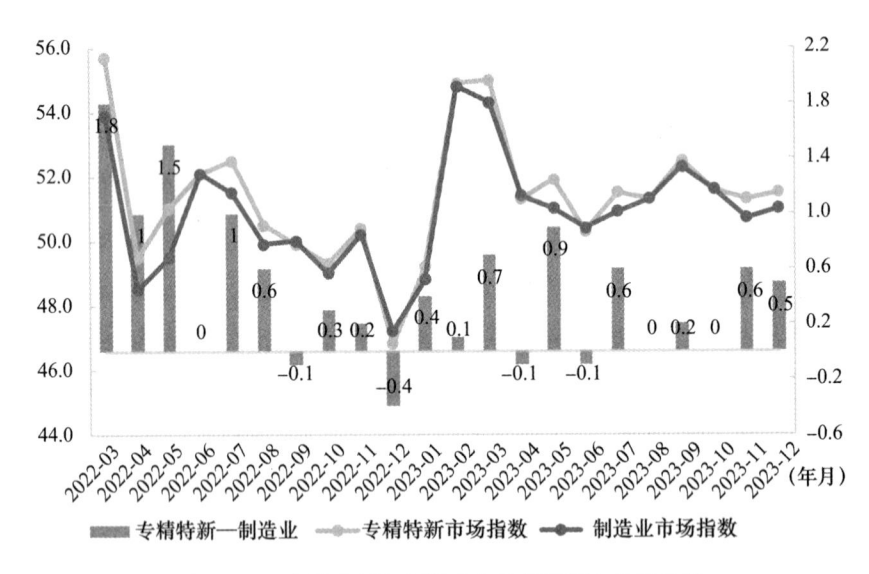

**图7-26 专精特新与制造业市场指数历史趋势比较**

2023年，专精特新企业采购水平与市场表现基本保持相同的变动趋势。大多数时间专精特新指数这两个分项指数好于制造业。2023年下半年，专精特新产需表现优于制造业企业，但在采购表现上态度差异相对较小。

2023年，专精特新企业整体而言成本问题更为突出。专精特新企业人才结构中高端人才占比更高，因此可能面临更高的人才成本。同时专精特新企业不同于一般小企业或个体工商户而相对规范，人员工资社保政策执行到位，难以缩减。

2023年以来，专精特新成本指数总体低于制造业成本指数，说明专精特新企业成本上升幅度更大。这反映需求拉动的投入上升，

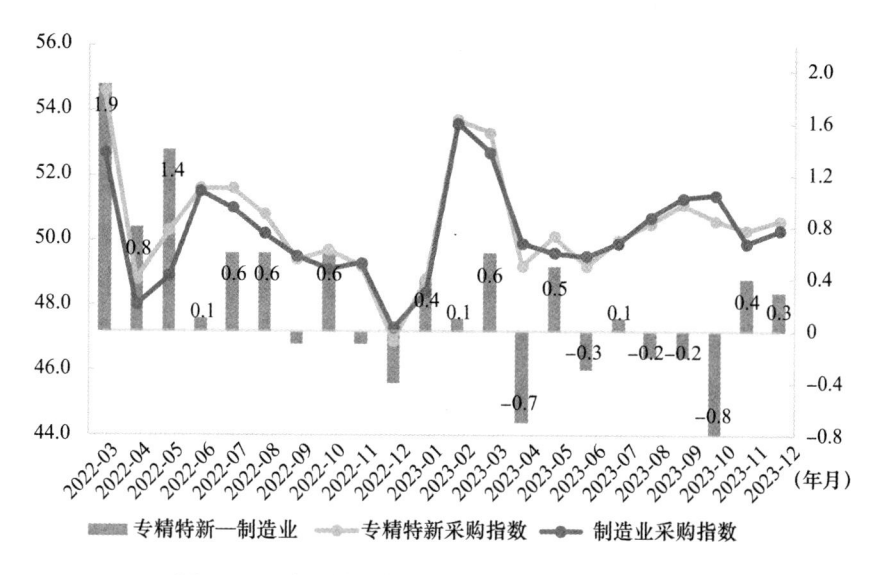

图 7-27 专精特新与制造业采购指数历史趋势比较

其中以员工工资成本问题最为突出。

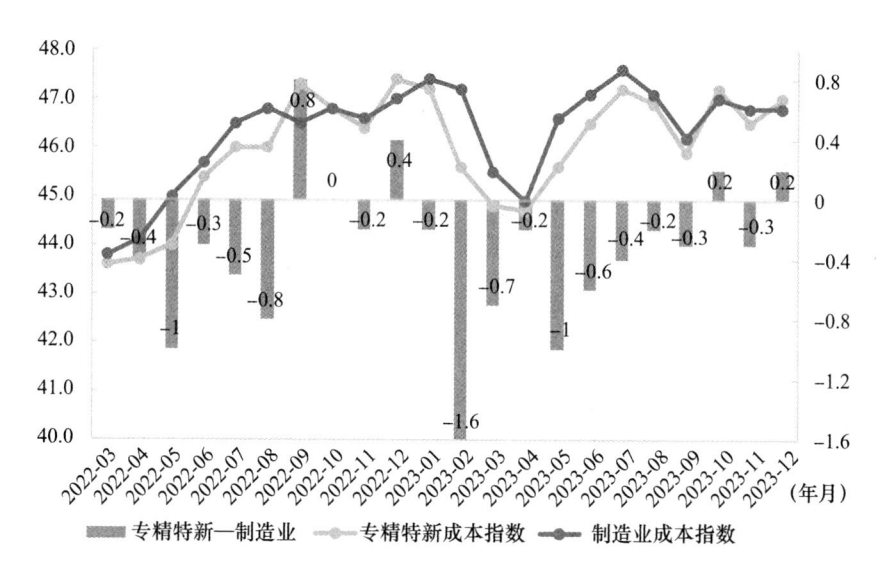

图 7-28 专精特新与制造业成本指数历史趋势比较

2023年，专精特新企业整体新融资需求度较低，这主要是由于随着金融供给的增多，专精特新企业融资满足度高、新增融资意愿

第二篇 专精特新企业年度运行情况

低。2023年2月以来，专精特新融资指数呈现波动下降趋势，短暂回升后，持续运行于景气线之下。

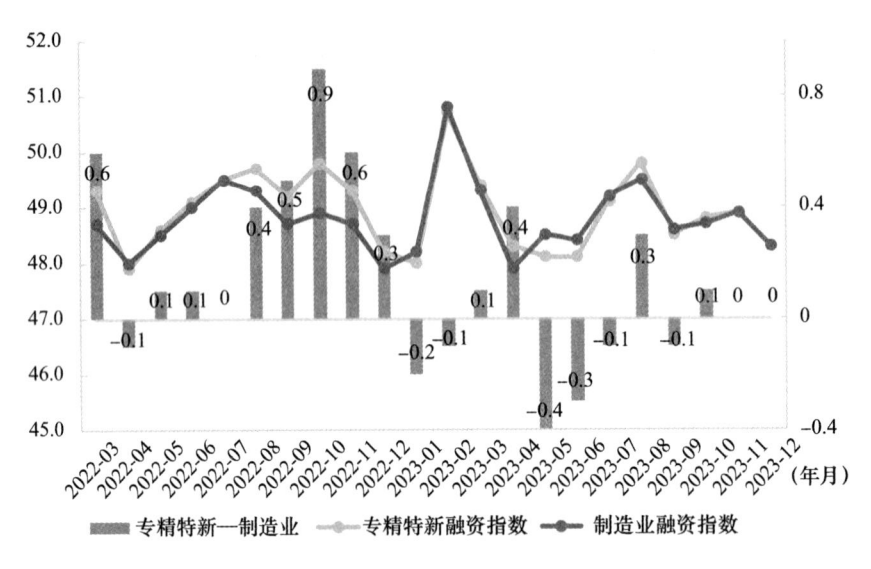

**图7-29 专精特新与制造业融资指数历史趋势比较**

2023年以来，专精特新企业呈现出更为保守的扩张态势。这主要是由于专精特新企业前期较快增长带来的大的基数效应。调查显示，专精特新产能利用率很多没有达到90%，产能充足，可以应对需求。不确定性增强也影响扩张意愿。宏观方面，俄乌冲突、美联储加息、房地产销售下滑、地方债务隐患增加等因素叠加，经济出现新的下行压力，资本市场调整，投资者对一些短期负面因素出现了过度反应。专精特新企业中上市企业占比更高，对市场信息的反应更加敏感，同时专精特新企业中进出口企业占比也更大，更容易受到全球波动性因素的冲击。

从扩张指数历史趋势看，在2022年专精特新企业扩张指数总体高于制造业扩张指数。2023年，专精特新企业整体绩效表现欠佳。由于产品竞争力强，专精特新企业绩效水平在2022年表现好于制造业企业绩效水平。但在上述多维指标的影响下，由于基数效

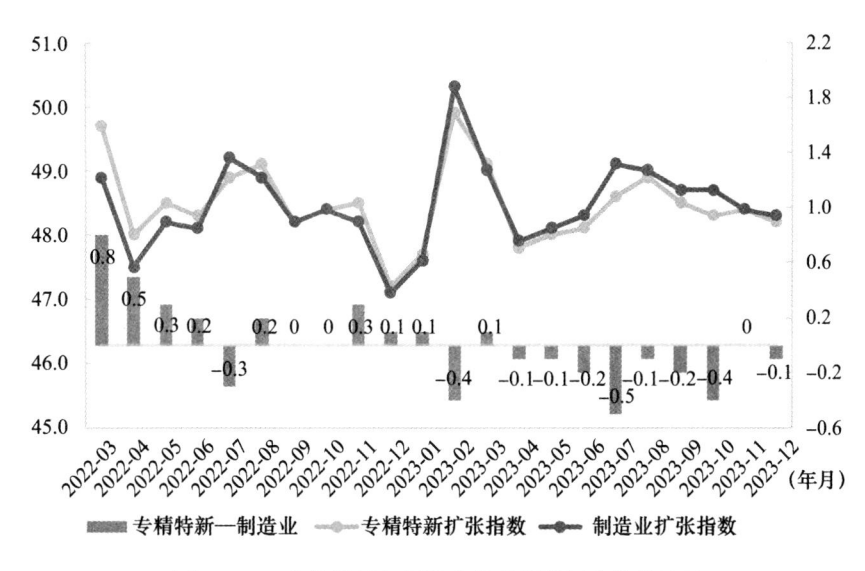

图 7-30　专精特新与制造业扩张指数历史趋势比较

应，受出口限制影响更大，以及产生较高的运营成本。2023年以来，专精特新企业绩效水平普遍低于制造业企业绩效水平，特别是毛利润水平持续低于整体制造业。

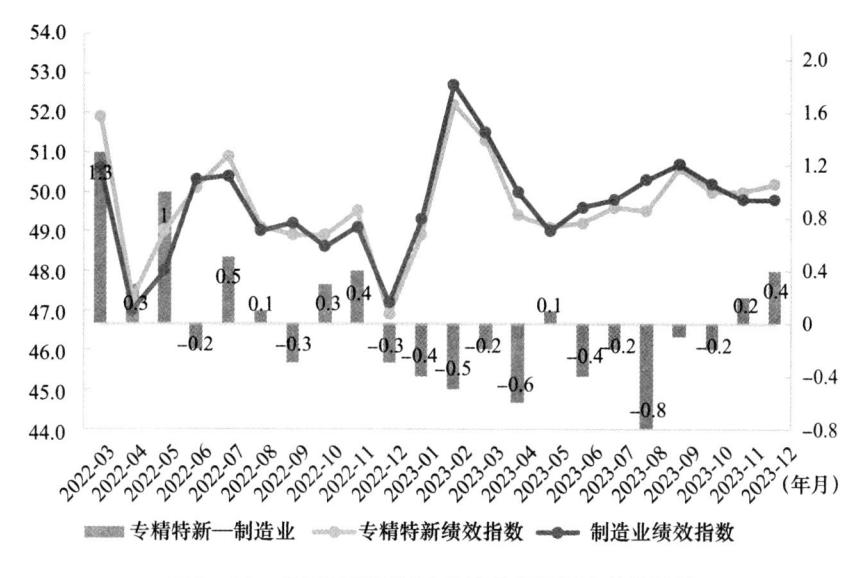

图 7-31　专精特新与制造业绩效指数历史趋势比较

从历史趋势来看，专精特新企业风险变动普遍优于制造业，2023 年以来逐步趋同。专精特新企业相比于一般制造业企业，拥有相对较好的议价能力和资金回收能力，以及较好的现金流和较低负债率，因此风险情况整体相对于其他制造业企业较好。但由于回款周期较长、前期投入较大，面临更高的负债率水平，整体风险抗压能力表现欠佳。

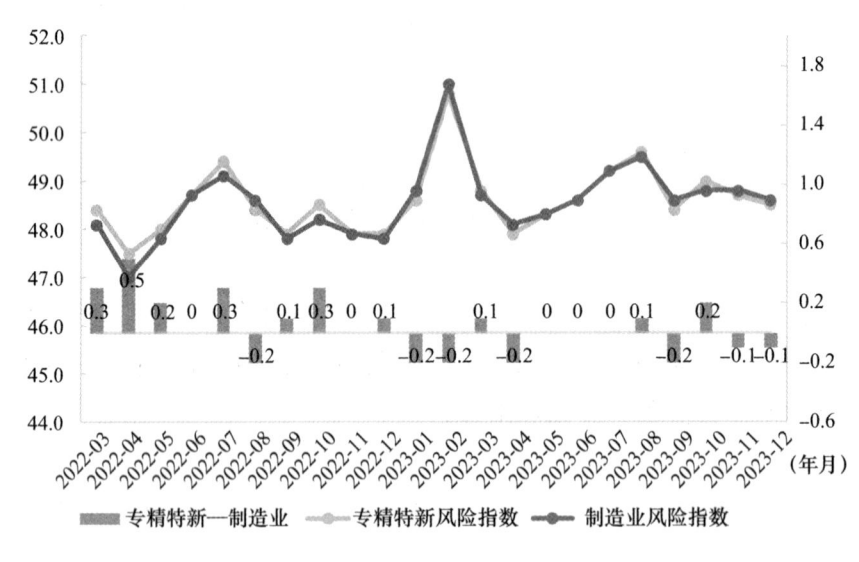

图 7－32 专精特新与制造业风险指数历史趋势比较

2023 年，专精特新企业对行业发展和自身发展整体更为乐观。在国家各项支持政策持续发力的情况下，专精特新企业对未来充满信心。自统计以来，除 2023 年 5 月外，专精特新企业信心指数显著高于制造业整体水平。

### 三 2023 年以来专精特新企业细项表现与制造业互有优劣

2023 年以来，专精特新企业细项表现与制造业互有优劣，三级指标与制造业各有高低。

考虑到数据可得性，我们对 2023 年 1—8 月的细项数据进行了

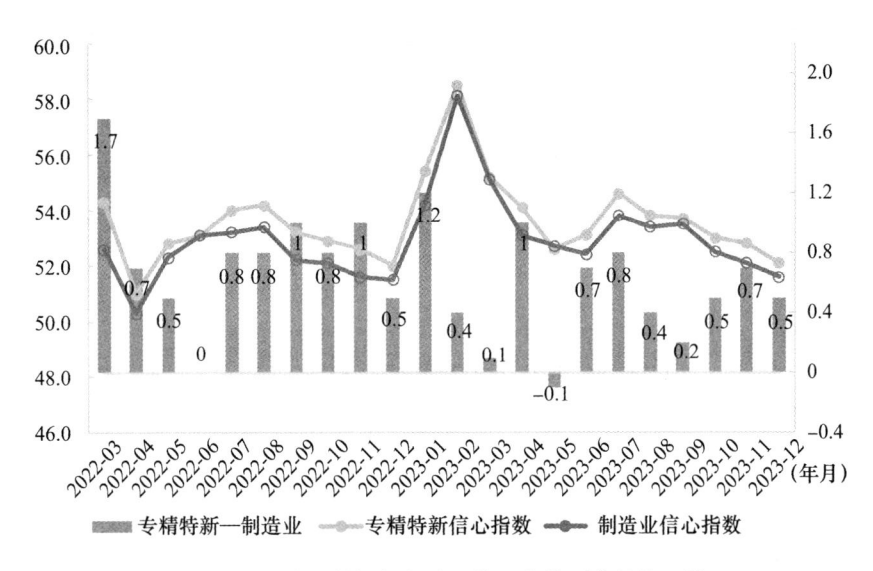

图 7–33 专精特新与制造业信心指数历史趋势比较

分析。从历史趋势来看，2023 年以来，各细项指标走势与分项指标走势一致。除市场指数、信心指数相关细项指标外，专精特新企业在第二季度相当一部分细项指标要低于整体制造业企业，典型的有总成本的上升和毛利率的相对下降。

在各分项与制造业相对涨跌互见的情况下，2023 年以来，专精特新总指数与制造业指数保持了上下波动较为频繁的小幅度差值，运行水平整体上优势不再如 2022 年那样明显。

2023 年 12 月，相较于整体制造业企业，专精特新企业仍然有更多三级指标表现更好。

在市场表现上，专精特新企业订单量、产量和主营业务收入相比于制造业均有所上升，其中订单量上升幅度最大，意味着需求端回暖效应更为显著。需求回暖也体现在原材料采购量上升上，以及在绩效表现上利润、毛利率要高于整体制造业企业。在成本上，专精特新企业总成本相对上升，主要体现在营销费用和平均运输费用上，专精特新企业员工工资成本较高的问题有所缓解，原料价格相对下降。在融资上，受生产复苏及企业扩张需求较大影响，使专精特新企业下期融资需求相对扩张，融资难度稍有提高。当前，受原材料库存、投资需求时滞性等因素影响，专精特新企业新增投资仍相对较少。在信心水平上，专精特新企业仍然表现出明显更高的对于本行业的信心和企业家信心，预期未来专精特新企业仍会表现得更好。

**四 对专精特新企业运营情况的总结和建议**

整体上看，专精特新企业大部分位于景气区间，相比于制造业运行得更好，但也存在一定的问题。

对于专精特新企业的进一步发展，需要进一步强化梯度培育政策。调研发现，国家级专精特新"小巨人"企业对于人才、市场推广、品牌建设和质量提升支持的政策偏好性更强。因此，要通过普惠服务与精准服务相结合，进一步推动专精特新企业发展。

对于专精特新企业，尤其要进一步加强对数字化转型的政策支持，解决成本高等问题。在这方面，需要建立多层次的公共服务体系以促进传统产业的数字化转型，提高政策的精准度和激励性，从人才、创新等方面，通过资源的优化配置，加大对数字化转型领域重大平台、重大项目及试点示范的支持；加强转型引导和政策宣传；遵循经济、技术、管理等方面的发展规律，降低转型过程中的"认知差"；围绕中小企业数字化转型系列政策开展宣传解读，帮助中小企业、数字化转型服务供给方等深化转型认识、增强转型信心，充分调动转型积极性。政策应推动企业的管理数字化，构建与转型适配的组织架构和管理制度，加强数字化人才培训，深化跨部门沟通协作，提升企业管理精细化水平，优化企业经营管理决策；健全夯实金融、财政及相关税收支持政策，使企业有实力有底气进行数字化转型，走创新发展之路。同时要加强知识产权保护力度，使企业在创新的道路上无后顾之忧，以创新促收益，以数字化稳收益。

第七章 专精特新中小企业发展态势和特点

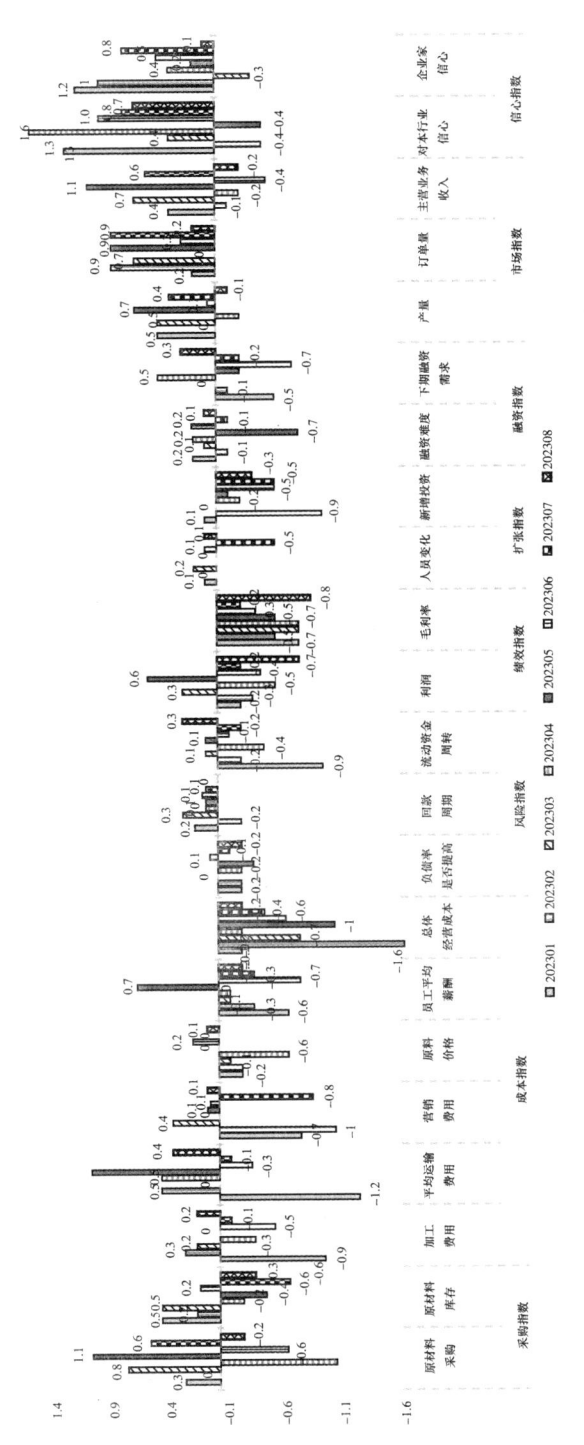

图 7-34 细项指标差异历史趋势

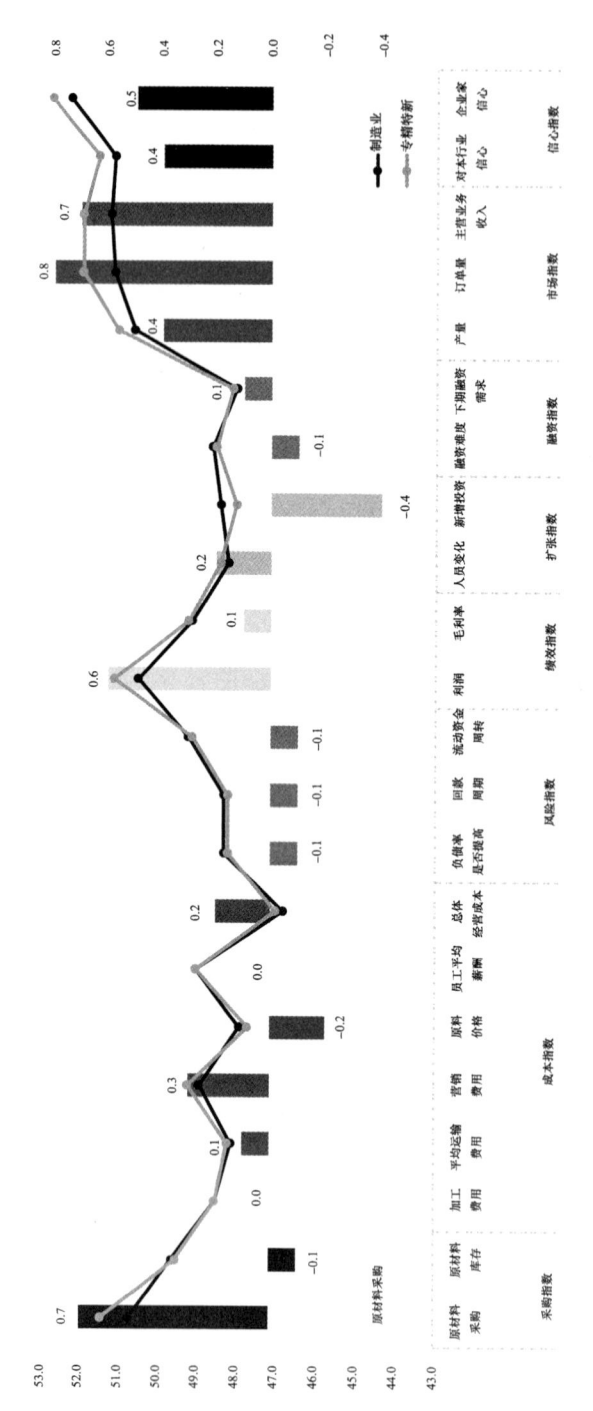

## 第二篇 专精特新企业年度运行情况

图7-35 专精特新指数与制造业指数细项指标比较

对于应收账款问题，还要多措并举助力专精特新中小企业增强流动性，落实《保障中小企业款项支付条例》，降低企业经营风险。

此外，还要落实好"两项服务、三项支持"。首先是做好专精特新中小企业用工服务。将专精特新中小企业纳入重点企业用工服务范围，促进供需匹配；深化劳务协作机制，探索建立用工余缺调剂机制，缓解用工难题。其次是做好技术技能人才供给服务。实施数字技术工程师培育项目，开展规范化培训。支持技术技能人才发展，动态调整职称专业设置，健全完善职业标准和评价标准体系。支持开展就业见习活动，实施专精特新中小企业青年就业见习领航行动。支持构建和谐劳动关系，指导企业依法合规用工，保障企业和劳动者的合法权益。

# 第三篇

## 宏观政策研究

# 第八章

# 国家支持中小微企业发展的政策及影响

新冠疫情期间小微企业运行经历了极大的困难，疫情结束后恢复不及预期。当前中国中小微企业发展还存在一些典型困难，对应也有一些支持政策。

## 第一节 中小微企业面临的困难和问题

### 一 金融普惠性仍有提高空间，中小微企业信贷需求萎缩与融资难并存

金融支持小微企业仍有空间，表现为如下几点。一是金融普惠性与金融机构的盈利目标间有一定冲突，二者如何平衡还有待探索。中国目前的征信体系不够完善，依然是公共征信主导，征信基础设施的发展还需要增进信息的互联互通。相较于大型企业，小微企业贷款违约率高、信用水平低，增加了金融机构贷款成本。小微企业的贷款违约率高是其在融资市场上容易受到歧视的重要原因。同时，小微企业在初期往往没有足够的抵押品以满足银行的要求，进行抵押贷款的难度较大，且小微企业的信息分布较为分散，获取成本较高，因此信用贷款的成本也高于大型企业。现有模式下的普惠金融要求的体量和优惠利率，对银行等金融机构的贷款成本控制是一个重大挑战。二是政策套利空间大，政策对象的精准识别成问题。根据古德哈特定律和坎贝尔定律，如果社会决策根据一个可量

化的社会指标，该指标使用越频繁，招致腐败的可能性越大，也容易扭曲它的量化作用。金融市场的一价定律表明，有效金融市场的理性借款人支付的利率不会高于可替代融资形式的利率，普惠金融作为一种不同部门间实施的区别性政策，会引起监管套利问题。套利行为主要包括信贷领域中的资金套利和"策略性行为"套利。过去，信贷领域的资金套利常见的现象是获得优惠利率的融资优势企业将贷款资金转贷给其他融资劣势企业；近年来，在高回报的激励下，资金常被违规挪用进入股市和房市。策略性行为的套利是市场主体根据政策做出相应的反应，释放虚假信号以获取超额利润的行为。近年来，国家在房地产和普惠金融领域实施了不同的货币政策，一方面是对房地产市场进行调控；另一方面是支持小微企业的融资，使其形成套利空间，催生了虚假注册小微企业获得经营贷款来购买住房的行为。

## 二 中小微企业市场地位低，导致其应收账款及拖欠情况普遍

中小微企业面临应收账款多及拖欠的情况较为普遍，共性问题包括以下几点。一是项目周期长、垫资量大。由于市场竞争激烈，中小微企业的议价能力弱，签订合同不公平，下游大企业不垫资，资金压力都集中在了上游中小微企业身上。且数额越大的项目，回款周期越长。同时，市场中还普遍存在隐性账期的问题。例如服务行业通常约定收到发票以后开始计算账期，但是从项目完成到走完财务流程并开出发票之间可能会拖1个月或更长时间。如果项目前期需要企业大量垫资，项目的实际账期要比名义账期长更多。二是合同对甲方约束力有限、合同履约不及时。中小制造业企业的下游客户很多为行业龙头，有时是政府部门。甲方利用市场优势地位，签订超过国家规定的超长期合同或擅改合同的情况依然存在。三是很多大客户选择商业票据支付、延长企业回款周期。客户为大企业时，合同规定采用银行承兑汇票结算的情况较为普遍，但是由于其

流动性不如货币，且各企业的票据质量参差，企业在把票据贴现时可能会遇到贴现率低或不能贴现的情况。随着市场竞争加剧和下游行业集中度提高，中小微企业面临的市场环境有恶化风险，需要出台相关法律法规来完善市场规则、维护市场公平。四是供应链金融普惠性差。专业供应链金融公司，在给企业融资上都有很大的局限性。中国人民银行推出的应收账款融资服务平台主要对上市公司、国企和地方政府有作用，普通中小微企业的应收账款很难进入系统融资。2020年国家出台了相关支付条例，但是银行保理仅针对大型上市企业。中小微企业往往因为无法核实企业的应收账款是否已经收回，无法对其进行确权，所以政策尚缺可行的落地案例，政府也缺少必要的政策引导。即使企业可以从供应链中贷款，也存在利息过高导致企业不敢贷的问题。五是经济的流动性减弱，债务链条延长。2023年疫情过后，相较于疫情期间，企业的营收反而出现下滑，企业客户普遍出现资金不足的情况，违约和应收账款拖欠的情况增多。经济形势不好，市场流动性降低。六是应收账款缺乏立法规范，政策落地难，企业法律维权难。政府虽然对应收账款问题出台了很多政策，但是大部分还是企业与企业之间的合同约定，政府只能协调。政策文件对合同账期等有明确规定，但是在立法层面并没有强制规定，因此很难通过法律途径解决。同时政策制定部门（如工业和信息化部等）亦没有行政执法权，导致缓解应收账款的政策缺乏执行基础。

中小微企业与政府、事业单位、国有企业等体制内单位业务往来中应收账款问题尤为严重，以下这些问题普遍存在。一是财务流程复杂且缺乏弹性，支付周期长。国有部门有两种主要导致应收账款延误的原因。一种是客观上由于财务流程复杂，造成支付过程缓慢，这种最为普遍。国有部门的公职人员害怕在资金方面出现问题而担责，因而希望通过不断增加资金审计流程来降低个人的责任风险。另一种是主观上利用财务和审计规则恶意拖欠款项。个别地方政府部门或投资建设方会通过不验收、不结算、拖审计的方式，推迟企业形成债权债务关系。二是受政府财政拨款周期影响，支付时间集中在下半年，上半年延期支付风险大。国有投资项目专项资金下发节点是固定的，如果项目完成周期错过节点，则企业需要等到第二年甚至第三年才能拿到项目款项。类似情况在与政府合作项目中较为普遍。三是政府领导班子换届，导致旧账难收。地方政府换届后对于上届政府的投资项目、政策优惠等往往持怀疑态度，造成政策的不连续。承诺的付款不兑现，影响企业发展规划，也导致企业对政府的不信任，恶化营商环境。

### 三　中小微企业转型发展的意愿与能力弱，数字化和绿色化水平低

中小微企业在数字化转型方面存在以下困难。其一，转型概念认知片面。数字化转型应该是一个全流程的概念，其核心价值在于用数据打通经营管理的全部环节。但是大多数中小微企业的数字化转型停留在一般的软件和硬件工具的使用或是简单的设备联网和数据上网阶段，并没有在业务流程或是运营管理的每一个环节做到高度整合和集成化的数字化转型，也没有让每一个环节所产生的数据发挥出最大效能。除了业务流程环节数字化转型的片面，企业对于业务流程与运营管理的数字化衔接意识也比较薄弱。其二，服务商的数据分析水平也难以满足深度应用需求。目前市场上的数字化升级改造服务大多是提供通用型解决方案，处于数字化转型不同阶段的中小微企业转型投入侧重点不同，通用型解决方案无法满足中小微企业个性化、一体化需求。其三，对数字化转型工具的选择非常单一。由于缺乏对数字化转型概念通盘的理解，直接影响了企业对工具的选择和使用。对于数字化转型的工具，既包括传统的IT软硬件，也包括与最新数字化技术相匹配的软硬件，但是多数中小微企业的转型工具只是停留在单纯的软硬件应用阶段，对"上云"等

新型工具并不了解或是重视程度很低，对有些高效低价的工具完全不了解。这也导致了企业的数字化开支结构不合理，中小微企业的数字化基础设施支出大部分集中在网络和硬件方面，留给"云"的预算支出则占比较低。另外，企业对数字化转型过程中的数据安全保障工具没有给予足够的重视。企业开始数字化转型后，安全主体从以人为中心到以产业为中心，安全形态从以合规导向的安全集成到数字资产的原生安全，安全思维也要从被动防御到主动规划。未来企业需要提升数据化转型的安全，尤其是数据安全保障意识。其四，数字化转型的人才和资金匮乏。大部分中小微企业尚未建立数字化人才培养体系，在生产、运营、管理等环节都缺乏数字化人才的支撑。中小微企业规模小，市场份额占有少，在市场竞争中处于弱势地位，在人才招聘方面不具有吸引力，薪资报酬与大型企业相比偏低，缺乏科学的人才培养规划，优秀员工可发展空间有限，造成人才引不来、留不住、储备少。除了人才的短缺，资金的短缺也是一大问题。对中小微企业而言数字化转型周期较长；面向中小微企业的数字化转型服务尚处于初期阶段，各企业实际开展数字化转型的摸索期和阵痛期也较为漫长。中小微企业缺乏融资渠道，融资成本高、融资风险评估标准严，获得外部资金支持较困难。数字化改造见效慢、风险高、投资大，短期内不容易显现效益，在生产经营压力大、资金有限的情况下，面对技术创新显得心有余而力不足。资金短缺成为推进企业数字化转型的重大阻碍。其五，数字化转型的收益感缺失。由于缺乏对数字化转型概念的通盘理解、缺乏好的数字化转型落地工具，多数中小微企业并没有感知到数字化转型能够带来的真正好处。对于中小微企业来说，任何决策都有可能带来关门的风险，由于感知不到具体的收益，因此不敢大张旗鼓地推动生产或是其他环节的数字化转型。尽管一些企业认为公司收入提升、研发周期缩短、客户增加、客户满意度提升，但是企业无法确认这些成果是否真的来源于数字化转型。而企业在自主开展数字化转型的成本收益分析时,对数字化投资的预算和风险评估能力又不足,导致对推动数字化投资的回报周期和效果缺少认知和信心。

中小微企业在绿色化转型方面存在以下困难。一是中小微企业规模小等特点与绿色转型高成本、高投入、长回报周期等特点存在较大矛盾。二是中小微企业的技术相对落后,存在基础设施和设备陈旧、技术革新不足、实现绿色发展的相关技术储备不足的现象。三是中小微企业绿色发展意识有待加强。中小微企业主对清洁生产和环境保护的意识不强,更多注重短期经济利益,对生产工艺绿色改造缺乏内在动力,管理层往往未真正意识到绿色发展的潜在竞争优势,对长期发展趋势认识不足,导致相关管理制度不健全,投入程度不够,影响了企业的绿色发展成效。四是中小微企业绿色产品认可度低。由于市场竞争、价格压力、缺乏认证和标志、供应链、营销和宣传等不足,大众更倾向于购买大公司的产品,而对中小微企业绿色产品的认可度较低。五是绿色转型的实施路径尚不清晰。绿色发展是一个动态过程和系统性工程,在不同阶段需要什么技术,相关技术创新的主体是谁,如何强化主体地位,如何进行多主体之间的协同,这些问题还处在研究探索的初期。国内刚建立碳权市场,尚未征收碳税,区域或全国的碳排放权交易市场也未纳入中小微企业,碳价格向中小微企业传导的路径还未形成,难以发挥引导和约束作用。中小微企业没有纳入碳市场,所以它的碳排放成效没有得到认可,其碳排放的能力、努力、成效都没有得到客观的评价,因此也没有相关信息的披露,信息不透明导致企业在金融市场也处于不利地位。六是国际经贸环境恶化,对中小微企业的绿色技术获取和绿色产品出口形成冲击。

## 第二节　政策支持目标

近年来,面对超预期因素给中小微企业带来的冲击,国家坚持纾困与培优两手抓，助力广大中小微企业平稳健康发展。根据工业和信息化部与国家发展和改革委员会、科技部、财政部等十九部门联合印发的《"十四五"促进中小企业发展规划》（以下简称《规划》），"十四五"时期将努力构建中小企业"321"工作体系，围绕"政策体系、服务体系、发展环境"三个领域，聚焦缓解中小企业融资难、融资贵难题和加强中小企业合法权益保护两个重点，紧盯提升中小企业创新能力和专业化水平这一目标，并将这一工作体系作为《规划》的核心内容，成为"十四五"时期促进中小企业发展工作的切入点和着力点。仅2022年一年，国家层面出台支持中小微企业发展的政策就达40多项，带动地方出台配套政策文件270多份，为促进中小微企业长期发展和解决中小微企业的现实问题创造了良好的政策环境。

## 一 帮助中小微企业纾困与转型

纾困主要围绕缓解中小微企业资金问题，主要通过货币政策、财税政策和促进融资政策三个方面进行。首先，为帮助企业便利获得贷款，2020年《政府工作报告》提出，创新直达实体经济的货币政策工具，引发市场广泛关注。2020年6月1日，普惠中小微企业贷款延期支持工具、普惠中小微企业信用贷款支持计划两项创新直达实体经济的政策工具问世。经过2020年下半年的实践，两项政策实施取得显著效果，在2020年年底延长的基础上，2021年年底将两项直达实体经济货币政策工具转换为支持普惠中小微企业和个体工商户的市场化政策工具。相较于既有的传统政策工具，两项直达工具具有三大特点：一是市场化，对金融机构行为进行激励，但央行不直接向企业提供资金，也不承担信用风险；二是普惠性，只要符合条件，就可以享受中国人民银行提供的支持；三是直达性，将货币政策操作与金融机构对企业的支持直接联系，确保精准调控。两项货币政策工具将发挥跨周期调节能力，继续支持经济增长。其次，在财税政策方面，政府对经营困难的企业进行税收缓减、减税降费，对创新型企业还会进行财政补贴和税费优惠，以此来缓解企业资金压力。财税减免，主要为达成四个方面的政策目标。一是减轻中小企业税负。通过减免税收，降低中小企业的经营成本，提高其盈利能力和市场竞争力。二是促进中小企业发展。通过财税减免政策，鼓励中小企业扩大投资、增加就业、促进创新，推动中小企业的发展和壮大。三是优化产业结构。通过引导中小企业向高科技、高附加值产业转型，优化产业结构，推动经济高质量发展。四是促进市场公平。通过财税减免政策，缩小中小企业与大型企业之间的税负差距。促进融资方面的政策目标主要包括四个方面。一是缓解融资难问题。通过政策引导和支持，增加中小企业融资渠道，降低融资门槛，帮助其解决融资难问题。二是降低融资成本。通过政策优惠和财政支持，降低中小企业的融资成本，提高其融资效率和竞争力。三是促进创新创业。通过融资支持，鼓励中小企业进行创新创业，推动技术进步和产业升级，提高其经济发展活力。四是优化金融资源配置。通过政策引导，优化金融资源配置，使更多的资金流向中小企业，促进其健康发展。

转型主要围绕数字化和绿色化问题。国家针对中小微企业的数字化政策总体目标主要是推动数字化经济的发展，促进产业结构升级和社会进步，具体包括以下几点。一是提升数字化能力。通过政策引导和支持，帮助小微企业提升数字化能力，包括信息化基础设施建设、数字化工具应用、数据驱动决策等方面，提高其市场竞争力。二是促进数字化转型。鼓励和支持小微企业进行数字化转型，通过数字化技术改造和升级传统产业，提高其生产效率和服务质量，实现转型升级。三是降低数字化成本。通过政策措施降低小微企业数字化转型的成本，包括技术研发、设备采购、人才培训等方面的费用，提高其数字化转型的积极性。四是增强数字化创新能力。鼓励和支持小微企业进行数字化创新，通过技术创新、模式创新等方式，提高其创新能力和市场竞争力。五是推动数字化合作。鼓励和支持小微企业与其他企业、机构等进行数字化合作，通过资源共享、技术交流等方式，共同推动数字化转型和产业发展。绿色化政策目标主要包括以下几点。一是推动绿色生产。通过政策引导和支持，鼓励小微企业实施绿色生产，采用环保、节能的技术和设备，减少对环境的污染和资源的浪费。二是促进绿色创新。鼓励小微企业进行绿色创新，开发和应用绿色产品和服务，提高企业的市场竞争力，同时也为环保事业做出贡献。三是提升绿色管理能力。通过政策培训和支持，提高小微企业的绿色管理能力，包括环境管理体系建设、绿色采购、绿色营销等方面，帮助企业实现可持续发展。四是推动绿色供应链建设。鼓励小微企业与其供应商合作，共同推动绿色供应链建设，实现整个供应链的绿色化，降低对环境的影响。五是推动绿色认证和标准建设。鼓励小微企业参与绿色认证和标准建设，通过获得绿色认证和遵循相关标准，提高企业的绿色形象和市场竞争力。六是加强绿色信息披露和透明度。要求小微企业加强绿色信息的披露和透明度，向公众展示企业的绿色化成果和努力，提高企业的公信力和社会形象。

## 二 保障中小微企业合法权益

国家将促进中小企业发展作为长期发展战略，坚持各类企业权利平等、机会平等、规则平等，对中小企业特别是其中的小型、微型企业实行积极扶持、加强引导、完善服务、依法规范、保障权益的方针，为中小企业创立和发展创造有利的环境。为切实保障中小企业合法权益，立法机关修订了《中华人民共和国中小企业促进法》，国务院制定了《保障中小企业款项支付条例》和《"十四五"促进中小企业发展规划》等多个政策文件，显示出国家对侵害中小企业权益现象的关切和保障其权益的高度重视。

保障中小企业合法权益，包括企业的财产、知识产权、平等市场地位和企业家的人身财产安全，对于促进中小微企业健康发展和完善市场经济体制至关重要。具体而言，保障中小微企业的合法权益可以取得以下效果。一是增强企业信心。当中小微企业的合法权益得到保障时，企业会感到更加安心和放心，从而增强其经营信心，这种信心可以转化为企业发展的动力，促进企业的稳定发展。二是提升企业形象。一个受到法律保护的中小微企业，其形象会得到提升，这有助于企业在市场上树立良好的形象，提高其信誉度和竞争力。三是保护企业财产。通过保障中小微企业的合法权益，可以有效地保护企业的财产安全，这包括企业的知识产权、商标、专利等，避免因侵权行为而遭受损失。四是维护市场秩序。当中小微企业的合法权益得到保障时，市场秩序也会得到维护，这有助于防止不正当竞争和垄断行为，确保市场公平竞争，为中小微企业创造一个良好的市场环境。五是促进企业发展。保障中小微企业的合法权益，可以促进企业的发展。企业可以在合法的框架内开展经营活动，不断创新和拓展业务领域，实现可持续发展。

### 三　深化商事制度改革，营造良好的营商环境

为帮助中小微企业营造良好的营商环境，工商部门不断创新审批方式，深化"证照分离"改革，在生产许可、项目投资审批、证明事项等领域，广泛推行承诺制，实现政府定标准、企业或个人作承诺、过程强监管、失信严惩戒，大幅提高核准审批效率。同时，管理部门不断提升企业注销便利度，强化税务、社保、金融、市场监管等环节协同办理，扩大简易注销范围，让市场主体进得来、退得出。市场监管部门加快完善各领域监管标准体系，实施标准"领跑者"制度，鼓励行业制定更高水平的自律标准，提高产品竞争力和推动产业转型升级。根据不同行业特点，市场监管部门合理分配国家、区域、省市县之间的监管力量，加强薄弱环节建设。创新包容审慎监管，改革按区域、行业监管的习惯做法，探索创新监管标

准和模式，发挥平台监管和行业自律作用。监管部门在部分领域实施柔性监管、智慧监管等，对一些看不准、可能存在风险的，划定可控范围，探索试点经验再推广。此外，相关部门支持地方探索创新，鼓励地方从当地实际出发，先行先试推进"放管服"改革；通过综合授权等方式，支持地方深化"放管服"改革，形成更多可复制推广的经验做法，以点带面推动全国营商环境优化。

**四 构建和完善创新型中小微企业梯度培育体系**

创新型中小微企业的培育工作已经被列入《"十四五"促进中小企业发展规划》九大重点工程之首。工信部正在构建创新型中小微企业评价体系，建立中小微企业梯度培育体系，完善专精特新标准制定等基础设施建设。《规划》提出构建优质企业梯度培育格局，目标是在"十四五"时期，培育100万家创新型中小企业、10万家省级专精特新企业、1万家专精特新"小巨人"企业和1000家"单项冠军"企业。截至2023年年底，中国"小巨人"企业数量已有1.2万多家，省级专精特新企业超过10万家。这两项指标已经基本完成目标。

构建和完善创新型中小微企业梯度培育体系，有利于达到如下目标。一是促进创新驱动的发展。中小微企业是创新的重要力量，通过构建和完善梯度培育体系，可以激发中小微企业的创新活力，推动创新驱动发展，促进经济转型升级。二是促进经济高质量发展。中小微企业在经济社会发展中具有重要作用，通过构建和完善梯度培育体系，可以提高中小微企业的核心竞争力，促进经济高质量发展。三是增强经济韧性。中小微企业在应对经济波动、风险挑战等方面具有重要作用，通过构建和完善梯度培育体系，可以增强中小微企业的经济韧性，保障经济的稳定发展。四是更好适应国际竞争。随着全球经济的不断发展，国际竞争日益激烈，通过构建和完善梯度培育体系，可以提高中小微企业的国际竞争力和突破关键的"卡脖子"技术，是适应国际竞争的需要。

## 第三节　促进中小微企业发展相关政策简评

表 8-1 是近两年中央层面出台的促进中小微企业发展的相关政策。可以看出，当前国家高度重视中小微企业的发展，政策出台频率极高、涉及的部门极多、涉及的领域极广。促进中小微企业发展的政策已经构成了高频次、多部门、多领域、多角度的立法政策体系。在政策出台频率上，平均每月有近 5 条部级以上单位的相关政策；在涉及的政策制定部门上，几乎涵盖了所有的中央部委，包括部门单独出台的政策和多个部门联合制定的政策；在涉及的中小微企业发展领域上，涵盖了融资促进、财税支持、营商环境、社保就业、生态环境及"双碳"等各个方面；在政策类别上，有针对中小企业融资痛点难点出台的专门性政策，也有常态化服务于中小企业的定期专项行动。针对当前中小微企业政策的具体内容，本节选取部分具有代表性的政策以简单评价，以期为进一步的政策改进提供依据。

表 8-1　　　　　　近两年促进中小企业发展的相关政策

| 政策方面 | 成文日期 | 部门 | 文件名称 |
| --- | --- | --- | --- |
| 综合政策 | 2023 年 7 月 | 国家发改委等八部门 | 关于实施促进民营经济发展近期若干举措的通知 |
| | 2023 年 5 月 | 国家发改委等四部门 | 关于做好 2023 年降成本重点工作的通知 |
| | 2023 年 7 月 | 中共中央、国务院 | 中共中央 国务院关于促进民营经济发展壮大的意见 |
| | 2022 年 6 月 | 工信部 | 优质中小企业梯度培育管理暂行办法 |
| | 2022 年 5 月 | 国务院 | 关于印发扎实稳住经济一揽子政策措施的通知 |
| | 2022 年 5 月 | 财政部 | 关于发挥财政政策引导作用支持金融助力市场主体纾困发展的通知 |

续表

| 政策方面 | 成文日期 | 部门 | 文件名称 |
| --- | --- | --- | --- |
| 人才政策 | 2023年12月 | 人社部 | 关于开展2023年全国人力资源市场高校毕业生就业服务周活动的通知 |
| | 2023年11月 | 人社部 | 关于强化人社支持举措 助力民营经济发展壮大的通知 |
| | 2023年8月 | 人社部、财政部 | 关于进一步加强就业政策落实有关工作的通知 |
| | 2023年5月 | 人社部等十部门 | 关于进一步推进实施百万就业见习岗位募集计划的通知 |
| | 2023年4月 | 工信部、教育部 | 关于开展2023年全国中小企业网上百日招聘高校毕业生活动的通知 |
| | 2022年3月 | 工信部、教育部 | 关于开展2022年全国中小企业网上百日招聘高校毕业生活动的通知 |
| 融资政策 | 2023年11月 | 工信部、证监会 | 关于组织开展专精特新中小企业"一月一链"投融资路演活动的通知 |
| | 2023年11月 | 中国人民银行等八部门 | 关于强化金融支持举措 助力民营经济发展壮大的通知 |
| | 2023年9月 | 国务院 | 国务院关于推进普惠金融高质量发展的实施意见 |
| | 2023年9月 | 财政部 | 关于印发《普惠金融发展专项资金管理办法》的通知 |
| | 2023年9月 | 证监会 | 关于高质量建设北京证券交易所的意见 |
| | 2023年7月 | 工信部等五部门 | 关于开展"一链一策一批"中小微企业融资促进行动的通知 |
| | 2022年11月 | 中国人民银行等六部门 | 关于进一步加大对小微企业贷款延期还本付息支持力度的通知 |
| | 2022年7月 | 证监会等三部门 | 关于推动债券市场更好支持民营企业改革发展的通知 |
| | 2022年4月 | 银保监会 | 关于2022年进一步强化金融支持小微企业发展工作的通知 |

续表

| 政策方面 | 成文日期 | 部门 | 文件名称 |
| --- | --- | --- | --- |
| 财税政策 | 2023年8月 | 财政部 | 关于加强财税支持政策落实 促进中小企业高质量发展的通知 |
| | 2023年8月 | 财政部等三部门 | 关于研发机构采购设备增值税政策的公告 |
| | 2023年8月 | 财政部、国家税务总局 | 关于支持小微企业融资有关税收政策的公告 |
| | 2023年8月 | 财政部、国家税务总局 | 关于延续执行农户、小微企业和个体工商户融资担保增值税政策的公告 |
| | 2023年8月 | 财政部、国家税务总局 | 关于金融机构小微企业贷款利息收入免征增值税政策的公告 |
| | 2023年8月 | 国家税务总局 | 关于接续推出和优化"便民办税春风行动"措施促进民营经济发展壮大服务高质量发展的通知 |
| | 2023年8月 | 财政部 | 关于加强财税支持政策落实 促进中小企业高质量发展的通知 |
| | 2023年8月 | 财政部、国家税务总局 | 关于进一步支持小微企业和个体工商户发展有关税费政策的公告 |
| | 2023年5月 | 国家税务总局 | 关于扎实开展税务系统主题教育推出"便民办税春风行动"第四批措施的通知 |
| | 2023年5月 | 国家税务总局、全国工商联 | 关于印发《2023年助力小微经营主体发展"春雨润苗"专项行动方案》的通知 |
| | 2023年4月 | 国家税务总局 | 关于落实落细税费优惠政策推出"便民办税春风行动"第三批措施的通知 |
| | 2023年3月 | 财务部、国家税务总局 | 关于落实小型微利企业所得税优惠政策征管问题的公告 |
| | 2023年3月 | 财政部、国家税务总局 | 关于小微企业和个体工商户所得税优惠政策的公告 |
| | 2023年2月 | 国家税务总局 | 关于接续推出2023年"便民办税春风行动"第二批措施的通知 |
| | 2022年9月 | 国家税务总局、财政部 | 关于制造业中小微企业继续延缓缴纳部分税费有关事项的公告 |
| | 2022年5月 | 财政部 | 关于进一步加大政府采购支持中小企业力度的通知 |

第八章　国家支持中小微企业发展的政策及影响

续表

| 政策方面 | 成文日期 | 部门 | 文件名称 |
| --- | --- | --- | --- |
| 财税政策 | 2022年3月 | 国家税务总局 | 关于推出2022年"我为纳税人缴费人办实事暨便民办税春风行动2.0版"的通知 |
| | 2022年3月 | 财政部等三部门 | 关于进一步提高科技型中小企业研发费用税前加计扣除比例的公告 |
| | 2022年3月 | 国资委 | 关于做好2022年服务业小微企业和个体工商户房租减免工作的通知 |
| | 2022年3月 | 财政部、税务总局 | 关于中小微企业设备器具所得税税前扣除有关政策的公告 |
| | 2022年3月 | 财政部、国家税务总局 | 关于进一步实施小微企业所得税优惠政策的公告 |
| | 2022年3月 | 财政部、国家税务总局 | 关于进一步实施小微企业"六税两费"减免政策的公告 |
| 营商环境 | 2023年11月 | 工信部 | 关于健全中小企业公共服务体系的指导意见 |
| | 2023年8月 | 国家发改委 | 关于完善政府诚信履约机制优化民营经济发展环境的通知 |
| | 2023年7月 | 民政部 | 关于开展全国性行业协会商会服务高质量发展专项行动的通知 |
| | 2023年7月 | 工信部 | 关于组织开展2023年度工业节能诊断服务工作的通知 |
| | 2023年5月 | 工信部 | 关于开展2023年全国中小企业服务月活动的通知 |
| | 2023年3月 | 工信部 | 关于开展2023年"一起益企"中小企业服务行动的通知 |
| | 2023年2月 | 民政部 | 关于持续强化行业协会商会乱收费治理 切实帮助市场主体减负纾困的通知 |
| | 2023年1月 | 国务院 | 关于印发助力中小微企业稳增长调结构强能力若干措施的通知 |
| | 2022年10月 | 国务院 | 关于印发第十次全国深化"放管服"改革电视电话会议重点任务分工方案的通知 |
| | 2022年10月 | 国家发改委 | 关于进一步完善政策环境加大力度支持民间投资发展的意见 |

续表

| 政策方面 | 成文日期 | 部门 | 文件名称 |
| --- | --- | --- | --- |
| 营商环境 | 2022年9月 | 交通运输部 | 关于进一步支持公路建设领域中小企业发展的通知 |
| | 2022年9月 | 国务院 | 关于加快推进"一件事一次办"打造政务服务升级版的指导意见 |
| | 2022年9月 | 国务院 | 关于进一步优化营商环境降低市场主体制度性交易成本的意见 |
| | 2022年7月 | 民政部等三部门 | 关于组织开展2022年度全国性行业协会商会收费自查自纠工作的通知 |
| | 2022年7月 | 民政部等三部门 | 关于开展行业协会商会乱收费专项清理整治"回头看"工作的通知 |
| | 2022年3月 | 工信部 | 关于开展"一起益企"中小企业服务行动的通知 |
| 知识产权 | 2023年10月 | 国务院 | 关于印发《专利转化运用专项行动方案（2023—2025年）》的通知 |
| | 2023年5月 | 工信部等十部门 | 关于印发《科技成果赋智中小企业专项行动（2023—2025年）》的通知 |
| | 2023年3月 | 国家知识产权局 | 关于印发《推动知识产权高质量发展年度工作指引（2023）》的通知 |
| | 2022年12月 | 国家知识产权局等十七部门 | 关于加快推动知识产权服务业高质量发展的意见 |
| | 2022年5月 | 工信部等十一部门 | 关于开展"携手行动"促进大中小企业融通创新（2022—2025年）的通知 |
| | 2022年1月 | 科技部 | 关于营造更好环境支持科技型中小企业研发的通知 |
| 信用体系 | 2023年8月 | 商务部等三部门 | 关于推动商务信用体系建设高质量发展的指导意见 |
| | 2022年4月 | 国家发改委、银保监会① | 关于加强信用信息共享应用推进融资信用服务平台网络建设的通知 |
| | 2022年1月 | 国家税务总局、自然资源部 | 关于进一步深化信息共享 便利不动产登记和办税的通知 |

① 现已改组为国家金融监督管理总局。

第八章　国家支持中小微企业发展的政策及影响

续表

| 政策方面 | 成文日期 | 部门 | 文件名称 |
| --- | --- | --- | --- |
| 信用体系 | 2021年12月 | 中国人民银行 | 动产和权利担保统一登记办法 |
|  | 2021年12月 | 国务院办公厅 | 关于印发加强信用信息共享应用促进中小微企业融资实施方案的通知 |
| 专精特新 | 2022年10月 | 国家知识产权局、工信部 | 关于知识产权助力专精特新中小企业创新发展若干措施的通知 |
|  | 2023年9月 | 人社部、工信部 | 关于实施专精特新中小企业就业创业扬帆计划的通知 |
|  | 2023年7月 | 工信部、教育部 | 关于举办专精特新中小企业面向2023届高校毕业生网上招聘活动的通知 |
| 产业协同 | 2023年5月 | 工信部等三部门 | 关于组织开展2023年"百场万企"大中小企业融通对接活动的通知 |
|  | 2023年5月 | 工信部 | 关于组织开展2023年度大企业"发榜"中小企业"揭榜"工作的通知 |
|  | 2022年9月 | 工信部 | 关于印发《促进中小企业特色产业集群发展暂行办法》的通知 |
|  | 2022年5月 | 工信部等十一部门 | 关于开展"携手行动"促进大中小企业融通创新（2022—2025年）的通知 |
| 品牌质量 | 2023年6月 | 工信部 | 关于开展2023年工业和信息化质量提升与品牌建设工作的通知 |
|  | 2023年5月 | 工信部等九部门 | 关于印发《质量标准品牌赋值中小企业专项行动（2023—2025年）》的通知 |
|  | 2023年4月 | 工信部办公厅、商务部办公厅 | 关于开展2023"三品"全国行活动的通知 |
|  | 2022年6月 | 工信部等五部门 | 数字化助力消费品工业"三品"行动方案（2022—2025年） |
| 转型发展 | 2022年11月 | 工信部 | 关于印发中小企业数字化转型指南的通知 |
|  | 2022年10月 | 工信部 | 关于发布中小企业数字化水平评测指标（2022年版）的通知 |
|  | 2022年8月 | 工信部 | 关于开展中小企业数字化服务节活动的通知 |
|  | 2022年7月 | 工信部等三部门 | 关于印发工业领域碳达峰实施方案的通知 |
|  | 2022年6月 | 生态环境部等七部门 | 减污降碳协同增效实施方案 |

## 一 融资促进方面

融资难、融资贵是中小微企业发展过程中不可回避的现实问题。为解决中小微企业融资问题，相关部门陆续出台了一系列政策法规。这些措施有助于缓解中小微企业融资难、融资贵的问题，为其提供更加稳定、可持续的融资支持。同时，也有助于激发中小微企业的创新活力，提高其市场竞争力，促进经济社会的全面进步。近两年，中小企业融资促进的相关政策见表8-1的融资政策与信用体系部分。

### （一）促进金融机构提高普惠金融服务水平的政策

国家发展普惠金融的目标是让金融服务覆盖更广泛的人群，特别是中小微企业和农村地区。近年来，国家大力发展针对中小微企业的普惠金融服务，鼓励金融机构向中小微企业提供服务，扩大金融服务覆盖面，提高金融服务的可得性和便利性；创新金融产品和服务，满足中小微企业的多样化融资需求，如应收账款融资、供应链融资等；推动金融科技的发展，利用大数据、人工智能等技术手段，提高金融机构的服务效率和质量，为中小微企业提供更加智能化、个性化的金融服务。国家通过普惠金融政策的引导和支持，降低了中小微企业的融资成本，包括贷款利率、担保费用等，减轻其财务负担。

2022年，中央多部委相继出台重量级普惠金融政策。例如，银保监会印发《关于2022年进一步强化金融支持小微企业发展工作的通知》，从总量、结构和成本方面制定了2022年工作目标。中国人民银行印发《关于推动建立金融服务中小微企业敢贷愿贷能贷会贷长效机制的通知》，从制约金融机构放贷的因素入手，按照市场化原则，进一步深化中小微企业金融服务供给侧结构性改革，加快建立长效机制，着力提升金融机构服务中小微企业的意愿、能力和可持续性，助力稳市场主体、稳就业创业、稳经济增长。银保监会印发《关于进一步推动金融服务制造业高质量发展的通知》，从重点支持领域、中长期资金投向、重点企业信贷支持方向、科技攻关方向、"走出去"的金融服务等多个方面指明金融支持制造业高质量发展的方向。

2023年9月，国务院发布的《关于推进普惠金融高质量发展的实施意见》提出，优化普惠金融重点领域产品服务、健全多层次普惠金融机构组织体系、完善高质量普惠保险体系、提升资本市场服务普惠金融效能、有序推进数字普惠金融发展、着力防范化解重点领域金融风险、强化金融素养提升和消费者保护、提升普惠金融法治水平、加强政策引导和治理协同、优化普惠金融发展环境等方面的政策构想。2023年11月，中国人民银行等八部门据此制定并发布《关于强化金融支持举措 助力民营经济发展壮大的通知》（以下简称《通知》），《通知》明确了金融服务民营企业目标和重点。总量上，通过制定民营企业年度服务目标、提高服务民营企业相关业务在绩效考核中的权重等，加大对民营企业的金融支持力度，逐步提升民营企业贷款占比。结构上，加大对科技创新、"专精特新"、绿色低碳、产业基础再造工程等重点领域以及民营中小微企业的支持力度。《通知》强调要从民营企业融资需求特点出发，着力畅通信贷、债券、股权等多元化融资渠道。银行业金融机构要加大首贷、信用贷支持力度，积极开展产业链供应链金融服务，主动做好民营企业资金接续服务，不盲目停贷、压贷、抽贷、断贷，同时抓好促发展和防风险。优化民营企业债务融资工具注册机制，充分发挥民营企业债券融资支持工具作用，扩大民营企业债券融资规模。鼓励和引导机构投资者积极科学配置民营企业债券，加大对民营企业债券投资力度。支持民营企业上市融资和并购重组，发挥区域性股权市场、股权投资基金对民营企业的支持服务作用，扩大优质民营企业股权融资规模。加大外汇便利化政策和服务供给，通过提升经济项目收支便利化水平、完善跨境投融资便利化政策、优化跨境金融外汇特色服务，支持民营企业"走出去""引进来"。《通知》提出，要综合运用货币政策工具、财政奖补和保险保障等措施，提升金融机构服务民营经济的积极性。加强部门合作，完善信用信息共享、融资担保、便利票据贴现、应收账款确权、税收等配套政策和机制，增强民营经济金融承载力。金融机构要加强宣传解读，主动将金融支持政策、金融产品和服务信息推送至民营企业。各地金融管理、发展改革、工信、财税、工商联等部门加强沟通协调，强化督促指导，提升政策实效。

这些普惠金融政策旨在为中小微企业提供更加稳定、可持续的融资支持和发展环境，在促进中小微企业融资方面发挥了积极作用，显著提高了中小微企业的融资可得性和便利性。通过扩大金融服务覆盖面、降低融资成本和创新金融产品和服务，这些政策有助于激发中小微企业的创新活力，提高其市场竞争力，促进经济社会的全面进步。同时，这些政策也有助于推动金融市场的公平竞争和可持续发展。

然而，政策实施过程中仍存在一些挑战和困难，如部分政策落实不到位、金融服务覆盖面仍需进一步扩大等问题，需要进一步加以改进和完善。虽然政策制定得很好，但在实际执行过程中政策落实不到位，导致中小微企业并未充分享受到政策的优惠和支持。在金融机构服务中小微企业的过程中，也存在服务流程不够便捷等问题。目前普惠金融政策主要覆盖了部分资金状态良好、银行信用高的中小微企业，仍有相当一部分急需资金的企业未能充分享受到政策的优惠和支持。同时，随着经济形势的变化，中小微企业的融资需求也在快速变化，普惠金融政策也需要不断完善和调整以防止政策滞后于企业需求的情况，因此需要持续关注中小微企业的融资需求和市场变化，及时调整政策措施。普惠金融政策的实施涉及多个部门和机构，需要加强政策协调和沟通。目前政策协调不够顺畅，可能影响政策的实施效果和中小微企业的受益程度。

(二)延长贷款期限、降低贷款利率,营造良好的融资环境

政府部门多措并举,通过延长贷款期限、降低贷款利率等手段,优化融资环境,帮助中小微企业解决融资难题。通过创新和运用好结构性货币政策工具,做好"加法",继续加大对中小微企业、科技创新、绿色发展的信贷支持,将两项直达工具转换为支持中小微企业的市场化政策工具,支持中小微企业融资,促进企业资金结构稳步优化。

通过提供贷款延期支持工具和信用贷款支持计划,帮助中小微企业渡过难关。通过两项直达货币政策工具,中小微企业可以获得更加优惠的贷款利率和更长的贷款期限,从而降低其融资成本,有助于减轻中小微企业的财务负担,提高其盈利能力。通过为中小微企业提供稳定的资金支持和优惠的融资条件,鼓励其进行技术创新和产业升级,推动中小微企业的创新发展。同时,政策工具还有稳定市场预期的作用,通过明确政策导向和支持力度,促进经济平稳运行。除了上述优点外,政策也存在执行力度不够、效果评估不足、缺乏长期规划和效果跟踪机制,以及缺乏对政策风险的防范措施等问题。

(三)通过债券和区域股权市场等直接融资手段加强金融服务

2022年7月22日,中国证监会、国家发改委、全国工商联联合发布《关于推动债券市场更好支持民营企业改革发展的通知》,主要内容包括:一是通过完善融资服务、推动产品创新、鼓励金融机构增加投入等方式优化金融服务体系,促进优化民营企业融资环境;二是通过教育引导、联合奖惩、追责问责等方式规范民营企业运营,维护良好市场生态;三是建立跨部门联络协调机制,加强证监会及派出机构、发展改革部门与各级工商联在规范和服务民营企业发展等方面的合作,及时分析新情况,商议解决重大问题。下一步,证监会将会同国家发改委、全国工商联抓紧落实各项工作举

措，合力推动民营企业健康发展。

2022年11月15日，证监会办公厅、工业和信息化部办公厅联合印发《关于高质量建设区域性股权市场"专精特新"专板的指导意见》，旨在推动地方政府高度重视专板建设，加大组织协调、数据共享、政策资源整合和支持力度，逐步建立起符合场外市场特点和优质中小微企业需求的基础服务体系、综合金融服务体系和上市规范培育体系，促进区域性股权市场功能作用发挥，通过与其他层次资本市场的有机衔接，提升多层次资本市场服务专精特新中小微企业的能力，更大力度支持中小微企业高质量发展。

（四）完善金融基础设施建设、健全信息平台网络

2014年10月，海关总署发布《中华人民共和国海关企业信用管理暂行办法》（以下简称《办法》），该《办法》的发布为建立企业信用体系提供了重要的政策支持，为企业开展信用管理工作提供了指导和依据。《办法》明确了企业信用管理工作的原则和目标，即遵循合法、公正、客观、统一的原则，以促进企业诚信经营，推动社会信用体系建设；规定了企业信用管理工作的主要内容，包括建立企业信用管理制度、完善企业信用信息记录、加强企业信用风险防范、开展企业信用修复等；明确了企业信用风险防范的措施，包括建立风险预警机制、加强内部管理、防范外部欺诈等。2021年12月，国务院办公厅进一步印发《加强信用信息共享应用促进中小微企业融资实施方案》，从信息整合、信用信息开发利用和保障权益三个方面对信用体系建设做出规定。一是加强信用信息共享整合。统筹建立或完善地方融资信用服务平台，构建全国一体化融资信用服务平台网络。二是深化信用信息开发利用。各级融资信用服务平台要建立完善中小微企业信用评价指标体系。三是保障信息主体合法权益。明确相关信息的共享公开属性和范围，建立信息分级分类管理和使用制度，提升信息安全风险监测、预警、处置能力，严肃查处非法获取、传播、泄露、出售信息等违法违规行为。要强

化政策支持，鼓励有条件的地方建立中小微企业信用贷款市场化风险分担补偿机制、提供贷款贴息。

2020年12月22日，国务院正式印发《关于实施动产和权利担保统一登记的决定》，明确自2021年1月1日起，在全国范围内实施动产和权利担保统一登记。将生产设备、原材料、半成品、产品抵押以及应收账款质押等七大类动产和权利担保纳入统一登记范围，由当事人通过中国人民银行征信中心动产融资统一登记公示系统自主办理登记。2021年12月28日，中国人民银行发布《动产和权利担保统一登记办法》，统一负责对生产设备、原材料、半成品、产品抵押和应收账款质押的登记。对于完善信用体系，便利中小企业信用融资具有重要意义。2023年，商务部等三部门进一步发布《关于推动商务信用体系建设高质量发展的指导意见》。

但当前的政策尚处于实验阶段，覆盖范围较小，受益群体有待扩大。同时，在质押和登记过程中仍然存在较大风险，例如应收账款确权难等问题，因此现阶段仍然需要继续进行实地调研和针对性的政策创新，才能真正建立起普惠性的中小微企业信用体系。

## 二　财税支持方面

表8-1的财税政策部分，列出了近两年中央层面出台的中小微企业财税支持政策。

### （一）税收征管改革进一步深化

2021年3月，中共中央办公厅、国务院办公厅印发《关于进一步深化税收征管改革的意见》，目标如下。到2022年，在税务执法规范性、税费服务便捷性、税务监管精准性上取得重要进展。到2023年，基本建成"无风险不打扰、有违法要追究、全过程强智控"的税务执法新体系，实现从经验式执法向科学精确执法转变；基本建成"线下服务无死角、线上服务不打烊、定制服务广覆盖"的税费服务新体系，实现从无差别服务向精细化、智能化、个性化服务转变；基本建成以"双随机、一公开"监管和"互联网+监管"为基本手段、以重点监管为补充、以"信用+风险"监管为基础的税务监管新体系，实现从"以票管税"向"以数治税"分类精准监管转变。到 2025 年，深化税收征管制度改革取得显著成效，基本建成功能强大的智慧税务，形成国内一流的智能化行政应用系统，全方位提高税务执法、服务和监管能力。2023 年 3 月财政部联合税务总局发布《关于落实小型微利企业所得税优惠政策征管问题的公告》，进一步落实税收征管改革措施。2023 年 8 月财政部发布《关于加强财税支持政策落实 促进中小企业高质量发展的通知》。

（二）减税降费力度大，效果明显

2022 年年初，党中央、国务院审时度势，作出实施新的组合式税费支持政策的重大决策，包括退还中小微企业和制造业等六个行业增值税留抵税额，减征中小微企业"六税两费"，阶段性缓缴企业基本养老保险费、失业保险费、工伤保险费等政策。2022 年 5 月 23 日，国务院常务会议部署了扎实稳住经济的一揽子政策措施，其中包括退还批发和零售业等七个新增行业增值税留抵税额；将中小微企业、个体工商户和五个特困行业缓缴养老等三项社保费政策延至年底，并扩围至其他特困行业；阶段性减征部分乘用车车辆购置税等税费支持政策。国务院常务会议相继部署再实施一批接续措施，包括进一步延长制造业中小微企业缓缴税费政策期限，实施支持企业创新的阶段性减税政策，对政策支持、商业化运营的个人养老金实行个人所得税优惠，居民换购住房个人所得税退税以及缓缴水土保持补偿费、生活垃圾处理费等。

近两年，财政部和税务总局针对中小微企业的设备购买、房租、加计扣除、贷款利息等均发布针对性减税降费政策。政策精准直达中小微企业，效果显著。同时还开展"便民办税春风行动"等定期的税收服务活动，方便企业办税的同时，也可以普及税务知识,改善税务监管方与被监管方的关系,提高企业纳税意识和主动性。

针对中小微企业的减税降费和奖补等财政政策,是政府最常用的财政手段,具有多重作用,可以降低中小微企业的经营成本,增加企业的利润和资本积累,从而增强企业的活力和市场竞争力。通过减税降费和奖补等政策,政府可以引导和鼓励中小微企业加大投资,特别是向高科技、高附加值、绿色环保等领域发展,促进中小微企业高质量发展和推动产业结构优化升级。政府的减税降费和奖补政策还可以改善中小微企业的营商环境,吸引更多的创业者和投资者进入市场,推动经济的繁荣和发展。但此类政策也存在政策覆盖面有限、申请门槛较高、政策执行滞后或偏差、支持资金不足和企业寻租等问题。

### 三 营商环境方面

表8-1的营商环境部分,列出了近两年中央层面出台的改善中小微企业营商环境的政策。

国务院和各部委多措并举,长期跟踪,持续致力于优化营商环境。2021年7月,国家发改委、自然资源部等六部门联合发布《关于加强投资数据资源共享 持续深化投资审批"一网通办"的指导意见》(以下简称《意见》),指出在2021年年底争取实现各级自然资源、生态环境、交通运输、水利等部门审批系统与投资在线平台的互联共享,并逐步深化投资审批权责"一张清单"、投资数据"一体共享"、审批事项"一网通办"。在主要任务上,《意见》提出四方面举措:一是完善工作机制,优化纵横贯通的审批体系;二是健全共享标准,推进投资审批数据实时共享;三是拓展平台功能,增强各方改革获得感;四是深化"一网通办",促进投资审批更加高效便捷。2022年9月,国务院办公厅印发的《关于进一步优化营商环境降低市场主体制度性交易成本的意见》,从五个方面部署了重点任务。一是进一步破除隐性门槛，推动降低市场主体准入成本。二是进一步规范涉企收费，推动减轻市场主体经营负担。三是进一步优化涉企服务，推动降低市场主体办事成本。四是进一步加强公正监管，切实保护市场主体合法权益。五是进一步规范行政权力，切实稳定市场主体政策预期。2022年10月，国家发改委印发的《关于进一步完善政策环境加大力度支持民间投资发展的意见》，共包括六个方面的21项具体举措。一是发挥重大项目牵引和政府投资撬动作用。支持民间投资参与102项重大工程等项目建设，发挥政府投资引导带动作用，支持民间投资参与科技创新项目建设。二是推动民间投资项目加快实施。深化"放管服"改革，加快民间投资项目前期工作，健全完善政府守信践诺机制。三是引导民间投资高质量发展。支持制造业民间投资转型升级，鼓励民间投资更多依靠创新驱动发展，引导民间投资积极参与乡村振兴，探索开展投资项目环境、社会和治理（ESG）评价。四是鼓励民间投资以多种方式盘活存量资产。支持民间投资项目参与基础设施领域不动产投资信托基金（REITs）试点，引导民间投资积极参与盘活国有存量资产，通过盘活存量和改扩建有机结合等方式吸引民间投资，鼓励民营企业盘活自身存量资产。五是加强民间投资融资支持。加大对民间投资项目融资的政策支持，引导金融机构积极支持民间投资项目，支持民营企业创新融资方式。六是促进民间投资健康发展。深入落实降成本各项政策，引导民间投资科学合理决策，支持民营企业加强风险防范，进一步优化民间投资社会环境，促进民间投资高质量发展。除此以外，工信部等国家部委还开展定期的"一起益企"、全国中小企业服务月等活动，为中小企业提供服务。

### 四 社保与就业支持方面

2021年8月，国务院发布《关于印发"十四五"就业促进规划的通知》（以下简称《规划》）。《规划》明确了"十四五"时期促进就业的基本原则，即坚持就业导向、政策协同，坚持扩容提质、优化结构，坚持市场主导、政府调控，坚持聚焦重点、守住底线。《规划》提出，到2025年，实现就业形势总体平稳、就业质量稳步提升、结构性就业矛盾有效缓解、创业带动就业动能持续释放、风险应对能力显著增强等目标。《规划》提出七项重点任务：一是坚持经济发展就业导向，不断扩大就业容量；二是强化创业带动作用，放大就业倍增效应；三是完善重点群体就业支持体系，增强就业保障能力；四是提升劳动者技能素质，缓解结构性就业矛盾；五是推进人力资源市场体系建设，健全公共就业服务体系；六是优化劳动者就业环境，提升劳动者收入和权益保障水平；七是妥善应对潜在影响，防范化解规模性失业风险。

2021年7月，人社部等八部门出台《关于维护新就业形态劳动者劳动保障权益的指导意见》（以下简称《意见》）。《意见》明确了规范用工的具体要求，也就是根据企业用工形式和新就业形态劳动者就业方式的不同，明确企业应当对符合确立劳动关系情形、不完全符合确立劳动关系情形但企业对劳动者进行劳动管理的新就业形态劳动者权益保障承担相应责任。对平台企业采取劳务派遣、外包等合作用工方式的，平台企业与合作企业依法承担各自的用工责任。

在中小企业人才引进与培养方面，各部委积极出台政策，为中小企业宣传站台、搭建就业服务平台、组织人才招聘活动（见表8-1人才政策部分）。

## 五 生态环保及"双碳"方面

当今世界正迎来一场以绿色低碳为特征的技术革命和产业变革。2020年9月，习近平主席在第75届联合国大会上代表中国政府郑重宣布，中国二氧化碳排放力争于2030年前达到峰值，努力争取2060年前实现碳中和，清楚地向国际社会表明了中国坚持绿色低碳发展的坚定决心。国家层面发布了《关于完整准确全面贯彻新发展理念做好碳达峰碳中和工作的意见》和《2030年前碳达峰行动方案》，出台了科技、碳汇、财税、金融等保障措施，形成碳达峰碳中和"1+N"政策体系，明确了时间表、路线图、施工图。

2021年1月11日，生态环境部印发《关于统筹和加强应对气候变化与生态环境保护相关工作的指导意见》（以下简称《指导意见》）。《指导意见》旨在加快推进应对气候变化与生态环境保护相关职能协同、工作协同和机制协同，加强源头治理、系统治理、整体治理，以更大力度推进应对气候变化工作，实现减污降碳协同效应，为实现碳达峰目标与碳中和愿景提供支撑保障。《指导意见》从战略规划、政策法规、制度体系、试点示范、国际合作等五个方面，建立健全统筹融合、协同高效的工作体系，推进应对气候变化与生态环境保护相关工作统一谋划、统一布置、统一实施、统一检查。2022年6月，生态环境部等七部门印发《减污降碳协同增效实施方案》的通知，2022年7月，工信部等三部门印发《工业领域碳达峰实施方案》的通知（见表8-1转型发展部分）。

### 六　促进企业创新方面

创新是中小企业高质量发展的根本动力，因此国家在促进企业创新方面持续发力，中央各部委在知识产权保护、创新型企业培育方面出台了一系列政策。表8-1的知识产权、专精特新、产业协同和品牌质量部分列出了近两年的相关政策。2018年11月，工信部等四部门发布《促进大中小企业融通发展三年行动计划》，提出"用三年时间培育600家专精特新'小巨人'企业，到2021年，形成大企业带动中小企业发展，中小企业为大企业注入活力的融通发展新格局"的目标。与此同时，工信部于2018年11月同步发布了《关于开展专精特新"小巨人"企业培育工作的通知》，对国家级专精特新"小巨人"企业的评选标准、选拔方式、培育目标等做出了较为详细的规定。至此,专精特新政策体系在国家层面初步形成。[①] 在此后的政策实践过程中,随着认识的加深,国家对于"小巨人"企业的期望逐渐提高,入选门槛和培育数量也随之提高。2021年12月,工信部等十九部门联合印发《"十四五"促进中小企业发展规划》,提出构建"专精特新"中小企业、专精特新"小巨人"企业标准体系和评价机制;聚焦创新型中小企业、"专精特新"中小企业、专精特新"小巨人"企业,构建从孵化培育、成长扶持到推动壮大的全生命周期梯次培育体系。据此,工信部于2022年6月发布《优质中小企业梯度培育管理暂行办法》(以下简称《办法》)。《办法》将优质中小企业定义为在产品、技术、管理、模式等方面创新能力强、专注细分市场、成长性好的中小企业,优质中小企业由创新型中小企业、"专精特新"中小企业和专精特新"小巨人"企业三个层次组成。确定"十四五"期间培育创新型中小企业100万家;省级专精特新企业10万家;专精特新"小巨人"企业1万家的目标,对优质中小企业梯度培育工作的各个方面进行了大幅细化和详细规范,尽可能减少漏洞,做到优中选优。6月后,各部委密集发布了《关于协助推荐专精特新中小企业专属服务产品的通知》《关于举办专精特新中小企业面向2023届高校毕业生网上招聘活动的通知》《关于知识产权助力专精特新中小企业创新发展若干措施的通知》《关于高质量建设区域性股权市场"专精特新"专板的指导意见》等,力图在传统政府奖补和银行融资以外,完善其他方面的辅助政策体系,以全方位改善专精特新企业的营商环境和提高其造血能力。

---

[①] 自2011年提出专精特新概念以来,各地即出现了大量专精特新政策,但各地关于专精特新有自己的理解,相关政策也是呈现点状分布,不成体系,政策执行力度也较为有限。

## 第四节 政策建议

**一 刺激消费需求，深挖内循环潜力**

国家需要继续出台系统性解决长期消费问题的政策，如加强教育、医疗、大城市公租房、养老等核心公共服务供给，降低居民预防性储蓄倾向；进一步调整完善收入分配制度，激活需求端作用。同时，进一步破除影响要素自由流动的障碍，构建全国统一大市场体系；提升生产要素和产品流动的效率，提升技术要素、人才要素在产业体系内部流动的顺畅，提升经济的韧性。

**二 推动中小微企业绿色化与数字化融合发展**

数字化技术在减排方面具有明显的乘数效应。虽然数字化基础设施也存在一定碳排放，但根据国际相关评估，未来数字化技术整体可以通过增加2%的碳排放，带来近20%的碳减排。结合中国当前的数字化新基建进展，随着人工智能、工业物联网、大数据中心、新一代信息通信技术等新部署，预计每年至少可以为中国减少7300万吨的碳排放。数字化技术可以帮助分散在各领域的中小企业进行更细致的碳排查和碳账户核算，帮助中小企业更加自如地应对国际相关行业碳排放标准的提升带来的未知风险，在与海外企业进行合作衔接的过程中也会更加顺畅。

中小企业当前碳排放主要来源为能源方面电力的使用，属于间接排放。通过数字化技术可以让企业对用电量分布一目了然，实时在线测算碳排放，从而帮助企业动态地看清自身碳排放量各个排放源的比重以及碳排放强度在同行中的水平。低碳产品需要整个产业链上下游同步达标。而在这个过程中，则需要政策以及专业机构把企业的共同目标、方法和制定路线图的技巧归纳起来，配合平台和服务商的帮助，将减碳的效果发挥到最大。现阶段不少中小企业仍无法通过自身努力来实现数字化减碳，需要有平台整合广泛的服务资源，针对企业的复杂需求来推出菜单式服务，既能够降低企业获得服务的中间成本，也能够大幅提高服务的规模效应，从而推动数字化减碳业务的产业化发展。目前已经在数字化减碳领域先试先行的大型企业、具有数字化天然优势的互联网企业，都可以成为平台的主要搭建者。在平台搭建的过程中还需要响应国家政策层面进行的引导与规范，一方面加快推动"双碳"相关标准化规范化建设，避免平台重复建设、参差不齐；另一方面加快平台的培育壮大，避免成本过高影响企业参与的积极性。

激发企业融合发展活力。营造公平竞争市场环境，促进各类要素资源向企业汇聚，激发企业创新动力和融合发展活力。培育具有重大引领带动作用的生态主导型企业，鼓励领军企业组织产业链上下游形成创新联合体，发挥领军企业的示范带动作用，鼓励其基于技术和产业优势，提供行业绿色发展的系统解决方案。推进中小企业数字化转型，建设一批成果转化、技术标准、检测认证、市场推广等公共服务平台，降低中小企业数字化转型成本。鼓励大型企业通过开放平台等多种形式，与中小企业开展互利合作。

### 三　利用大数据等金融科技手段解决融资难题

政府通过完善金融基础设施来为微型金融提供保障，包括构建完善的征信系统、支付体系以及为经济发展提供一个良好的法律和监管环境等。既有研究显示，通过促进对信用记录良好的经济体进一步发放贷款和抑制对信用质量较差的经济体贷款发放两个渠道影响信贷发放，显著促进总消费和总投资的增长。中国的中小型民营企业总体上信用质量不高，存在违约、价格及质量欺诈、拖欠款、虚假信息披露等诸多问题，因此征信系统的构建对于解决中国中小微企业融资难、融资贵的问题尤为重要。具体措施上，可以鼓励各金融机构借助大数据技术获得高质量的企业及企业高管信息。国家金融监督管理总局牵头搭建信用信息平台，整合各大国有银行、地方性银行和蚂蚁金服等民营互联网金融科技公司的客户信用信息，全面勾画中小微企业信用全貌，实现银企信息有效对接，让银行面向企业需求，提供更多样的信贷产品，推动普惠小微信用贷款占比提升。

**四 构建化解中小企业应收账款长效机制**

国务院于 2020 年 7 月发布的《保障中小微企业款项支付条例》，应得到进一步落实，切实落实监督检查责任，充分发挥法律对拖欠行为的惩戒和约束作用。建议以完善制度为重点建立长效治理机制，包括在反垄断法制度体系框架下解决大企业拖欠问题；利用反垄断机构的力量强化执法，进一步加强实施等。

继续完善迟延支付立法，加强对市场势力规制。应建立一套从专门立法到监管制度、调查执法、咨询调解、宣传教育等全面防止迟延支付等滥用市场优势行为的系统性制度，在政策堵点上进行更多提炼、深挖和突破。

增强执行能力，明确主体责任，增强主动调查。应定期开展对中小微企业的主动调查，摸底应收账款实际情况并联合各部门执行。此外，也可以增加民间力量配合，如行业协会可以发挥信息收集功能和第三方独立性，补充政府部门不足。

进一步发展供应链金融服务，缓解企业资金压力。政府出面规范，要求企业间业务活动的开展必须有合同和发票等有效凭证，便于确权，联合各方建立一个可信的交易、可信的资产、可信的行为链，通过市场化机制让银行更愿意为中小企业融资。中小企业以应收账款担保融资的，机关、事业单位和大型企业必须在中小企业提出确权请求后及时确认债权债务关系，引导推动大企业支持上下游中小企业开展供应链融资。同时，国家要增加对中小企业的有效金融服务供给，用好供应链票据平台、动产融资统一登记公示系统、应收账款融资服务平台，鼓励金融机构开发与中小微企业需求相匹配的信用产品。利用大数据和互联网技术去逐个梳理各产业内企业间的债务债权关系，形成更大规模产业链的债务债权统计，进行现金甚至是存货、厂房、设备等资产对冲，以较快的速度来核销部分债务债权。

**五 提高基层政府公共服务水平，不断优化营商环境**

特别是基层政府部门要多服务、办实事、提高效率，切实保护企业家特别是民营企业家的合法权益。对市场主体尽量做到"有求必应，无事不扰"。提升中小微企业政务服务水平，确保企业应知尽知、应享尽享。支持地方建设统一的惠企政策发布和申报系统；深化大数据等信息技术的应用，加快推动"免申即享"模式，通过企业大数据和政策大数据的比对分析，筛选并以短信通知符合条件的企业。积极调查了解企业的困难和政策诉求，因地制宜完善政策细则。

# 第九章

# 小微企业发展典型模式和案例

## 第一节 典型模式

调研发现,小微企业在企业家精神带动下,基于区域智力或技术积累、产业基础、自然资源禀赋、区位等要素的优势区别,形成了不同的发展模式。同时,同一企业自身也可能存在多种发展模式,我们以其中一种或几种典型特征为主进行划分,总结得到技术创新模式、延伸产业链条模式、绿色发展模式、外销模式、特色产业模式和品牌聚集模式六种典型模式。

### 一 技术创新模式

该模式主要是在地区智力和技术优势的基础上,以创新驱动发展战略为引领,以不断塑造发展新动能新优势为导向,借助中小企业自身高水平的创新成果,通过平台赋能,帮助区域承接科研成果,加速新兴技术的引进、实现传统技术的更新迭代,进而促进区域内创新链与产业链深度融合。该模式下的企业创新水平高,创新能力强,发展模式易形成良性循环,对形成富有竞争力的创新生态,推动高质量发展创新高地的建成具有重要意义。

该发展模式的典型案例有江苏常州市新北区中小企业集群、长春新区光电信息产业中小企业集群、江苏无锡市物联网产业集群等。其中,江苏常州市新北区中小企业近年来提倡转型,由自由发展向围绕产业链关键环节发展转变，旨在成为高附加值终端产品供应商。全区"专精特新"企业高度重视研发、技术专利，不断提升创新实力。天合光能和捷佳创共同参与完成"高效低成本晶硅太阳能电池表界面制造关键技术及应用"项目并荣获国家技术发明二等奖。"专精特新"企业贡献度大，是推动区域创新链与产业链深度融合，加速产业转型升级，推动区域形成具有较强竞争力的创新生态，提升区域经济竞争力的成功案例。

## 二 延伸产业链条模式

该模式主要围绕现有产业链，以链主企业为轴心，以众多中小企业为配套，通过分工协作促进产业链向上下游拓展延伸。产业链龙头企业通过加强产业链的整合和兼并，提高产业链关键环节的控制力，促进产业链上优势企业与专业配套企业的协同发展，着力推动地区提升产业链韧性，促进技术补链、协作强链、跨界延链。该模式下中小企业的专业化程度高，产业韧性强，对提高产业链的广度和深度，促进中小企业分工协作，提升区域生产效率有重要作用。

江苏常州市中小企业纺织服装产业链、安徽芜湖汽车制造产业链、广西玉林玉柴工业园等均采用该发展模式，取得了显著成就。其中，江苏常州市中小企业，由原料加工、原辅材料供应等基础产业，延伸到成衣制作，包含化纤、纺纱、制线、织布、印染、成衣、缝制设备研发及生产等，目前已形成一体化的较为完整的产业链体系，可承接针织系列、休闲系列、商务系列等多品类服装生产，被授予"中国服装产业示范集群""江苏纺织服装产业基地"等产业高级别荣誉资质。

## 三 绿色发展模式

该模式是以积极践行"绿水青山就是金山银山"重要理念为引

领，以资源节约、环境友好为导向，以产业低能耗、低污染为目标，通过持续提升中小企业的绿色技术创新能力，有针对性地开发节能减排技术及产品，进而推动传统产业绿色低碳升级，促进节能环保产业发展壮大，全面提升区域绿色低碳发展质量，实现区域绿色与发展同步共行。

深圳市新能源产业集群、无锡市节能环保产业链、福建省莆田市绿色产业均是该发展模式的成功案例。其中，深圳市新能源产业集群已累计建成新能源创新载体超百家。2021年，深圳市新能源产业增加值约642亿元。其中，先进电池材料产业集群获评工信部先进制造业集群"前三强"，集聚企业3000余家；风电产业集群企业75家、氢能产业集群企业及科研机构70余家；光伏逆变器、锂离子电池负极材料市场占有率位居全球前列；核电、气电等清洁电源装机容量占全市总装机容量的77%，高出全国平均水平约25个百分点。在安全节能环保产业方面，已成长起一批综合实力强、创新优势明显的龙头企业和中小企业，在细分领域全国领先。深圳新能源产业集群推动形成相互联系的产业生态，为探索深圳区域经济发展与"碳减排"协同的高质量"双碳"提供支撑，孕育出更多新兴业态。

### 四 外销模式

该模式主要是中小企业依托区位、交通、产品优势，紧跟国家"走出去"的发展战略，积极布局海外市场，提高企业海外市场配置资源能力，提升企业与海外各类市场主体之间的协同发展水平，带动区域外向型经济发展，助力构建内外循环相互促进的经济发展新格局，推动共建"一带一路"高质量发展。该模式下的中小企业易形成规模经济，进而有利于企业生产效率的提高和生产成本的降低。

浙江义乌民营中小企业小商品出口业务、湖南省邵东市打火机产业集群、福建晋江市鞋服产业是典型的外销发展模式。其中，邵东打火机遍布全球 200 多个国家和地区，邵东区域内拥有 114 家打火机生产及配套企业，形成四大打火机产业集群，带动了当地 10 万人就业。近年来，邵东主动融入"双循环"新发展格局，鼓励企业开展网上销售，例如直播带货；积极培育外贸企业，发展"邵东总部＋国外生产基地"新模式，谋划全球战略布局。邵东民营经济产值占全市 GDP 比重 85% 以上，全市目前拥有外贸企业 414 家，成功利用比较优势带动本土传统产业积极扩展海外市场，推动区域外向型经济发展。

**五 特色产业模式**

该模式主要是中小企业立足地区长期发展过程中所积淀的一种或几种特有的资源、生产模式、区域文化等优势，通过有效开发利用自然资源、传承发扬传统技艺等方式，推动形成具有本地区特色和核心竞争力的产业，实现地区产业良好发展和民生改善。典型案例有：福建省南平市竹子产业、山东潍坊风筝产业、山东滨州博兴草柳编产业、广西玉林市香料产业等。

其中，山东滨州博兴草柳编已有 800 多年的历史，是国家级非物质文化遗产。近年来，随着电子商务的普及，草柳编产业得到极大发展。2013 年博兴县湾头村成为全国首批"淘宝村"，全村在淘宝、京东等平台开设网店 1200 多家，年销售额过百万元的有 50 余家，2018 年网络销售总额突破 4.6 亿元。湾头村电商业务的不断发展，带动了物流、快递等现代服务业的发展。此外，中国草柳编文化创意产业园结合当地草柳编生产和电商、物流、乡村特色旅游等产业共同构成草柳编产业综合体发展模式。该模式辐射了小清河沿岸 18 个村，每个村电子商务年均网络零售额均过千万元。同时该地还是全省最大的蒲草交易市场，年交易各类原料 400 余吨，带动草柳编从业人员 4.5 万人，该模式合理利用了区域的自然资源和人文资源，提高了区域特色产业的知名度和认同感。

**六　品牌聚集模式**

该模式以推进区域文化自信、自强为引领，以品牌、产业、效益三位一体的区域品牌发展战略为导向，旨在培育形成具有地域和民族特色的自主品牌。通过集聚、协同特色产业将区域品牌效应放大，形成具有地理标志的集群。同时，进一步发挥区域品牌地标效应和杠杆效应，促进区域特色塑造、文化内涵提升，实现区域产业间跨界联动发展。该模式通过聚合不同品牌以打造"明星"品牌，提升区域投资吸引力，为当地百姓增收、人口就业、产业振兴带来强劲动能。福建莆田制鞋、福建武夷岩茶、河北衡水市安平丝网、江西景德镇瓷器等均采用该发展模式。

其中，福建莆田制鞋历史悠久、工艺精良，是世界名牌运动鞋的定点生产基地，涵盖"鞋材—模具—制鞋—贸易—物流"等各个环节，拥有中小企业4000多家，从业人员50多万人。2021年，莆田鞋业规模产值1106.5亿元，鞋产量13.94亿双，约占全省的1/3、全国近10%。2022年"莆田鞋"集体商标获批上线，16家自主品牌企业授权使用，带动玩觅、萨拉曼等品牌市场份额逐步提升，超火等一批细分品牌涌现，初步形成区域品牌带动自主品牌的"1+N"雁阵体系。

六种模式的优势与侧重点各有不同。技术创新模式指的是中小企业通过不断提升创新能力、激发创新活力，推动创新资源集聚，为企业发展赋能；延伸产业链条模式优势在于关键环节控制力强，中小企业专业性高，产业链韧性足；绿色发展模式可以促进中小企业节约资源、减少生产成本，为保护生态环境做出贡献；外销模式优势在于海外市场广阔，规模大，有利于全球资源优化配置；特色产业模式能够发挥当地传统技艺和自然资源禀赋的优势，打造优势产业，形成企业自己的竞争力；品牌聚集模式可以减轻单个中小企业在品牌建设、推广方面的资金投入，提升区域内中小企业产品和服务的品牌形象价值。

## 第二节 典型案例

中小企业的发展与时俱进，离不开两个关键词的引导：创新和数字化转型。创新是中小企业成功的关键之一，它追求新的商业模式、产品和服务，不断开拓创新市场，以满足不断变化的消费需求。通过创新，中小企业可以提供独特的价值，增强市场竞争力。数字化转型是另一个重要的发展方向。在数字时代，中小企业通过采纳先进的信息技术，将业务过程、管理流程和沟通方式数字化，进而达到提高效率，降低成本，优化资源配置，增强企业与供应商、客户之间的互动和沟通的效果。通过数字化转型，中小企业可以在全球竞争中保持竞争力，并适应不断变化的市场环境。创新和数字化转型相辅相成，相互促进。创新为数字化转型提供了更多的机会和可能性，而数字化转型则为创新提供了基础和支持。以下列举一些典型的企业案例，展示中小企业如何成功完成企业创新和数字化转型。

一 企业创新

（一）加强企业自身实力

1. 北京伟瑞迪科技有限公司：人才导向为企业可持续发展保驾护航

北京伟瑞迪科技有限公司（以下简称伟瑞迪公司）致力于环境质量监测技术和环境大数据分析技术的研究，为客户提供智慧环保、环境监测、污染防控、安全管理等系统解决方案和技术应用服务。公司提供园区安全预警、城市空气质量提升、流域管控三大服务，产品以在线监测仪器仪表设备为主。

伟瑞迪公司的人员成本占总成本的 1/2，以轻资产为主。目前有员工 130 人，其中 50 人为研发人员，主要负责软件开发工作。员工学历以本科为主，其中硕士研究生占比在 10% 以上，同时有两到三名博士生在职。在遴选人才方面，伟瑞迪公司注重工资和工作能力的性价比，招聘对象以工作经验丰富的成熟技术员工为主，同时也注重发掘和培养拥有较大潜质的应届毕业生。

互联网行业的发展为伟瑞迪公司提供了大量软件人才和互联网营销人才，使公司能够维持较高的员工素质。公司注重激发人才的创新性，研发小组以矩阵结构为主，团队内无领导主管，成员平等交流，风险共担，给予了研发人员充分的自由度，既利于发挥个体优势，又利于在跨部门信息交流中互相学习，集众家之长，提高劳动生产率和项目完成的质量。对于人员流动问题，伟瑞迪公司客观视之，认为人员流动是正常现象，只要公司核心层稳定，流动反而可以在一定程度上激励企业进步。同时，为了留住人才，公司采取了一系列针对性措施，如帮助个人进行职业规划，使个人发展目标与企业发展目标相一致、成立持股平台等，目前有 38 名核心员工确权，持股人数占正式员工的 1/3 以上。

2. 荣昌生物制药（烟台）股份有限公司："人才+平台"的科技创新发展战略

荣昌生物制药（烟台）股份有限公司（以下简称荣昌生物）是一家具有自主知识产权的创新生物药创制公司。2008 年成立以来，荣昌生物针对自身免疫疾病、恶性肿瘤、眼科疾病等人类重大疾病，先后研发了一系列具有自主知识产权的新药，目前拥有 90 多个中成药产品的生产批件，13 个剂型，16 条生产线。

荣昌生物秉承"创建一流研发团队，形成人才优势地位"的人才发展战略，创建了一支 500 余人的科学家研发团队，其中多人具有在海外 20 年以上的生物新药研发经验。为夯实人才培养基础，公司与同济大学、烟台开发区管委会共同建设"生物药物创制联合开发平台和基地",建成哺乳动物细胞表达(CHO)和抗体—药物偶联(ADC)两大技术平台,拥有多条覆盖2—2000升的细胞培养生产线,可在GMP环境下年产抗体蛋白250千克,相关技术能力达到国内领先、世界先进水平。

3. 苏州市华工照明科技有限公司:产学研助推创新发展

苏州市华工照明科技有限公司(以下简称华工照明)成立于2009年,坐落于苏州工业园区国际科技园里,是集研发、生产、销售于一体的高科技公司。

依托高校研究平台实现技术创新。华工照明是一家以技术见长的公司,非常重视技术研发和技术创新,公司依托苏州大学嵌入式仿生智能研究所的技术,开发了将GPRS、WiFi、ZigBee等技术运用于照明控制领域的系列产品,实现了道路路灯的无线组网技术,并成功开发出了无线照明控制器及监控系统。公司拥有国家发明专利8项、软件著作权登记8项、省级鉴定的科技成果10项,获得省市级科技成果奖6项。

依托工业园区为人才建设提供保障。华工照明依托园区资源,打通产学研"任督二脉"。园区以助推产学研合作为目标,集聚了23所高等院校,1个国家级研究所,170个研发机构和平台,4个国家级孵化器,38个院士工作站、博士后科研工作和流动站,为企业发展提供个性化服务与人才保障。华工照明研发团队中90%的研发人员来自高校或研究院所,并通过园区牵线搭桥取得长期合作关系。

与高校合作筑起资金链。华工照明主要依托苏州大学下属公司苏州苏大万佳技术有限公司,该公司以100万元现金入股,达成双方长期战略技术合作和市场合作,有利于构建未来利益共享以及风险共担机制。另外,苏州国际科技园以租金111万元作价入股,为以后的市场开拓提供更多可用的社会资源,减轻了华工照明的资金负担。同时,也与苏州大学建立利益共享机制,进一步促进了产学研合作机制建立。

4. 山东赫达股份有限公司：重视人才，坚持创新筑牢动态护城河

山东赫达股份有限公司（以下简称赫达）是中国水溶性高分子化合物的龙头企业，是亚洲最大、全球第四的非离子纤维素醚生产企业。2021年入选工信部公示的第三批国家级专精特新"小巨人"企业。赫达在纤维素醚领域深耕21年，依托以人为本的企业文化和上市公司平台优势，培养和引进了包括技术研发、运营、供应链、自动化、环保、安全、人力资源、财务管理、IT以及市场运营等领域的一批优秀人才，很多是源于世界五百强企业的关键岗位。

在创新驱动方面，目前公司配有设施先进的实验室和研发工作室，有5项国家发明专利，37项实用新型专利。公司非常注重中高端产品的研发、生产，现有达到"国内领先水平"科技成果鉴定10项，达到"国内先进水平"科技成果鉴定1项。同时，公司拥有4个省级研发平台即"山东省纤维素醚工程技术研究中心""山东省企业技术中心""山东省纤维素醚工程实验室""山东省纤维素醚一企一技术中心"，2020年研发投入超过4000万元。赫达先后参与制定国家标准3项，行业标准4项，起草团标2项，声明公开企业标准5项；先后与北京理工大学、山东理工大学、华东理工大学等高等院校密切合作，共同建设技术研发基地。

（二）依托外部环境

1. 联想助力京品高科信息科技（北京）有限公司快速扩张

京品高科信息科技（北京）有限公司（以下简称京品高科）创立于2013年，公司致力于为泛零售行业的运营数字化转型提供快捷、高效、成本优化的智能解决方案。作为全球领先的智能售卖整体解决方案服务商，京品高科依托自主研发的智能零售AIoT云平台，实现了智能零售跨业态、跨场景、跨终端、跨平台的互联互通，并利用智能化手段帮助产业链中的各环节高效协作。然而随着

公司业务的扩大，团队人员不断壮大，跨部门沟通、协作问题越发凸显。

为了助力中小企业迅速、有效扩张，基于客户核心痛点与诉求，联想推出了中小企业数字化 FAST 光速引擎，基于中小企业数字化现状和各成长阶段的核心需求，形成了集快速、低成本、简单、有效于一身的服务体系。借助 FAST 光速引擎，京品高科得以在激烈市场竞争中抢占鳌头，通过高效协同，充分提高了团队战斗力。

2. 中科雨辰科技有限公司：有利的营商环境为企业发展赋能

中科雨辰科技有限公司（以下简称中科雨辰）成立于 2001 年，是一家专注国防和军队信息化建设，以自然语言处理、大数据、生物识别等领域技术为基础，在开源情报、智慧军营和智能军事等领域，提供人工智能产品及智慧军营整体解决方案的技术创新型企业。

北京市政府给予了中科雨辰一定的扶持，包括每年划拨给公司一到两个北京户口，十余套公租房。国家对科技的重视以及营商环境的改善为中科雨辰提供了良好的外部环境。目前公司拥有的市场机会较多，"十四五"时期，中科雨辰在军工方面中标合同额 2 亿多元，结余利润达到 1 亿元。中科雨辰作为一家创新型企业，通过了"瞪羚企业"、"双高新"企业和"专精特新"中小企业技术评定。其专利申请处于起步阶段，已经拥有了 137 项软件注册权；享受 15% 的企业所得税税率和 75% 的研发费加计扣除比例。

军工行业提供充足的市场机会。中科雨辰大概 95% 的销售额来自军工相关业务。企业主要业务是为部队核心业务（包括作战、情报、训练和后勤保障四大部分）提供信息化的解决方案。由于军工行业的特殊性，作为民营企业的中科雨辰以为相关国企提供配套服务为主。情报方面主要涉及开源情报系统，辅助军方进行研判和决策，中科雨辰做过的案例包括美国政治人物分析和国内疫情数据追踪。在技术方面，中科雨辰和国内人工智能前端存在差距，但是军工行业有一定的进入和退出壁垒，需要保密资质。技术实力强、体量大的互联网公司往往面向世界市场，申请保密资质、拥有军工属性会阻碍其拓展海外业务。因此，在军工市场中，大型互联网企业以提供间接性服务为主，一般避免接触前端业务，或者直接对军工相关部门进行剥离。也就是说，拥有技术优势的企业不一定愿意大举进军军工领域，这为中科雨辰这样的中小型企业减轻了竞争压力，创造了更大的成长空间。军工行业的蛋糕足够大，因此细分领域竞争不太激烈，同时，军工行业与政治联系紧密的天然属性以及中国军工发展的阶段性特征使中科雨辰这样的中小型民营企业也能拥有充分的市场机会和成长空间。

（三）利用政策扶持

1. 广东中轻枫泰生化科技有限公司：政策减轻融资压力

广东中轻枫泰生化科技有限公司（以下简称中轻枫泰）成立于2007年，是一家以木薯、木薯淀粉、玉米淀粉为原料，专业种植木薯、生产销售工业用木薯淀粉、变性淀粉的高新技术企业，厂址位于电白区霞洞镇，占地面积达350亩，年产原淀粉60000吨，变性淀粉61000吨，年产值达3.5亿元。目前中轻枫泰的客户有中国纸业集团下属各大纸业公司——珠海华丰纸业有限公司、珠海红塔仁恒纸业有限公司、湛江冠龙纸业有限公司、湛江冠豪纸业有限公司、永州湘江纸业有限公司、沅江纸业有限公司、岳阳林纸股份有限公司，有中外合资的纸制品企业——苏州紫兴纸业有限公司、玖龙纸业（控股）有限公司等特大型国有企业。中轻枫泰目前正在研发食品、药品、纺织等高新技术领域的变性淀粉，销货渠道更为广阔，产品价值大幅度提高。

2021年，公司获评第三批国家级专精特新"小巨人"企业，并按照政策获得政府贴息。公司反映，在实际操作中，政府会根据自身资金情况，统计辖区内符合贴息资格的企业，然后通过赋权计算将贴息额分配给不同企业，因此企业能获得的贴息金额并不确定。除获得政府贴息外，由于公司形象和信誉的提升，公司融资难度大幅下降，各大商业银行积极向公司提供贷款。目前，公司主要从中国邮政储蓄银行获得贷款，双方从 2018 年开始合作，采取每年滚动贷款的方式，实际贷款利率为 4.05%。总体而言，获评专精特新"小巨人"企业有效地降低了公司融资成本和融资难度。

2. 广东伯林陶瓷实业有限公司：专精特新带来融资利好

广东伯林陶瓷实业有限公司（以下简称伯林陶瓷）成立于 2008 年，是一家集陶瓷原料与产品开发，原料加工精制、成型、烧制等各生产环节的精细日用瓷生产企业，企业生产的陶瓷制品品质较高，主要供应国内外五星级酒店，其中六成外销，四成内销国企。由于工艺瓷具有产业聚集性强的特征，公司面临较大的竞争压力，当地生产销售同类型产品且排名前十的企业均为伯林陶瓷的有力竞争对手，在激烈的竞争下，公司的市场占有率并不高。目前，伯林陶瓷每年投入数百万元用于研发创新，其中 90% 用于内部研发，10% 用于外部研发，主要与韩山师范学院陶瓷学院合作。公司员工总数 450 人，其中研发人员 25 人，学历为大专及以上，公司提供 6000 元左右的月工资。

作为高新技术企业，伯林陶瓷享受研发费用 100% 加计扣除以及 15% 的企业所得税优惠税率。公司在 2018 年被广东省工信厅公示认定为省级专精特新"小巨人"企业，享受到 4% 出头的优惠贷款利率，同时获得政府贴息。

3. 济南瑞泉电子有限公司：疫情延长回款周期，政策降低贷款利率

济南瑞泉电子有限公司创立于 1996 年，在 2013 年前主营电话卡销售业务，从 2013 年开始，立足水务、燃气行业，围绕智慧城市创建，深耕于智慧水务、智慧燃气等智能仪表及系统的研发、生产、集成和服务。公司的主要客户是全国的自来水公司，具有长期

合作、需求稳定的特点。公司生产的智能水表全国市场占有率达到前五名，年营业额 3 亿多元，毛利率 20%—30%，前些年净利率达到 15%，近年来由于原材料成本上涨，净利率有所下降，为 10% 左右。公司拥有 2 个生产厂区，8 个生产车间，是致力于技术推进与创新的国家高新技术企业，拥有自主品牌"RICHENS"并先后取得 100 余项国家专利及软件著作权。公司依托自身优势，大力推动工业互联网 App 开发应用，"智能水表移动端数字化解决方案"项目荣登工业和信息化部发布的 2021 年度工业互联网 App 应用解决方案名单。公司拥有强大的自主研发能力，研发机构获批"省级企业技术中心""省级工业设计中心""省级一企一技术研发中心""山东省智能仪表工程实验室"等 7 项省市级平台。公司采取研发主管带领研发助理，团队合作研发的模式，研发主管月薪 1 万—2 万元，人员流动较小。外部研发方面，公司与山东大学的研发团队有相关合作，但目前暂时没有成果转化，公司仍然以自主研发为主。

2021 年，公司获评国家级专精特新"小巨人"企业，获评后公司主要享受到的优惠政策是融资政策，优惠的贷款利率在一般商业银行为 4.5% 左右，国有四大行最低可达 3.8%，目前，企业资金充足，融资满意度高。此外，企业还享受了高新技术企业 15% 的企业所得税优惠税率和研发费用 100% 加计扣除。

4. 济南华信自动化工程有限公司：使用知识产权质押贷款，享受专精特新优惠贷款利率

济南华信自动化工程有限公司成立于 2006 年，是国内一家致力于工艺用气系统及废气治理系统全产业链整体解决方案的国家高新技术企业，目前拥有两大事业部：流体控制事业部和环保事业部。公司的客户是机械制造加工企业，以国企和央企为主，其中与大企业的交易占公司营收的 60%，与中小企业的交易占公司营收的 40%。公司年营业收入达 8000 万元，毛利率 30%，净利率在

5%—10%。公司所在的细分市场规模不大，故公司能够保持非常高的市场占有率，同时公司的综合实力在全国范围内也名列前茅。

公司目前持有发明专利14项，实用新型专利66项，每年研发投入达700万元。公司以自主研发为主，有独立的研发中心，100名员工中有30名为研发人员，学历以本科居多，有1—2名研究生，研究人员月工资1万元左右。外部研发合作方面有北大陈佳洱院士/校长的研究站。

2020年，公司获评济南市专精特新"小巨人"企业，2021年获评山东省专精特新"小巨人"企业。获评后公司获得了政府发放的一次性奖励资金50万元。此外，公司可以享受优惠的企业贷款利率，普通商业银行为4.15%，国有四大行最低达3.8%。公司贷款采用知识产权质押，不需要实物抵押的方式，既盘活了无形资产，又开辟了融资新渠道。近年来，济南市市场监督管理局创新知识产权金融服务模式，依托齐鲁知识产权交易中心，为企业探索"商标+专利"混合质押模式，帮助企业制定切实可行的融资方案和质押方式，并在价值评估、质押登记等方面给予专业化指导。企业通过知识产权质押贷款缴纳的贷款利息、评估费等融资费用，可分别申报省、市质押融资项目扶持资金资助，同时符合条件的项目可以叠加享受政策扶持，降低了企业融资成本。在融资方面，由于获评专精特新"小巨人"企业，公司信誉变好，融资难度也大幅下降。

（四）共性问题

人才短缺是限制中小企业创新的重要原因之一。创新需要有具备相关技能和知识的人才来推动和实施，而许多中小企业往往受制于资源有限和竞争对手的招聘吸引，很难招募到高素质人才，这使他们在创新方面面临困难和挑战。

例如，中轻枫泰反映目前发展面临的主要困难是缺乏人才。公司位于电白区霞洞镇，缺乏吸引和留住人才的外部环境。中轻枫泰现有员工 100 余人，其中包括 7—8 名内部研发人员，学历以大专中专为主。公司车间工人的月工资为 5000—6000 元，研发主管月工资 20000 元左右，公司缴纳社保。相较于周边其他企业，中轻枫泰提供的待遇较具吸引力，然而公司主要缺少的是专业技术人才和营销人才，中轻枫泰微弱的工资优势并不足以使这部分人放弃在大城市的工作机会。外部研发方面，自 2015 年参与"扬帆计划"引进创新创业团队项目以来，公司开始与华南理工大学合作，累计获得 800 余万元政府拨款，"产学研"结合在降低企业成本方面发挥了一定作用，但并不足以扭转企业缺乏人才的局面。因此，中轻枫泰主要的政策诉求表现在人才引进方面，希望政府为企业引进人才提供帮助。济南华信自动化工程有限公司也认为目前公司最需要的政策是人才政策，一方面，公司希望政府可以给高新技术企业的高级技术人才一些特殊政策待遇；另一方面，公司需要的一些特殊技能或特定专业的人才存在匹配难问题，希望政府可以帮忙对接高校或科研机构的对口人才。

## 二 企业数字化转型

（一）加强政企合作

1. 云景文旅科技有限公司：政企合作模式下合资中小企业数字化转型

云景文旅科技有限公司始于 2013 年联通智慧旅游项目，是中国联通首个省级智慧旅游技术平台。公司专注于文旅行业，以大数据为牵引，依托"一部手机游"模式，在旅游大数据和旅游行业应用软件方面构建核心竞争力，开展"旅游大数据、智慧旅游建设、运营服务"等核心业务，发展以政府引导、政府和企业共同投资，市场化运营的方式构建商业运营模式可持续发展的贵州省全域智慧旅游平台贵州模式。

贵州省政府和云景文旅科技有限公司合作推出的"一码游贵

州"全域智慧旅游平台，给游客提供了"吃住行游购娱"一站式旅游解决方案，极大地方便了游客的出行。在贵州旅游大数据全国领先的背景下，进一步建成了比较完善的旅游大数据分析和应用体系，推动了贵州旅游产业的发展。此外，智慧旅游重在运营，"一码游贵州"平台在后续的运营中还应适度放宽政府与市场相结合的模式，将产品预订等市场化环节交给市场，找准定位，着重做好平台的内容和活动宣传等方面，进一步发挥平台公共服务的职能，以真正实现"全域智慧旅游全产业共建共赢"的旅游生态模式。依托政府、科技企业共同助力，争做智慧文旅行业的独角兽企业。

2. 天聚地合（苏州）科技股份有限公司：搭上产业集群和政府政策的高速列车

天聚地合（苏州）科技股份有限公司（以下简称天聚地合）成立于 2010 年，是国内首批成立、服务规模庞大、服务质量领先的数据应用技术服务企业。基于 API 技术，天聚地合不仅为客户提供覆盖多领域、多场景的线上标准化数据应用服务，还提供 API 治理、大数据治理和企业数字化员工等数字化解决方案，助力企业、政府、金融组织等不同主体加快实现数字化转型。

天聚地合坐落于苏州工业园区，良好的创业环境与开放创新的氛围使这里成为企业发展壮大的沃土。从启动资金支持到场地免租，一系列的扶持政策对初创企业非常友好。聚合数据还获得了园区在税收减免、返还上的大量政策支持。

此外，政府对人才引进的重视也有利于企业招贤纳士。除了苏州大学等本地高校，苏州政府还吸引了很多知名高校在此建立校区。高校与企业之间常常进行项目、课题的合作与人才交流，"产学研"结合能够极大地提升企业的创新效率，既帮助科研成果转化落地，也为企业的技术创新缩短研发周期，弥补信息鸿沟，对接供需双方。高校的信息化建设也为天聚地合提供了新市场，云中苏大脸书系统便是企业在这方面开展的积极探索，能够由指标体系进行赋值，通过画像系统呈现个人画像并形成反馈，实现科学评价，驱动学生、老师、学院进行自我成长和改进，为高校的数字化转型提供可复制、可推广的成功经验。

（二）助力乡村振兴

1. 福建福泉鑫生物科技有限公司：智慧农业赋能生产工艺

福建福泉鑫生物科技有限公司（以下简称福泉鑫）创立于2012年，是一家集食用菌研发、菌种培育、食用菌储藏保鲜、营销及初加工为一体的科技型现代农业企业。作为古田县农业科技企业的典型代表，福泉鑫一直致力于科技创新。在福建省农业农村厅"2019年现代农业智慧园项目"资金支持下，福泉鑫不断推进农业物联网、大数据等信息化新设备建设，将新技术在食用菌生产、加工等领域加以综合应用，建成了"福泉鑫省级现代农业智慧园"。

福泉鑫智慧园生产工艺流程共有精选培养料、装袋灭菌、冷却接种、菌包培养、出菇、采收包装和装箱发货七道工序。根据福泉鑫食用菌智慧园的规划，智慧农业系统能够全面监控海鲜菇生产过程中各流程的运行状态，对生产环节进行全面掌握，并根据系统设定自动调节各环节参数，保证海鲜菇生产的稳定性、均一性。该系统充分利用GIS、VISS、IoT物联网等信息获取技术，实时监测企业设施、环境、人员，实现定时、定量、定位等可视化，包含智能农业物联网、智能视频监控、生产管理等功能。此外，该系统下的食用菌安全生产管理系统能够对接省农业农村厅农产品质量安全追溯系统，实现产品溯源，为消费者提供安全、健康的食用菌产品。

智慧农业带来了全自动农业机械化。机械化生产是智慧农业的基础，企业必须实现机械化、自动化才能让智慧农业在其之上发挥作用。福泉鑫时刻关注并及时引进先进设备，逐渐形成如今全流程机械化的模式。将智慧农业分成农业机械与数字技术两大块，福泉鑫无疑在农业机械层面走在行业前列。

## 2. 安徽省文胜生物工程股份有限公司：个性化定制助力化肥中小企业转型升级

安徽省文胜生物工程股份有限公司（以下简称文胜生物）位于安徽阜阳市，是专业从事新型功能性生物配方肥个性化定制的平台服务企业，拥有安徽省新型功能性肥料工程技术研究中心和省认定企业技术中心，是国家指定"测土配方施肥全国推广试点企业"。公司获得"安徽省发改委先进制造业与现代服务业深度融合示范项目""安徽省信息化与工业化融合示范企业""安徽省经信厅制造业与互联网融合发展试点企业""国家工信部工业互联网试点示范项目"等称号。

建立个性化定制服务体系。文胜生物定位于应用生物技术和产业互联网技术为上游（原料厂家）、中游（二次肥企）、下游（农企及用户）提供个性化定制服务平台，专注于生物肥料增效剂、生物土壤修复剂和生物水体净化剂的研发及规模化生产，打造百名土壤营养师，为新型种植户提供个性化定制和保姆式套餐施肥服务，实现5G工业互联网+绿色工业+绿色农业+信息资源共享，打造生物智造产业高地。

打造资源高效配置平台。文胜生物还积极拓展关联平台业务。依托南京农业大学资源环境A+学科，以"白云碧水沃土，孕育健康生命"为使命，利用工业互联网、大数据、SaaS、AI等技术手段，文胜生物控股搭建了"田间云优质有机资源高效配置平台"，为工农业有机废弃物提供处理方案。通过"变废为宝"，文胜生物给出了环保问题与经济效益一手抓的解决范式，打通了绿色有机资源循环产业链，提高了有机资源循环产业链的配置效率。

此外，"田间云"还运用NHX基因介导、功能性菌种选育、高活性生物材料发酵等领先的生物技术工艺，研制出"NHX恩核思"系列功能性助剂，为有机肥企业、水溶肥企业、制种育苗企业、配方施肥企业等提供定制服务，助力有机废弃物资源化和产品升级。

通过搭建产业互联网平台聚集整合的优质有机资源和生物技术资源，"田间云"可直接为土壤修复、水体净化、工农业废弃物处理等环境修复工程企业赋能。

个性化定制与工业互联网平台相结合为化肥业中小企业进行数字化转型提供了新思路，该模式具有较强的可行性，希望未来能推广至更多制造业中小企业。

（三）共性问题

首先，数字化人才短缺。数字化行业相较于传统行业兴起时间短，人才标准及薪资标准不明晰，企业招聘中出现人员普遍质量不高但薪资要求过高的现象，大大增加了企业用工成本和经营负担。同时，在数字化的快速迭代演进中，企业数字化人才的培养标准、方向、模式难以快速适应企业数字化转型的现实需求。

其次，市场感知能力欠缺，用户需求把握不精准。在数字经济中，由于行情和市场需求瞬息万变，企业创新具有迭代试错迅速、用户参与深度以引领消费需求的特点。通过试错，企业才能摸准用户需求乃至市场脉搏，从而提高生产效率，找准产品发展方向；用户深度参与创新的产品的客户黏性也相对较高。然而，很多创新过程中对用户意见采纳较少，采取先完成产品设计制造全流程再推向市场的方式，不利于把握市场需求变化，可能错失引领用户需求，培养粉丝用户的机会。

最后，鼓励政策针对性不足，企业落实到位难。推动中小企业数字化转型是一项复杂的系统性工程，除了要依靠财政政策支持、税收优惠、金融服务等普惠性的鼓励政策外，更需要考察政策的落地度。针对细分行业、企业数字化转型中的痛点难点，部分政策的具体化、针对性还有待进一步提高，进而探索形成中小企业数字化转型的方法路径、市场机制和典型模式，通过示范带动、复制推广，确保中小企业数字化转型取得实效，才能提高企业数字化转型的积极性。

# 第十章

# 促进中小企业高质量发展的国际经验

总体来看，发达国家通过不断试错和创新，基本形成了自上而下、较为完善的中小企业服务体系组织架构；推动投融资机制体制改革，为中小企业拓展更丰富的融资渠道，解决企业融资难题；整合政策及服务资源，营造良好创新生态，推动中小企业在技术创新中发挥更重要的作用。这些做法具有较高的借鉴价值。"他山之石，可以攻玉。"新时代中国中小企业的高质量发展，要进一步深化对小微企业的认识，推进改革以营造良好的发展环境，优化社会支持体系为小微企业发展贡献力量。

## 第一节 美国的经验与启示

美国促进中小企业高质量发展政策措施形成时间长、体系建设完备，在经济活动中对中小企业起到至关重要的帮扶、促进作用；高度重视科技创新体系建设，在立法支持、财政与税收支持以及创新服务支持等方面积累了丰富的成功经验；形成了多维的资金支持体系，通过多层次、多阶段、多角度的资金支持，较好地满足了中小企业发展的资金需求。

### 一　联邦政府和州政府作为政策主体，组织体系成熟

联邦政府和州政府作为政策主体，组织体系成熟。首先，设立专门负责小企业事务的小企业管理局，作为美国小企业政策的核心实施者，其主要职能是向联邦政府提政策建议，为小企业创造商业机会和良好的经营环境以及向特殊小企业提供帮助等。小企业管理署下设大区办公室，通过当地机构推动社会各界为小企业服务。与其他政府机构的分工明确，如商务部主要负责促进小企业出口等。

其次，设立维权办公室维护小企业权益，负责同联邦政府各部委联系，监督各部委法律法规起草；负责经济学研究和小企业统计工作；负责十个大区维权办工作；等等。维权办公室成员主要由律师和经济学家构成。律师的职责是与联邦各部门的立法机构互通情报和对其立法负责人进行培训，在制定监管条例过程中保证小企业利益不受侵犯和损害。经济学家的职责是研究小企业问题，发表研究报告，提供小企业统计数据。

最后，借助社会力量，建立不同层次和形式的中小企业服务体系。有政府支持和推动成立的专业性组织，也有民间自发成立的机构，行业组织也发挥重要作用。如小企业管理署联合其他机构对创业者提供培训和咨询服务，成立了1400多家小企业发展中心（SBDC）。

### 二　法律体系完备

1953年美国国会通过的《小企业法》，确定了中小企业的法律地位以及国家对中小企业的基本政策和管理措施，成为支持中小企业的基本法。此外，美国联邦政府为维护中小企业的合法权益，防止大型企业通过不正当手段进行市场竞争，在之后又颁布了《机会均等法》《联邦政府采购法》《小企业投资法》《小企业经济政策法》《小企业创新发展法》《小企业投资奖励法》《扩大小企业出口

法》《小企业贷款增加法》《小企业项目改进法》《小企业投资中心技术改进法》及《小企业就业法》等，在保护中小企业合法权益的同时，将技术创新和解决就业确立为小企业的两大功能，不断优化中小企业的外部环境，着力维护中小企业的合法权益。

### 三　形成多维资金支持体系

资金支持体系包括四个方面。一是信用担保。主要由小企业投资公司（SBA）为小企业资金需求提供担保，以满足长期资金要求，如固定资产投资、补充流动资金、购买存货和出口融资等。二是直接提供资金。包括向中小企业进行风险投资、向受自然灾害影响的中小企业提供自然灾害贷款等。三是资本市场融资。通过发展针对中小企业的公开资本市场为中小企业制定一些专门标准来鼓励小企业获得资本市场上市的机会。四是创业引导资金。小企业投资公司（SBIC）经SBA授权，以创业投资基金和私募基金为主，以及从政府方面获得的低息援助基金，向中小企业、创业企业进行股本或债券投资。

### 四　高度重视创新体系建设

创新体系建设可以分为立法支持和财税支持两方面。立法支持包括《小企业创新发展法》《史蒂文森—怀特勒创新法》《国家竞争技术转移法》《联邦技术转移法》等，就中小企业的科技计划与实施、技术转移、技术推广、知识产权保护方面进行了全面的规范与保护。财税支持包括财政专项补贴政策、财政低息贷款政策、财政担保政策和税收扶持政策，政府各有关部门按照一定比例向中小企业创新发展计划提供资金，由SBA每年根据政府计划对各地方中小企业进行评审并提供创新专项补贴的创新补贴。三是创新服务支持。政府职能部门、综合性服务机构、行业协会共同构成创新服务组织体系，制订实施科技计划推动中小企业进行技术革新。美国

"小企业创新研究计划"（SBIR）分三阶段促进企业创新项目研发和市场化，分两阶段将科学技术活动和国家创新目标有效衔接。

当前，美国中小企业私募股权投资主要集中在大都市区，建设具有弹性的创新生态系统，促进风险资本更加公平分配，是美国小企业管理局的主要战略。具体做法有以下几点。一是扩大服务范围，小企业管理局通过向基金从业者推广"小企业投资公司计划"（SBIC），扩大服务欠缺市场中中小企业投资机会的知名度。二是建设数字化的投资流程，改善投资行业投资效率。三是创建包容性的创新支持生态系统，一方面通过小企业管理局组织的创新培训和协作网络帮助中小企业积累资源；另一方面通过联邦政府和州政府科技合作计划、增长加速器计划，联合美国境内具有合作关系的高等院校和科研机构，帮助中小企业获得创新援助。

## 五　确保市场公平、建设具有弹性的中小企业

确保市场公平和建设具有弹性的中小企业是美国小企业管理局在2022—2026年战略计划的几个核心目标之一。具体做法主要有以下几点。

一是确保中小企业的资金可获得性。确保中小企业获得足够的资金支持。包括继续制定、完善和维护中小企业资本获得政策，如7（a）贷款计划和504贷款计划。此外，通过小额贷款计划和SBA贷款担保政策的改进，解决了一些信誉良好的中小企业难以按传统信贷标准获得贷款的问题。同时，还通过新的技术平台扩大贷款网络，招募更多银行、信用合作社、非营利中介机构和其他贷款机构，以提高中小企业的资本获得能力。

二是增加出口机会，帮助中小企业拓展新市场。其中包括为中小企业提供个体化出口建议、利用数字技术帮助中小企业参与外展活动和扩大国家出口能力。

三是建立中小企业承包机制，提供政府采购机会。通过降低中

小企业准入门槛、制定公平竞争策略和提供技术援助，促进中小企业在政府采购竞争中获得公平机会，扭转中小企业获得政府采购合同的下滑趋势。

四是建立公平的创业生态系统，为中小企业提供更广泛的资源。通过资源库建设、区域间网络建立和资源共享，完善当地中小企业生态系统。此外，为中小企业主提供业务和技术培训，助力中小企业提高盈利能力。同时，为美国的退伍军人和少数族裔等弱势群体提供培训和资源支持。

## 第二节 德国的经验与启示

中小企业是德国经济的重要支柱，且其竞争力、创造力强大。大量德国高科技中小企业被称为"隐形冠军"，在利基市场或大公司供应链中成为世界市场的领导者。德国高度重视促进中小企业高质量发展，形成了成熟完备的多元化服务体系，不断创新金融工具以更好地满足中小企业发展需求，多措并举促进中小企业创新发展。

### 一 多元化服务体系成熟完备，维护中小企业发展权益

德国中小企业服务体系形成了以政府部门为龙头、半官方服务机构为骨架、各类商会协会为桥梁、社会服务中介为依托的全方位组织架构。其中，协会除促进上下游企业之间的对接、合作之外，还组织行业企业联合申报相关项目，并提供信息、法律和会计咨询、贷款申请以及个性化解决方案等服务。

此外，德国政府还极其重视维护中小企业的发展权益和市场平等竞争的地位，出台了《反对限制竞争法》《反垄断法》《中小企业促进法》等多部专项法律，帮助中小企业在与大公司的竞争中发挥自身优势。在法律层面规定禁止在大企业之间签订生产领域的卡

特尔协议，而支持中小企业间签订卡特尔合同，限制大企业垄断经营。同时，还规定许多重大科研、工程、投资等项目只有中小企业才能拿到，并要求他们在其中发挥重要作用，增强中小企业抗衡大企业的能力。

### 二 金融工具与时俱进

德国中小企业传统融资渠道以贷款为主，金融法规为中小企业融资提供了可获得性和确切条件保障。德国联邦和州政府、政策性金融机构德国复兴信贷银行（KFW）和州担保银行、商业银行（储蓄银行金融集团、合作银行等）、工商协会等是德国中小企业社会化融资体系的主要参与主体。其中，联邦政府出台《德国复兴信贷银行法》来保证复兴信贷银行在中小企业融资体系中的地位和作用，为其在资本市场上的融资提供政府担保。开发性金融机构是整个融资体系的核心，包括复兴信贷银行和18家州立担保银行，复兴信贷银行利用国家信用支持发行债券，筹集低成本资金然后批发给中小型银行，并给予技术援助，实施政府银行信贷项目，州担保银行则为无法提供抵押的自主创业者和企业提供担保。储蓄银行金融集团与合作银行是直接与中小企业合作的主要商业银行，专注于直接面向中小企业的零售融资服务，是中小企业的主控银行。此外，德国中小企业还依托工商协会为其提供社会化的融资服务和信用担保体系。同时为方便初创企业、创新企业进行股权和风险资本融资，设立多种基金，部署了多种金融创新工具。

### 三 积极鼓励创新

一是通过创造有利于创新的环境和市场驱动的资金计划来支持企业的创新能力。利用中央创新计划（ZIM）为技术领域的市场驱动型研究与开发计划提供资金，同时利用该计划以及"集群"计划来促进创新网络的形成，将中小企业与研究机构联合起来。通过政府及公共部门公司购买创新产品和服务,帮助创新型中小企业获得市场准入。

二是通过创新融资工具推动初创企业和中小企业可持续发展。除了银行和私人投资者提供的全面金融服务,初创企业和中小企业还可以获得来自各个联邦资助计划的支持。德国政府设立了欧洲复兴计划(ERP)启动贷款、EXIST 科研成果转化启动补助金、高科技启动金、天使基金、德国复兴信贷银行企业贷款等一系列融资工具,采用公共资金提供急需的资本,并吸引私人资本的参与。这些融资工具已经实现了企业从初创到成长的全程支持。

三是强化欠发达地区中小企业支持。由于中小企业在德国分布广泛,其分散性较高,因此有针对性的区域政策可以改善欠发达地区的商业环境。德国开展了改善区域经济结构联合计划(GRW),用于支持贸易和工业投资、当地商业基础设施投资,鼓励当地参与者之间建立联系和合作,以提高中小企业的竞争力。除了 GRW 计划,还有其他计划促进中小企业之间以及中小企业与在欠发达地区设立的非营利性工业研究机构之间的网络形成。

## 四 推动职业化人才培养

为了更好地利用国内潜力并吸引国际熟练专业人才,现代中小企业政策的设计必须能够更好地利用德国境内存在的潜力,并吸引来自国外的熟练专业人士。

在教育培训方面,德国的主要做法是采取双元制职业培训确保就业。德国政府认为双元制职业培训体制是德国在欧盟保持最低失业率和德国工业成功的关键因素,学徒受雇于每周提供 3—4 天实践培训的公司,并在剩下的 1—2 天参加职业学校学习,通过在受训公司和职业学校相结合的学习模式培养熟练技术工人。当前,德国还采取了建设初始和继续培训联盟加强职业培训计划名额和培训水平、完善职业培训种类保证技术工种完整度等手段继续推进双元制职业培训体系更进一步。

在企业用工方面，德国主要通过建立对接机制解决中小企业用工问题。在双元制职业培训体系的推动下，德国熟练技术工人数量较为充足，但往往面临工人选择大型企业意愿更强的问题。基于此，德国通过建设熟练劳动力—中小企业信息平台，为中小企业人力资源工作提供支持，在"完美匹配"计划的支持下，中小企业能够更容易获取适合相关职业和公司的学徒的建议和信息。同时，德国也制定了难民参与工作和职业培训的手册，进一步扩大熟练技术工人的范围。

### 五 以数字化为核心的"工业4.0"推动中小企业转型升级

工业4.0以数字化为核心，为德国创新和商业带来了巨大的潜力。大约1500万个就业岗位直接或间接依赖于制造业。工业数字化不仅将改变价值创造流程，还将为员工带来新的商业模式和前景。德国政府希望充分利用工业4.0的潜力，增强德国制造业的基础，为企业（尤其是中小企业）带来新的重大机遇。

为积极推动制造业中小企业实践工业4.0，德国政府开展了一系列工作。一是建设中小型企业4.0卓越中心，这些中心帮助中小企业更好地理解工业4.0，提供信息、培训和测试工业4.0应用程序的平台。二是建设"中小企业试验台"，在德国高等院校和科研机构中设置多个互联互通测试台，在现实条件下可以跨多个测试环境准确地评估、测试和改善复杂的生产和物流系统。

目前，已有数百家德国公司在其制造流程中使用工业4.0，研究表明，将工厂设备、IT系统和业务模式紧密结合的数字解决方案能够带来更高的附加值。

## 第三节 以色列的经验与启示

以色列政府一直把推动创新作为国家发展的重中之重。通过体系化的措施鼓励和推动科技创新，探索将各方因素贡献最大化的有效运营模式。创新被誉为"以色列最宝贵的自然资源之一"。在世界知识产权组织（WIPO）发布的《2021年全球创新指数》中，以色列创新指数在全球排名为第14位，在北非和西亚区域创新指数排名第一。

### 一 坚持创新驱动发展，创新生态体系成熟

以色列1948年建国以来，一直将科技作为立国之本，坚持以创新驱动发展，科技对GDP的贡献率在90%以上，在信息通信、计算机、高端装备、半导体、材料、环保、可再生能源、生物医药、医疗器械、军工等高附加值领域均保持了世界领先的创新优势，是全球高新技术重要来源地之一。

建立完善的科技创新管理体制，由科技部、经济部等13个部门共同组成国家科技决策体系；1974年创设首席科学家负责制，主要部门设有13个首席科学家办公室，负责制订年度科技计划、资助科技研发、协调指导相关的科技活动，支持大学与企业构成研发联合体，促进"产学研"有机结合等。

制定法律法规鼓励、保障创新。早在1985年，以色列就颁布了《鼓励产业研究与开发法》，规定了政府鼓励和资助产业研究与开发的一般原则，其中规定所批准的研究与开发项目所需资金的2/3可以由政府提供。为了鼓励向处于初创阶段的高科技企业投资，2011年，以色列颁布了《天使法》，规定符合资格的行为主体投资于以色列高科技私营企业，可以从应纳税所得中扣除所投资的金额。同时，以色列实行了严格的知识产权保护制度，制定了《产权法》《商标条令》《版权法》等一系列法律法规。

发挥第三方非营利性组织的积极作用。有效发挥以色列创业国家中心、以色列创新局等第三方非营利性组织的特有作用，在中小企业创业、孵化、发展的各个阶段给予不同侧重的扶持，成为创新

生态系统中的有效黏合剂，协调和均衡多方资源。

## 二 科研教育水平及转化能力全球领先

以色列在研发方面的投入力度位列全球最高，每万人科学家及工程师比例居世界第一。提供创新创业的沃土，支持和鼓励教授离职创业，高校成立了技术转移公司，致力于将技术创新转化为工业产品。

## 三 投融资市场完善

政府引导基金和风险投资基金共同发展，众多的创业孵化器和风险投资商活跃共生，为科技型中小企业提供全生命周期投融资服务。在政府支持、社会资本以及大学孵化等合力作用下，以色列逐步形成了由初创企业、孵化器、加速器、工业园区、风险投资和国际资本等组成的良好的创新创业生态系统。

## 四 建立遍布全国、功能完备的加速器支持网络

以色列拥有超过250家由高科技公司、投资者和行业协会等建立的不同类型的加速器。然而，大多数加速器集中在某一地区，网络建设不够完善，这导致了以色列的偏远地区缺乏创业和技术活动，市场运作不畅，创新生态系统的发展面临巨大挑战。以色列中小企业局通过与合作伙伴共同建立的MaofTech加速器，已在全国范围内建立了一系列加速器中心，形成了一个完善的支持网络。此外，MaofTech加速器提供了一站式服务，涵盖了广泛的支持手段，有效解决了企业在寻求支持方面的困难。具体支持措施如下。

一是支持中小企业融资。以色列中小企业局合作建立的MaofTech加速器集聚了几乎所有国内融资工具，包括国家担保贷款、基金工具、商业贷款等近百种融资手段，并提供陪同获得融资的服务，这些支持措施覆盖面广泛，金额大，为企业提供了广泛的

融资机会。二是提供实用的中小企业咨询服务，以色列政府通过财政补贴，使中小企业能够以极低的价格获得各种咨询服务，包括创业咨询、企业启动咨询、商业空间路径咨询等一系列企业成长全链条咨询服务。政府还对咨询前后的数据进行分析和评估，以确保咨询的实际效果。三是为初创企业提供创业初期的现实支持，MaofTech加速器提供了多项支持措施，包括招标和商业机会获取、为初创企业提供所需资源等前期发展所需的服务。

## 第四节 日本的经验与启示

日本政府长期坚持推行系统的中小企业政策，对日本经济的迅速崛起和中小企业的现代化转型起到了重要的促进作用。

### 一 政策制定以中小企业发展需求为导向

在不同发展阶段，主动对中小企业在国民经济中的分工地位与关系进行政策指导和整合。在第二次世界大战后初期至20世纪50年代中期，以把中小企业视为弱者的保护性政策为主，建立专门为中小企业服务的政府金融机构和完善信用补助制度来谋求中小企业稳定；50年代中期到60年代末，一是与工业化相结合，积极推进技术改造；二是与产业结构转换相结合，以特定产业的中小企业集群为政策重点。70年代后，重视人才、技术和信息现代化以及转产等产业调整。80年代后，政策重点转向中小企业经营科学化和保证稳定发展经营。90年代后，偏向为中小企业有效转产、实行经营多元化。进入21世纪，从"救济性支援"转变为"自立性支援"。目前，推进岸田"新资本主义"经济策略，积极谋划制定出台"人才投资、科学技术、初创企业以及脱碳与数字化"方面的政策。

## 二 以间接融资为主的独特的融资体系

融资难是制约中小企业创业创新发展的主要矛盾。第二次世界大战后日本政府成立了一系列服务于中小企业融资的政府性金融机构，如商工组合中央金库、国民金融公库、中小企业金融金库、中小企业信用保险公库，并相继出台了相关政策。其一，政府扶持日本民间金融机构。民间金融机构在向中小企业贷款时，可以得到政策性金融机构的多方面支持。卓有成效的政策性金融与积极活跃的民间金融共同构筑起了日本中小企业的融资网络。其二，信用保证协会制度。信用保证协会充当中小企业的保证人，为中小企业向金融机构贷款提供保证。其三，中小企业信用再保险制度。信用保证协会与中小企业保险公库之间签订一份保险合同，分散担保风险。

## 三 政策落实执行组织体系较为完善

日本支援中小企业政策的理念超前、力度大、可操作性强。在二十多年的"奇迹增长"结束后，日本政府和社会各界达成了中小企业是"日本经济的基础""日本经济的活力之源"的共识，为中小企业政策落实奠定了坚实基础。通过财政补贴，组织包括行业协会商会、财税法务科技咨询等民间机构，组成强大的支援机构体系，从而有效克服政策落实卡在"最后一公里"的难题。

一是中小企业公共服务体系发达。日本的中小企业公共服务机构是落实中小企业政策的主要实施机构，包括官办民营、官民协办或者官助民办等类型，大部分是由政府出资建立而成。其中最为重要的是国家、都道府县、地方三级设置的中小企业支援中心。国家层面还设立了一些协会、专门机构等，为中小企业提供相应服务，包括日本贸易振兴会（JETRO）、日本商工会、日本商工会议所、日本综合研究开发机构等。各级政府也设有专门的地方商工事务所、区域性中小企业组织、区域性研究开发支援机构等，形成、点、线面纵横交错的多元合作的社会服务组织体系，确保政策落实"最后一公里"畅通。

二是鼓励竞争。日本政府对认定支援机构实行优胜劣汰的竞争激励机制。主要措施有：其一，设定认定授权的时间限制；其二，加强考核并责令改善，如果未进行改善，则取消其认定资格；其三，通过不断扩展各类专业认定支援机构，使平台型支援机构相互之间、平台型和专业支援机构之间、专业支援机构相互之间产生优胜劣汰的竞争压力，促使各支援机构加强内部指标考核，提高支援服务的效率和质量。

三是提供信息情报和培训服务。日本政府加强和完善支援中小企业机构的跨区域合作，实现经营、技术信息共享；建立地区、省和国家三级培训体系，系统地训练和提高中小企业员工的技术水平，教学中心的费用由国家财政拨付，只有少部分费用由学员支付。

## 第五节　韩国的经验与启示

### 一　以数字化为重点培育初创企业

韩国政府的培育目标是要"成为引领欧洲和中东的数字经济创新引擎"，并将大力支持新兴产业和新市场中的初创企业发展置于重要地位。为实现这一目标，韩国政府采取了以下主要措施。

第一，构建开放生态系统。通过与大型数字领域公司合作、设立风险投资中心、建立创业移民支持系统等方式，以促进初创企业充分利用全球资源。第二，加快数字化初创企业支持。通过开展咨询服务、商业化资金支持、数字基础设施建设等形式推动初创企业数字化建设。第三，推动制造业中小企业的数字化创新转型。通过建立数字化制造服务平台、加强金融支持力度，特别是技术研发的金融支持，以及促进地方政府与中小企业的创新合作，推动制造业中小企业实现创新转型，提升其在价值链中的地位。

## 二　对创新型企业开展系统培育，实施创新型中小企业成长战略

构建由法律法规、扶持战略、政策措施三部分要素构成的创新型中小企业培育体系。长期坚持激励中小企业创新的战略，开展分类指导，针对技术创新型、经营创新型、风险型三种不同类型中小企业，从税收、融资、研发、人力资源、销售出口等各方面，制定差异化的支持措施，为中小企业开展全方位服务。

韩国政府制定了创新型中小企业成长战略，旨在到2030年将创新型中小企业对经济的贡献率提高至30%。为实现这一目标，政府采取了以下三个主要政策策略。

第一，推动创新型中小企业成长为全球专业公司。通过开办韩国新政技术创新挑战赛引入先进技术开发案例及加强全球开放合作力度等形式推动中小企业全球化发展。第二，通过培育核心战略领域内有潜力的中小企业，增强中小风险企业部、产业通商资源部等部门产业政策的协同性，营造创新发展的制度环境等做法集约培育下一代创新型企业。第三，通过支持中小企业，提供资金支持、人才引进、研发支持等多方面的措施，扩大对中小企业的支持基础，促进其创新和国际销售的能力提升。

## 三　高度重视发展中坚企业

2015年，韩国政府首次制订了"中坚企业成长促进计划"，旨在推动中型企业数量的增长，完善中小企业的扶持方式，并建立了"小型企业→候补中坚企业→中坚企业"的递进式成长阶梯，以加强中坚企业的全球化发展。主要政策方向包括以下几点。

其一，改善法律和服务体系，通过财政支持、监管改革、重新定义企业划分标准等措施，重塑法律和服务体系，以支持中坚企业的增长。其二，支持中小企业快速成长，通过出口营销、政策资金、研发等一揽子计划强力支持就业和销售额快速增长的中小企

业，并建立地区级候补中坚企业支持体系，扩大候选中坚企业基础以发现和培育候选中坚企业。a 其三，提升核心竞争力，从扩大技术创新能力基础，改善税收、金融、出口渠道建设等营商条件，发挥人才培训和就业支持的引领作用，全方面提升核心竞争力，培育全球化企业。

2020年，韩国政府制订第二次中坚企业成长促进计划（2020—2024），其主要目标是支持中小企业在行业和地区发挥骨干作用、通过按成长阶段和类型提供定制支持，最大限度地提高政策有效性和引导中坚企业自愿投资和提升创新能力。其主要做法包括：第一，通过培育材料、零部件、装备业等专业化企业，引领新能源汽车、半导体、生物健康等新型产业发展，培育区域代表性中坚企业，开拓中坚企业新市场，加强产业政策匹配度等举措强化中坚企业引领作用。第二，通过提升技术和人才竞争力，加强对中坚企业的定制金融支持力度、推动候选中坚企业成长来确保中坚企业的可持续性。第三，通过完善中坚企业成长的制度，强化中坚企业成长支撑体系来完善增长基础。

2020年11月，韩国政府发布创新型中坚企业成长战略。明确培育方向为：大力发展国际化专业型中坚企业，集中培育创新型企业集群，积极培育地区产业生态主导型企业，强化人力资源及融资支持力度。

# 第十一章

# 专家观点

## 第一节 单立坡[*]：持续优化环境，助力中小企业高质量发展

近年来，工业和信息化部与各有关部门、各地区坚决贯彻落实习近平总书记的重要指示批示精神，按照党中央、国务院的决策部署，坚持"两个毫不动摇"，坚持管理与服务并重，坚持帮扶与发展并举，推动各地方中小企业发展环境不断优化，为中小企业高质量发展提供沃土。

受工业和信息化部委托，中国中小企业发展促进中心对全国50个城市开展了中小企业发展环境评估工作。评估认为，各地区各部门出台了一系列政策举措，对优化发展环境具有积极意义，中小企业生产经营趋稳向好，整体信心有所提升。

### 一 中小企业生产经营趋稳向好

2023年，全国规模以上工业中小企业增加值同比增长4.7%，其中，12月同比增长7.7%；2023年10月以来，中小企业内贸指数持续回升，12月为51.4%，环比上升3.9个百分点，中小企业出口指数持续处于景气区间，贸易情况明显改善。问卷调查显示，

---

[*] 单立坡，中国中小企业发展促进中心主任。

38.7%的中小企业2023年收入比2022年同期有所增长，比下降的企业比例高出7.7个百分点；47%的中小企业、近七成优质中小企业2024年有创新研发计划，38%的中小企业有招工计划，32.3%的中小企业有引进人才计划。

**二 中小企业发展环境持续优化**

近年来，中国各地各级政府部门聚焦中小企业"急难愁盼"问题，在优化政策、创新机制、提升服务效能等方面下功夫，切实优化中小微企业发展环境。

（一）惠企政策落地见效，企业获得感满意度提高

2022年以来，国家层面出台40多项支持中小企业发展的相关政策，带动各地出台270多项相关举措。各参评城市全力推进政策法规落实，切实提升中小微企业获得感和满意度。调查结果显示，企业对各项帮扶政策满意度整体较高，享受过政府采购促进中小企业发展、涉企违规收费整治、普惠型小微企业贷款、大宗原材料保供稳价等政策的企业有超过九成表示满意；减税降费政策和稳岗返还政策企业知晓率最高，达85%左右。2023年，全国新增减税降费及退税缓费超过2.2万亿元，中小微企业受益最明显，金额占比达64%；专精特新中小企业培育和数字化转型政策知晓率在80%以上。

（二）服务体系建设不断深入，服务质效稳步提升

2023年12月，全国工业和信息化工作会议在北京召开。会议明确提出，要"加强国家、省、市、县四级中小企业公共服务机构建设，增强服务能力、提高服务实效"。经过多年发展，已建成覆盖国家、省、市、县四级的中小企业公共服务机构（服务中心）1700多家。其中，国家层面1家，省级覆盖率超九成，地市级覆盖率超八成，县区级覆盖率超五成。同时，各地通过打造"一起益企""中小企业服务月"等服务品牌，为中小微企业发展提供重要

支撑。2023年，全国"一起益企"服务行动累计服务企业1248万家；以"科技成果赋智、质量标准品牌赋值、数字化赋能"为主题的"中小企业服务月"专项行动举办各类服务活动3000余场，服务企业140余万家。

（三）市场准入壁垒持续破除，市场主体活力有效激发

近年来，国家大力推动商事制度改革和市场准入负面清单制度改革，企业进入市场的制度性成本大幅下降，有效激发市场主体活力，中小企业数量稳步增长。2023年全国新设经营主体3272.7万户，同比增长12.6%，其中新设企业1002.9万户，同比增长15.6%。为解决中小企业与大企业机会不对等的现象，各参评城市严格落实市场准入负面清单制度、公平竞争审查制度。调研结果显示，90%以上的中小企业反映2022年以来在当地未遇到妨碍企业市场准入和公平竞争的情况；随着各地政务服务"一网、一门、一次"改革的深入，90%以上的企业对政府事项"一网通办"表示满意，80%以上的企业对"一窗受理、一次办结"事项表示满意。

（四）优质企业培育工作走深走实，中小企业创新动能日益增强

工信部推出一系列优质企业培育政策及举措，各地优质企业培育成效显著。截至2023年年底，全国累计培育专精特新"小巨人"企业1.2万家、专精特新中小企业10.3万家，创新型中小企业达21.5万家。参评城市累计培育的"小巨人"企业、专精特新中小企业和创新型中小企业占全国比例均超过60%；2022年，全国研发经费投入强度2.5%，比2021年提高0.1个百分点。参评城市投入强度比全国高0.2个百分点，较2021年提高0.2个百分点。其中，43个城市研发投入强度较上年有所提高；在研发投入推动下，各参评城市技术合同交易成交额、发明专利、商标等创新成果丰硕；参评城市中小企业数字化转型稳步推进，广州、无锡、苏州、杭州、上海等城市中小企业数字化转型整体水平相对较高。

## (五) 融资模式持续创新，金融服务效能有所改善

近年来，国家持续加大财政、金融等惠企政策支持力度，政府性融资担保、普惠型小微企业信贷持续扩面增量降费，结构性货币政策工具精准扶持，随借随还随贷等新模式灵活有效，多层次资本市场形成合力，优质中小企业挂牌上市步伐加快，中小企业融资难题持续缓解。2022年，参评城市普惠型小微企业贷款余额占人民币贷款总余额比重均值为10.1%，余额增速均值为25%，普惠金融服务可得性持续性显著提升；工信部联合中国人民银行、国家金融监管总局打造"专精特新贷"等金融产品。截至2023年年末，"专精特新"、科技中小企业贷款增速分别达到18.6%和21.9%，显著高于全部贷款增速；各地注重发挥财政资金引导作用，21个参评城市设立中小企业发展基金或参与成立国家基金子基金，39个参评城市设立可用于专项扶持中小企业发展的政府引导基金。

## (六) 中小企业权益保护不断完善，法治保障持续强化

近年来，各地积极落实习近平总书记指示精神，依法平等保护各类市场主体产权和合法权益。据统计，有超过30个参评城市全面建立包容审慎执法机制；超过40个城市在市场监管领域全面推行部门联合"双随机、一公开"监管，深入落实信用监管、"互联网+监管"等创新监管方式；各地积极完善司法保护制度，中小企业产权和企业家权益得到更为有效的保障。调查结果显示，多数中小企业2022年以来在当地未遭遇利用行政或刑事手段干预经济纠纷，执法司法中地方保护主义，超权限、超范围、超数额、超时限查封扣押冻结财产，侦查办案对正常办公和合法生产经营造成较明显影响等情况；各地通过落实知识产权侵权惩罚性赔偿、行为保全等制度，加大对中小企业创新保护力度。调查显示，93%的中小企业认为2022年以来地方知识产权保护状况较好，能较有效助力企业提升创新能力。

### 三 持续优化中小企业发展环境的对策建议

中小企业高质量发展是中国经济高质量发展的重要基础，优化企业发展环境，则需要久久为功、持之以恒。为此，提出如下工作建议。

**（一）强化要素保障，促进中小企业健康发展**

当前，企业普遍面临用工成本及原材料成本上涨、国内外订单减少以及销售回款难等三大难题，切实缓解中小微企业经营压力成为当务之急。一是密切跟踪大宗商品市场和价格走势，加大储备政策对价格的调节力度，完善大宗商品和原材料供应预警机制，通过产能提质增效，进一步保障市场供应。二是实施弹性灵活的工业用地出让年限，制定工业用地差别化地价政策，对符合先进制造业、战略性新兴产业等重点项目，给予财政资金支持或税费方面的减免政策。三是完善相关法律法规，对拖欠行为、支付责任、处罚措施等作出明确规定，加大对故意拖欠中小企业账款行为的惩戒力度，保障中小企业的合法权益。

**（二）着力破解企业融资难题，拓宽企业融资渠道**

融资难特别是中小微企业融资难一直是制约企业发展的障碍，银行贷款难、抵押担保难、直接融资难依然是小微企业发展的痛点。创新工作机制，提升企业融资获得感成为破解融资难题的重要路径。一是全面落实好金融支持小微企业的容错纠错机制和尽职免责安排，加大对金融支持小微企业的有效激励，消除金融服务企业的所有制歧视，推动各类金融机构更有能力、有意愿更好地服务小微企业。二是进一步加大普惠小微信用贷款支持政策等实施力度，引导银行发放更多普惠小微信用贷款。发挥地方政府融资担保机构作用，为小微企业融资提供增信、担保，提升覆盖面，简化担保手续。三是推动区域性股权市场扎根各地服务中小企业，私募股权、创投基金加大对中小企业的支持力度。从优化股权投资机构、引导投早投小投科技、支持企业风险投资发展、培育长期资本和耐心资本、畅通股权投资退出渠道等方面,持续细化、优化"募、投、管、退"全流程,引导投早投小投科技的氛围。

(三)加大创新投入力度,强化数字化转型支撑

大中小企业融通是释放大企业创新活力、激发中小企业创新潜力的有效渠道,但大中小企业融通对中小企业创新支持作用发挥不够,进一步限制了企业创新能力提升。有鉴于此,应进一步探索创新机制,加大研发投入力度,加快中小企业数字化转型。一是构建创新生态系统,实现不同创新主体的共生共荣。鼓励各行业龙头企业构建企业创新平台,加强应用导向的基础研究与共性技术研发等的投入,形成大中小企业优势互补与协同创新的生态系统。二是强化中小企业数字化转型要素及服务支撑。构建多层次数字化转型人才培养体系,引导高等院校、职业技术学校等创新学科建设,鼓励校企共建数字化转型实验、试验和实训场景,实施订单式创新人才培养模式。建设数字化转型服务平台,连接汇聚各类行业性、专业化、区域性的服务平台,实现政策汇总、分类评价、供需对接、资源共享、促进提升等功能,不断提升为中小企业数字化转型服务的水平。三是深化企业为主导的"产学研"融合,坚持需求牵引,通过财政资金和市场项目指挥棒,提高企业自主命题、自主决策、自主优选能力,推动高校、科研院所与企业协同创新,发挥各自优势,打造新型联合创新体。

(四)优化服务体系,提升服务效能

服务是促进中小企业平稳健康发展的重要保障,但当前中小企业服务机构专业性不强、服务广度和深度不够、经营规范性较差等问题,限制了服务效能的提升。对此,优化服务体系,提升服务效能成为关键。一是强化各类服务平台高效对接。在发挥公共服务体系覆盖面和牵引作用优势下,补充以各类专业机构为供给主体的服务体系,可将两者有效对接、形成合力。基于省级服务平台的"上

传下达"的枢纽作用,强化跨层级、跨区域的服务资源网络化效应,完善基层服务机构体系,补全服务体系网络的区域"断点"。二是强化综合性一体化网络平台建设。充分运用大数据、云计算、人工智能等技术,建立贯通国家、省、市、县各级中小企业公共服务机构的全国中小企业服务"一张网",整合资源、强化协同,围绕政策解读和申报辅导、投融资、管理咨询等方面,为中小企业提供"一站式"服务。三是加强服务队伍建设。开展专业服务人员培训活动,加大服务人员与企业沟通力度,提升服务专业化水平。保障专职服务人员规模稳定、结构合理,避免这类人员被"挪作他用"的现象。四是强化中小企业服务标准体系作用,进一步规范和提升中小企业服务机构的服务能力和水平,降低中小企业服务成本,促进社会资源优化配置,形成专业化的中小企业服务体系和长效机制。

(五)强化人才支撑作用,夯实企业发展基础

近年来,地方政府围绕落户、租房、购房等出台了一系列人才引进政策。但是,用人难、引才难依然是影响中小企业高质量发展的主要因素,调研中有企业反映人才政策精准性有待提升。为此,各地针对企业诉求,出台更加精准的人才政策,充分释放支持人才引育留用的政策效果成为关键。一是系统梳理中小企业人才问题诉求,明确不同类型企业需求与现有人才政策间的差距,进一步完善人才引进与培养的政策。二是鼓励企业围绕区域工业经济主导产业急需工种、市场紧缺职业和新业态新模式行业等发展需求,通过实训基地培养、职业技能培训、企业"师带徒"等形式,缓解企业技能人才招人难的问题。三是完善人才保障服务。精准对接不同类型人才需求,围绕落户、子女就学、医疗、税收等方面,完善人才服务保障机制。

## 第二节　鲁春丛[*]：2023年中小企业数字化转型发展情况回顾

中小企业是中国经济社会发展的生力军，是推进新型工业化的重要力量。中小企业数字化转型既是顺应新一轮科技革命和产业变革的客观选择，也是提升综合实力、增强竞争力、实现高质量发展的战略要求。2023年，在政产学研用各方的共同努力下，中国初步探索出了推动中小企业数字化转型的基本路径，中小企业数字化转型取得系列新进展。

政策支持加速完善。工业和信息化部发布中小企业数字化赋能专项行动方案、《中小企业数字化水平评测指标（2022年版）》及《中小企业数字化转型指南》等一系列政策举措，推动中小企业数字化转型试点工作，遴选近百家数字化服务商，覆盖38个细分行业，推动2000多家中小企业开展数字化改造。30个城市纳入第一批数字化转型城市试点范围。20多个省份制定了中小企业数字化转型相关政策及配套措施，多地政府持续加大政策支持力度，培育一批"小快轻准"数字化技术产品和服务，形成一批为中小企业量身定做的典型模式和解决方案，涌现出一批各具特色的典型经验，中小企业数字化转型服务供给能力持续增强，政策乘数效应逐步显现。

整体水平稳步提升。基于中小企业梯度培育平台企业数字化水平自评自测数据[①]，中小企业开展数字化转型的主观意愿、基础条

---

[*] 鲁春丛，中国工业互联网研究院院长。
[①] 根据工业和信息化部发布的《中小企业数字化水平评测指标（2022年版）》，从数字化基础、经营、管理和成效四个维度，按照单点应用、局部优化、业务贯通、协同发展四个数字化水平等级，中国工业互联网研究院依托优质中小企业梯度培育平台面向中小企业开展数字化水平自评自测，余同。

件、能力水平持续向好，中小企业数字化发展综合指数已达43.3①。截至2023年年底，在参与评测的18万家中小企业中（其中专精特新企业超11万家），近七成中小企业数字化水平进入局部优化及以上阶段，通过对关键业务环节进行数字化改造实现环节内数据联通和效能提升。四成左右中小企业数字化设备联网率达到40%、关键工序数控化率达到60%。超三成中小企业数字化投入占营业收入比重高于3%。

区域发展梯次推进。中国中小企业数字化发展综合水平区域差异显著，总体呈现东中西部梯次递减的特征，与中国经济发展水平空间结构保持一致。第一梯队综合指数超过70，远高于全国平均水平，主要集中在北京、上海、江苏、浙江、山东、广东等东部区域；第二、第三梯队主要集中在河北、安徽、湖北、湖南、重庆、四川等中西部地区；第四梯队数字化发展综合水平有较大提升空间，主要集中在西部地区和东北老工业基地。

典型行业率先突破。工业机器人、人工智能、光通信设备、信息技术等新兴产业中小企业数字化转型程度显著高于传统产业，数字化水平高于其他产业10%左右。轻工业、石油化工、建材、机械、有色、钢铁和食品等传统产业的中小企业数字化转型处于相对领先水平。其中，离散行业转型程度略高于流程行业，进入局部优化及以上阶段的企业分别达到76.4%和64.5%。

专精特新优势明显。超八成专精特新中小企业数字化水平进入局部优化及以上阶段，高于全国平均水平。专精特新"小巨人"企业转型深度和广度均有明显领先优势，特别是在研发设计、质量管控、产品服务等重点环节，数字化水平更是显著高于其他中小企业。六成左右的专精特新中小企业在半数以上关键业务环节实现生

---

① 为衡量各地区中小企业数字化发展现状和差异，基于数字化水平自评自测数据，中国工业互联网研究院构建了"全国中小企业数字化发展指数"，从数字化基础、数字化环境和数字化成效等维度对中小企业数字化发展进行测度。

产过程可视化和精益生产管理，并通过数字技术实现关键环节的在线检测。

总体来看，2023年中国中小企业数字化转型取得了积极成效，转型步伐明显加快。但仍需关注的是，中国中小企业发展阶段不同、需求差异性大、个性化十分突出，推进中小企业数字化转型仍然面临高质量供给不足、企业转型动力欠缺、技术产业基础不牢等诸多挑战。特别在制造业领域，数字化转型呈现出"IT热，OT冷""IT强，OT弱"的现象。下一步，推动中小企业数字化转型可以采取"一横一纵"的"T"型战略。"一横"是指面向重点行业产业链或产业集群，搭建工业互联网公共服务平台，形成支撑行业数字化转型的IT技术环境，实现设备上云、管理上云、业务上云；"一纵"是指聚焦细分行业，深化OT与IT的融合，面向设备单元、产线、车间、工厂、企业、集群等层级逐级推进数字化改造，提升数字化、网络化、智能化水平。

一是顺应转型规律，遵循分业推进、分级推进、顶格推进的基本原则。分业推进：数字化要和生产知识、技术、经验、工艺等相结合，蕴含的是企业核心技术和能力，这决定了制造业数字化转型的复杂性和艰巨性。聚焦钢铁、有色、石化、化工、建材、机械等重点行业，一个行业一个行业地做深做透。分级推进：打通生产设备、生产执行、生产计划到运营管理的全过程，打造一批设备单元、产线、车间、工厂、企业、集群的行业转型标杆，形成一批转型标准和指南，实现从"样板间"向"商品房"转变。顶格推进：建立制造业数字化转型促进机构，搭建供需对接平台，梳理行业共性场景和典型需求，促进供需对接。

二是强化供需匹配，按照"行业出题、产业答题、第三方协同"的推进机制。行业出题，建立数字化转型的需求清单。瞄准行业场景痛点，谁有卡点谁出题。面向重点行业，组织和鼓励龙头企业和产业上下游重点企业开放应用场景试点，向工业互联网企业、数字化转型服务商企业出题。建立省级重点行业的数字化转型需求清单，明确攻关方向和任务目标。强化标准引领，充分利用并迭代优化《中小企业数字化转型评测指标》《中小企业数字化转型指南》等，精准摸清企业数字化转型需求。产业答题，加快提升数字化解决方案的供给能力。遴选发布省级优秀数字化转型产品和解决方案目录，加快建设省市联动的数字化转型供给资源池。鼓励数字化转型服务商聚焦中小企业特征和转型需求，提升研发能力和供给水平，加大"小快轻准"产品供给。加速优质解决方案应用推广，降低企业数字化转型产品服务选型成本。第三方协同，建立政府、需方、供方、专业机构多方联合推进新机制。充分发挥政府统筹、监督、考核作用，需方负责提供数字化转型需求清单，供方提供产品解决方案，第三方专业机构开展供需对接、工程化验证和效能评估等相关工作。搭建全国一体化中小企业数字化转型公共服务平台，探索载体建设，培育数字化转型健康生态，激发市场活力。分类分级分阶段推进数字化转型工作，成熟一批、推广一批，在应用中不断迭代优化解决方案。

三是夯实数据基础设施，为中小企业数字化转型提供有力支撑。建设一批面向重点区域、重点产业链、产业集群的算力基础设施，构建省市级产业大数据系统。培育一批服务重点行业的特色平台，推动中小企业上云上平台。打造面向中小企业的工业软件服务平台。搭建全国一体化中小企业数字化公共服务平台，全方位提供供需对接、标准应用、试验验证、检测认证、产融合作、产教融合、人才实训等公共服务，激发市场活力，打造数字化转型健康生态。加快推广"大企业建、中小企业用"的工业互联网赋能模式，培育一大批数字化解决方案供应商，以应用为牵引带动工业软件、高端工业芯片等技术突破和迭代发展，壮大新兴产业。

## 第三节　李学林[*]：关于中小企业人才工作的思考

以习近平同志为核心的党中央高度重视中小企业发展，习近平总书记就促进中小企业发展创造性地提出一系列新理念新部署新要求，深刻阐明了中小企业的地位作用、发展方向、重大任务、主要路径，为做好中小企业工作提供了根本遵循和行动指南。企业是科技创新的重要主体，人才是企业创新的根本动力，是企业发展壮大的基石，做好中小企业人才工作对促进中小企业专精特新发展、加快形成新质生产力至关重要。

中小企业的人才队伍包括经营管理人才、技术人才和技能人才等，人才队伍结构、数量和质量受到企业规模、行业性质、所在区域等多种因素的影响，参差不齐，尤其是技术技能人才差别更大。例如，以人工智能、大数据为代表的新一代信息技术产业内的创新型中小企业，人才队伍以高技术人才、科创团队为主，而传统的生产加工型、劳动密集型企业则以技能人才和产业工人为主。相对而言，中小企业的经营管理人才队伍相对统一和稳定，且中小企业经营管理人才是企业的领头羊、掌舵者，很大程度上决定着企业的发展方向和发展路径，因此重点关注中小企业经营管理人才，牵一发而动全身。企业经营管理人才素质提升工程是《国家中长期人才发展规划纲要（2010—2020 年）》提出的 12 项国家重大人才工程之一，工信部以实施企业经营管理人才素质提升工程，持续在全国范围开展中小企业经营管理领军人才培训（以下简称领军人才培训），助力中小企业高质量发展。2023 年，累计培训人数突破 2 万人，为中小企业人才工作打造了"样板间"，充分引导各地发挥人才兴企

---

[*] 李学林，工业和信息化部人才交流中心主任。

作用，促进中小企业专精特新高质量发展。

政策导向更加明显。近年来，中小企业人才工作越来越受到广泛关注，从《国家中长期人才发展规划纲要（2010—2020年）》，到2017年修订的《中华人民共和国中小企业促进法》，再到2019年中共中央办公厅、国务院办公厅印发的《关于促进中小企业健康发展的指导意见》，都对中小企业人员培训提出明确要求。2022年工信部印发《关于加强和改进工业和信息化人才队伍建设的实施意见》，明确要继续实施企业经营管理人才素质提升工程。在一系列政策的扶持和配套措施的带动下，有效推动了中小企业人才的快速发展。截至2023年，34个省级中小企业主管部门（含计划单列市）持续参与领军人才培训学员选拔和组织管理，清华大学、浙江大学等国内顶尖大学及优质培训机构参与培训，专业服务队伍有360余人，师资库有1700余名专家，充分调动了地方和社会培训资源。同时也带动了地方政府对中小企业人才的重视，如山东省将职业经理人作为重要的企业经营管理人才，纳入山东省最高层次人才工程——泰山产业领军人才工程支持范围，并给予财政资金支持和享受山东省人才"惠才卡"有关政策。

人才队伍逐渐壮大。据统计，截至2023年年底，领军人才培训共开办383个班级，累计培训学员2万余名，其中企业"一把手"比例超过80%，平均年龄约44.7岁，平均企业管理经验年限12.25年，参训学员所在企业覆盖了国民经济20个门类中的19类，覆盖了全国所有省级行政区。通过高水平培训，为中国中小企业发展培养了一批具有战略眼光、国际视野、开拓精神、创新能力和社会责任感的优秀企业家和高水平企业经营管理人才。

整体素质逐步提升。通过多层次、全方位的培训服务，学员企业核心竞争力不断增强，创新能力、数字化转型能力、产学研合作水平、大中小企业融通发展水平不断提高，一大批中小企业走上专精特新发展道路，成长为专精特新企业、"小巨人"企业。据不完全统计，截至2023年年底，累计有3576家学员企业成功申报"专精特新"中小企业，1182家学员企业成功申报专精特新"小巨人"企业；学员企业参与10余个国家级工业设计中心建设。领军人才培训还有效促进了学员企业间的相互合作，累计合作成果2000余项。除此之外，还通过联合中国科学院共建共享专利池，成功撮合学员企业获得100余项专利使用权，通过搭建融资路演平台，组织30余场路演活动，帮助3376家学员企业获得融资。

服务体系更加完善。领军人才培训上下联动作用显著，吸引了社会力量的广泛参与，覆盖全国的全方位、立体化的中小企业经营管理人才培训工作体系基本建成。

2023年，在各方共同努力下，中国中小企业人才的发展呈现积极态势，但存在的问题仍需要足够的重视。工信部组织的4次中小企业圆桌会议以及问卷调查显示，中小企业对人才招引难、留住难问题反映强烈，对加强人才支持和服务的呼声很高。另外，中小企业盈利水平低、资金实力弱，自身缺少人才培养能力，而财政资金支持也逐渐减少（以中小企业领军人才培训为例，中央财政投入由最初的每年1000万元左右降至200多万元）。同时，中小企业人才队伍建设还存在人才思想政治素质尚不高、人才培养公共服务体系和市场化人才服务体系不健全等问题，这些都严重制约了中小企业的可持续、健康发展。

做好中小企业人才工作，首先应坚持目标导向，即促进中小企业专精特新发展。习近平总书记对促进中小企业专精特新发展多次作出重要指示批示，党的二十大报告、中央经济工作会议以及全国两会都再次重申支持中小企业专精特新发展。针对近年来开展的优质中小企业梯度培育工程培育的专精特新"小巨人"和专精特新、创新型中小企业开展轮训，可以全面提升人才素质水平，在强链补链、推进新型工业化、构建现代化产业体系中发挥示范引领作用。

关注经营管理人才队伍建设研究。当前中小企业经营管理人才队伍的规模、结构和质量水平如何；中小企业经营管理人才的能力具有哪些优缺点；面对新形势新要求，又有哪些新机遇、新挑战；为了加快构建优质企业梯度培育体系，中小企业经营管理人才应该具备和增强什么能力；区别于以央企为代表的大企业具备科学、成熟、系统的人才培养体系，中小企业经营管理人才队伍建设有哪些举措方法。这些都是目前需要认真研究和重视的课题。

搭建更加完善的培训体系。培训内容上，应突出政治引领，大力弘扬优秀企业家精神，提高企业家贯彻执行党的路线方针政策的能力，不断增进中小企业家的政治认同、思想认同和情感认同。培训对象上，应覆盖经营管理人员和技术技能人才，对技术技能人才的培养要侧重于数字化智能化绿色化转型、绿色发展、技术创新、质量管理、标准体系、品牌管理、财税筹划、产业链协同、安全生产等内容培训。培训组织上，加强央地联动，逐步建立起分地区、分行业、分专题、分层级的中小企业人才培养公共服务体系。

建立健全中小企业人才服务体系。搭建更加完善的线上学习平台，为中小企业提供更多更方便的优质、免费、内容系统丰富的培训课程资源。举办各类中小企业招聘活动、与高校对接活动、实习实践活动等，促进中小企业与高校毕业生等人才精准对接。在人才引进对接、培训服务等领域遴选一批规范、专业、优质的人才服务机构，形成多层次的人才服务体系，推动中小企业管理水平整体普遍提升。做好新形势下中小企业人才工作顶层设计，落实《中小企业促进法》有关要求，结合中小企业现状和人才工作实际需求，研究制定关于加强中小企业人才队伍建设的指导性文件。

同时，中小企业也应抓住机遇，在全社会共同重视人才工作的大背景下，加快推进自身人才队伍建设，坚定不移走专精特新发展道路。

# 后　　记

本书利用"经济日报—中国邮政储蓄银行小微企业运行指数"对中国小微企业2023年全年走势进行了总结分析，总结了小微企业发展相关理论和模式，分析了当前支持政策效果。2023年全年小微企业运行情况明显好于2022年，反映小微企业运行指数呈现M形走势，2023年到年底呈现企稳态势。

从分维度看，市场需求不断回暖是小微企业面临的最大利好，是拉动其采购上升和绩效提高的根本原因。由于宏观不确定性仍然很高，并且企业仍处于去库存阶段，当前小微企业扩张意愿不高，对应的融资需求也不足。小微企业仍然面临应收账款回收困难、负债率偏高的老问题。

从地区看，疫情防控措施解决后各地区都有一定复苏，华北和东北地区偏弱。东北地区小微指数仍然在景气线以下运行，除了信心其他各项指数均未表现出向好态势。疫情放松使人口和资本流出的东北地区延续了原有的趋势。

从行业看，疫情过后农林与渔业、制造业、住宿餐饮业、批发零售业和其他服务业都有显著好转，建筑业、交通运输业则恢复稍差。这与房地产较为低迷、疫情后人们外出动力有所减弱等因素相关。

整体来看，小微企业经营状况从疫情中有所恢复。同时小微企业发展中的老问题一定程度上仍然存在，比如应收账款回收困难、

# 后　记

数字化转型不足、人才匮乏、融资仍有不足等。

近年来，国家出台了众多支持小微企业纾困和创新发展的政策。本书总结了近两年的相关主要政策条目，并发现这些政策具有较好的针对性，同时也有继续完善的空间。

小微企业是中国市场主体的主要部分，其面临的问题具有一定长期性，解决并非一蹴而就。我们期待有为政府和有效市场能继续完善，助力小微企业未来的高质量发展。